达尔文

西方思想家评传丛书

Darwin

［英］乐文思 著　　沈力 译

华夏出版社　　Routledge Taylor & Francis Group

图书在版编目（CIP）数据

达尔文/（英）乐文思著；沈力译.—北京：华夏出版社，2012.5
书名原文：Darwin
ISBN 978-7-5080-7016-2

Ⅰ.①达… Ⅱ.①乐… ②沈… Ⅲ.①达尔文，C（1809～1882）—哲学思想—思想评论 Ⅳ.①K835.616.15②B561.49

中国版本图书馆 CIP 数据核字（2012）第 108525 号

Darwin/ by Tim Lewens/ ISNB:978-0-415-34638-2
Copyright@ 2007 by Routledge.
Authorised translation from the English language edition published by Routledge, a member of the Taylor & Francis Group. 本书原版由 Taylor & Francis 出版集团旗下，Routledge 出版公司出版，并经其授权翻译出版。版权所有，侵权必究。
Copies of this book sold without a Taylor & Francis sticker on the cover are unauthorized and illegal. 本书封面贴有 Taylor & Francis 公司防伪标签，无标签者不得销售。

达尔文

[英] 亭·乐文思 著　沈力 译
责任编辑　梅子　罗庆

出版发行	华夏出版社
经　　销	新华书店
印　　刷	北京建筑工业印刷厂南厂
装　　订	三河市万龙印装有限公司
版　　次	2012 年 5 月北京第 1 版 2012 年 7 月北京第 1 次印刷
开　　本	880×1230　1/32 开
印　　张	9.75
字　　数	245 千字
定　　价	36.00 元

华夏出版社　地址：北京市东直门外香河园北里 4 号　邮编：100028
网址：www.hxph.com.cn　电话：（010）64663331（转）
若发现本版图书有印装质量问题，请与我社营销中心联系调换。

我认为,回归理性的源头,观察理性是如何逐渐发展的,那么无休止的疑虑与怀疑都可能得到解决。

Charles Darwin, Notebook N

目 录

致谢	1
生平大事记	2
附注	5

导言 "一位哲学自然学家" ……………………………… 1
  1. 笔记本 M 中的形而上学 ……………………………… 1
  2. 达尔文与达尔文主义 ………………………………… 4
  3.《达尔文》展述 ……………………………………… 7
  拓展阅读 ………………………………………………… 8

第一章 达尔文的生平 ……………………………………… 9
  1. 家庭出身 ……………………………………………… 9
  2. 从运动到科学 ………………………………………… 13
  3. 小猎犬号航行 ………………………………………… 19
  4. 伦敦、婚姻和笔记本 ………………………………… 26
  5. 塘屋 …………………………………………………… 31
  6. 生命尽头 ……………………………………………… 36
  小结 ……………………………………………………… 39
  拓展阅读 ………………………………………………… 39

第二章 自然选择 …… 41
1. 进化和自然选择 …… 41
2. 为自然选择辩护 …… 43
3. 达尔文和拉马克 …… 45
4. "达尔文的危险想法" …… 47
5. 自然选择与变异 …… 49
6. 自然选择与创造论 …… 52
7. 选择与总体 …… 57
8. 自然选择的过去与现在 …… 60
小结 …… 64
拓展阅读 …… 65

第三章 物种 …… 67
1. 人类本质、鱿鱼本质、苹果本质 …… 67
2. 生命树 …… 68
3. 切割自然 …… 72
4. 个体与类别 …… 77
5. 总体思考和类型学思考 …… 85
6. 物种的本质 …… 92
小结 …… 94
拓展阅读 …… 95

第四章 采证 …… 97
1. 科学与上帝 …… 97
2. 最佳解释推理 …… 100
3. 赫歇尔与休厄尔 …… 104
4. 赫歇尔和《物种起源》 …… 107
5. 达尔文、休厄尔和芽球 …… 109
6. 自然选择和共同祖先 …… 113
7. 自然选择/智慧设计论辩论 …… 114

8. 进化与智慧设计 …………………… 123
　　9. 达尔文与宗教 ……………………… 126
　　小结 …………………………………… 127
　　拓展阅读 ……………………………… 128
第五章　思维方式 ………………………… 130
　　1. 浪费的财富？ ……………………… 130
　　2. 情感表达三原则 …………………… 132
　　3. 共同祖先 …………………………… 138
　　4. 情感表达的普遍性 ………………… 141
　　5. 文化与进化研究方法 ……………… 143
　　6. 圣·巴巴拉学派 …………………… 149
　　7. 单一人类本质？ …………………… 150
　　8. 启发式适应 ………………………… 154
　　9. 达尔文和圣·巴巴拉学派 ………… 157
　　小结 …………………………………… 159
　　拓展阅读 ……………………………… 160
第六章　道德伦理 ………………………… 163
　　1. 从自然史角度看道德伦理 ………… 163
　　2. 道德理性的起源 …………………… 166
　　3. 达尔文的规范伦理 ………………… 171
　　4. 进化规范伦理 ……………………… 175
　　5. 进化元伦理 ………………………… 179
　　6. 群选择 ……………………………… 184
　　7. 进化使我们变得自私吗？ ………… 188
　　小结 …………………………………… 191
　　拓展阅读 ……………………………… 191
第七章　知识 ……………………………… 194
　　1. 什么是知识？ ……………………… 194

2. 经验论 ……………………………………… 196
3. 天生的知识 ………………………………… 198
4. 进化认识论:詹姆斯和波普 ……………… 204
5. 文化基因 …………………………………… 208
6. 没有文化基因的文化进化 ………………… 214
小结 …………………………………………… 217
拓展阅读 ……………………………………… 218

第八章 政治 …………………………………… 220
1. 达尔文与右派 ……………………………… 220
2. 退化的社会 ………………………………… 222
3. 社会达尔文主义 …………………………… 225
4. 政治与人类本性 …………………………… 228
5. 达尔文与性别平等 ………………………… 230
6. 今天的性别区别 …………………………… 233
7. 达尔文和左派 ……………………………… 238
小结 …………………………………………… 246
拓展阅读 ……………………………………… 247

第九章 哲学 …………………………………… 249
1. 人在自然中的位置 ………………………… 249
2. 骄傲自大 …………………………………… 251
3. 偶然性 ……………………………………… 252
4. 进步性 ……………………………………… 255
5. 达尔文式自然主义 ………………………… 264
小结 …………………………………………… 268
拓展阅读 ……………………………………… 268

术语表 …………………………………………… 270
参考文献 ………………………………………… 281

致 谢

此书内容涉及面广，因此在编写时，我需要很多帮助。我的一些朋友和同事非常愿意帮忙，读完了整本书稿，找出了一些错误和遗漏。在这里，特别感谢：帕特里克·贝特森，托尼·布鲁斯，大卫·布勒，艾玛·吉比，保罗·格里菲斯，尼克·贾丹，马丁·库什，皮特·力普敦，马特欧·玛姆利，格雷格·拉迪克，吉姆·赛科德，金·斯特芮妮以及三位劳特里奇出版社的匿名读者。他们每个人都仔细地读完了整本书，并且给出了建设性的意见。至于对独立章节的讨论和意见，我要感谢安德雷·阿里尤，菲利普·尤娜曼，默罕·麦森，休·米勒，史德芬·缪勒·威尔和德里斯·沃尔什，塔马拉·哈格，史蒂夫·克鲁兹，多恩·穆特蕾和大卫·汤普森提供了宝贵的逻辑和精神支持。克里斯蒂娜·麦克莱什帮我制作了一个精细的索引。同时，我要感谢托尼·布鲁斯代表劳特里奇出版社邀请我写这本书，也感谢金·斯特芮妮之前拒绝了托尼的邀请，才机缘巧合给了我这次机会。感谢剑桥大学和克莱尔学院批准我2005年秋天的公休假，让我能完成此书。最后，再次感谢艾玛·吉比，她不仅使书稿更完善，也让其他的一些事情更加顺利。

生平大事记

1809年,查尔斯·罗伯特·达尔文(Charles Robert Darwin)于2月12日出生于什鲁斯伯里(Shrewsbury)。

1817年,查尔斯8岁,他的母亲苏萨娜(Susannah)去世。

1818年,达尔文去什鲁斯伯里学校上学,后来自称在此期间几无所获。

1825年,开始在爱丁堡大学学医,与拉马克(Lamarck)的追随者罗伯特·格兰特(Robert Grant)成为朋友。

1828年,达尔文对大学里的讲座感到厌倦,对外科手术感到厌恶,放弃了他的医学培训,前往剑桥基督学院(Christ's College, Cambridge)。他迈上了成为英国国教会牧师的道路。

1831年,从剑桥毕业(在校期间没有获得任何荣誉),与亚当·塞奇威克(Adam Sedgwick)教授一起开始他的首次地质实地考察。稍后,他的朋友植物学家亨斯洛(Henslow)安排他作为皇家考察船小猎犬号上的自然学家出海。12月27日,达尔文出航。

1832—1835年,小猎犬号(Beagle)从南美沿海开始了考察。达尔文多次深入腹地。1835年9月和10月,达尔文考察了加拉帕戈斯群岛(the Galapagos Islands)。

1836年,小猎犬号返回英国,于10月2日抵达法尔茅斯(Falmouth)。

1837年,迁往伦敦万宝路大街(Great Marlborough Street)的出租房,开始记录关于"变形"的笔记。

1838年,阅读马尔萨斯(Malthus)的《人口论》(*Essay on the Principle*

of Population），后来达尔文认为这是自然选择原理形成的一个关键时刻。这年，达尔文开始遭受疾病困扰，在他的余生中，也一直饱受病痛折磨。

1839 年，成为英国皇家学会（the Royal Society）会员。同年，他与他的堂姐艾玛·威治伍德（Emma Wedgwood）结婚，迁往上高尔街（Upper Gower Street）。达尔文的《研究日志》（Journal of Researches）出版，此书现在更常见的书名是《小猎犬号之旅》（The Voyage of the Beagle）。他们的第一个孩子威廉姆·伊拉斯马斯·达尔文（William Erasmus Darwin）出生。

1842 年，达尔文一家离开伦敦，搬往肯特郡的塘屋（Down House in Kent）。达尔文的《珊瑚礁的结构和分布》（The Structure and Distribution of Coral Reefs）出版。

1844 年，撰写了一篇重要的略述进化理论的文章，并告诉艾玛，如果他挨不过病痛的话，就帮他把文章发表。《自然创造史的痕迹》（Vestiges of the Natural History of Creation）出版（由罗伯特·钱伯斯 [Robert Chambers] 匿名撰写的关于进化理论的著作），并受到大众的广泛好评，但是遭到达尔文科学同僚的严厉批评。

1846 年，开始长达八年的对附着甲壳动物的研究。

1848 年，查尔斯的父亲罗伯特·达尔文（Robert Darwin）去世。

1856 年，开始撰写《自然选择》（Natural Selection），最终未完稿。

1858 年，收到阿尔弗雷德·罗塞尔·华莱士（Alfred Russel Wallace）的一篇文章，达尔文看过后认为文中的观点与他本人的观点一模一样。同年 7 月 1 日，达尔文和华莱士的观点在林奈学会（the Linnaean Society）上被展示。这是达尔文的理论第一次公之于世。

1859 年，受到华莱士文章的刺激，达尔文放弃了自然选择理论，转而提炼出一个更加简洁的理论概述，即《物种起源》（On the

Origin of Species),于同年 11 月出版。

1862 年,出版了他自称是"对敌人的侧击"的著作,其中敌人是指自然神学,著作是指《不列颠与外国兰花经由昆虫授粉的各种手段》(On the Various Contrivances by which British and Foreign Orchids are Fertilised by Insects)。

1868 年,出版了《家养动物和培育植物的变异》(The Variation of Animals and Plants under Domestication),书中涉及达尔文关于遗传的理论。

1871 年,出版了《人类的由来》(The Descent of Man)——此书是达尔文第一次尝试将他的理论与人类联系到一起。

1872 年,出版了《人类与动物的情感表达》(The Expression of the Emotions in Man and Animals)以及《物种起源》第六版,即最终版。

1881 年,达尔文的最后一本书《腐殖土的产生与蚯蚓的作用》(The Formation of Vegetable Mould, Through the Action of Worms)面世。

1882 年 4 月 19 日,达尔文与世长辞,葬于威斯敏斯特大教堂。

附　注

为了鼓励读者查阅达尔文本人的著作,书中必要的引用页码都来自达尔文主要著作的常见版本。我主要参考了其中四本著作,并且在此书中使用了书名的缩写。

《起源》即指《物种起源》,除非有特别说明,书中所有的引用页码都来自企鹅出版社[Penguin Classics]1985年印刷的《物种起源》第一版(1859年出版)(这版中的导论由J·W··伯罗[J. W. Burrow]撰写)。

《由来》即指《人类的由来》,除非有特别说明,书中所有的引用页码都来自企鹅出版社2004年印刷的《人类的由来》第二版(1877年出版)(这版中的介绍由艾德里安·德斯蒙德[Adrian Desmond]和詹姆斯·穆尔[James Moore]撰写)。

《表达》即指《人类与动物的情感表达》,除非有特别说明,书中所有的引用页码都来自哈珀柯林斯公司[HarperCollins]1998年印刷的《人类与动物的情感表达》第三版(1889年出版)(这版中的介绍由保罗·埃克曼[Paul Ekman]撰写)。

《自传》(Autobiography)即指达尔文最初没有出版的回忆录,除非有特别说明,书中所有的引用页码都来自企鹅出版社2002年出版的《自传集》。(Autobiographies)(书中的介绍由迈克尔·耐夫[Michael Neve]和纱伦·梅辛杰[Sharon Messenger]撰写)。

导言 "一位哲学自然学家"

1. 笔记本 M 中的形而上学

此书是对达尔文的哲学介绍,探讨和判断了达尔文的思想与一些"大问题"的相关性,如关于思维、道德伦理、知识、政治和科学的传统哲学问题。为什么说是哲学介绍呢?达尔文不是一个哲学家,而是一个自然历史学家。他出版的都是关于珊瑚礁、攀缘植物、附着甲壳动物、蚯蚓和兰花的著作,而不是关于哲学的。实际上,达尔文有时甚至称自己为哲学白痴:"对于我来说,复杂的或完全抽象的思路理解起来很难;甚至可以说,我可能永远也理解不了形而上学或数学。"(*Autobiography*:85)

达尔文十几岁的时候在他叔叔乔赛亚家见到了詹姆斯·麦金托什爵士(Sir James Mackintosh)。麦金托什的著作在今天已经很少有人阅读，但是他在当时是一位杰出的哲学家。这次相遇给他们双方都留下了深刻的印象。达尔文后来还试图解释麦金托什对他的好感："这可能主要是因为他认为我对他讲的一切都很感兴趣，其实我对于他所谈到的历史、政治和伦理学一无所知。"(*Autobiography*：27)

达尔文最终通过选择性地阅读一些哲学著作来摆脱对哲学一无所知的状态。他晚年时尝试读康德，却似乎始终提不起兴趣。但是，刚下小猎犬号的那几年，年轻的达尔文读大卫·休谟和亚当·斯密；他在麦金托什写的书上做大量的笔记，也阅读其他一些闻名于维多利亚时期而在今天式微的哲学家的书并做笔记；他研究那些持科学方法论的当代领先理论家的论点，如约翰·赫歇尔和威廉姆·惠威尔。随着对这些哲学家思想的领会，他逐渐形成了自己的理论。这些哲学家的著作影响了达尔文的思维方式，也使他能感受到自己的观点可能造成的潜在的哲学影响。三十多岁时，他笔记本上的潦草笔迹中掩饰不住的是他几乎抑制不住兴奋之情，认为自己还在酝酿中的进化论观点有着大好前景："人类的起源已经得到证实。——形而上学必会盛行。——了解狒狒的人可能比洛克对形而上学做出的贡献还大。"(*Notebook M*, in Barrett et al. 1987：539)

达尔文笔记中提到的"形而上学"可能引起现代哲学读者的误解。现在的"形而上学"通常被用来标记关于因果关系、空间或时间的哲学研究——关于宇宙本质的根本性问题的研究。而在达尔文所处的年代，"形而上学"主要是指对思维的研究。达尔文的笔记本 M 主要记载的是关于情感、精神疾病、语言、伦理、知识等的哲学和心理学思考。

用达尔文自己的话说,他追求的是成为一位"哲学自然学家"(Sloan 2003)。"哲学自然学家"这个标签也很容易引起误解。达尔文的意思并不是一位对哲学感兴趣的自然学家,而是一位针对自然中观察到的现象寻求科学解释的自然学家。哲学自然学家不会仅仅满足于描述地球上栖息的物种并将其分类,而且会认为有必要去找出这些物种存在的原因、具有独有特征的原因及将其分类的依据。达尔文提出两个观点来回答这些问题。他认为不同的物种,包括人类,都来源于相同的祖先,共同构成一棵巨大的"生命树",这就是进化假说。他还认为,自然选择是形成"生命树"的主要动力。进化与自然选择的结合使得达尔文对自然历史的解释具有"哲学性"。

即使不从历史的角度来看,达尔文也同样是一位"哲学自然学家"。他努力将"他的理论"与政治、伦理和心理等问题联系起来。他的笔记本主要记载的是频繁的哲学猜想和出版的著作。这些猜想和著作虽然极其小心谨慎,但是,都展示出了哲学敏感性和参与度。我们发现这种敏感性体现在,达尔文想要确保《物种起源》的结构能使书中的论点达到最严格的佐证标准。达尔文对于研究主题的选择更直接地体现了他的哲学敏感性。虽然《物种起源》基本上没有涉及人类物种,只稍稍暗示了达尔文在自己人生中看到的可能性,但是,《人类的由来》中最突出的内容却是伦理和政治。达尔文在《人类的由来》一书中运用进化论观点解释人类辨别正误的能力,表明他的自然历史方法可以为伦理哲学家们的抽象声明提供修改建议,并且他还考虑到对维多利亚时期人类起作用的当代选择机制可能产生的社会影响。《由来》的续集《人类与动物的情感表达》,如其书名所示,从进化论的角度阐释人类和动物的思维。

尽管达尔文很少表明,在伦理或情感方面,他的自然历史思考应该取代哲学方法,但他确实认为除非有进化论观点的指导,哲学就是盲目的。他在笔记本 N(笔记本 M 的续集)中是这样解释的:

> 在我看来,一直以来对形而上学的研究就像是没有力学的天文学一样使人迷惑。经验告诉我们,仅仅依靠攻击思维本身是无法解决思维的问题的。——思维是身体的一个功能。——我们的辩论应该用一个可靠的依据。
>
> (*Notebook N*, quoted in Barrett et al. 1987:564)

达尔文希望,进化论的观点——将不同物种视为共同祖先变化的结果——能够提供一些确定的点,来固定和规范关于人类本质和人类状态的哲学猜想。达尔文的希望也是今天大家的希望。2006 年,达尔文的头像出现在 10 英镑纸币上,他的进化论也如货币一样流传广泛。在过去的三十年间,无数著作将进化论思想应用到情感、伦理、文化、知识和其他很多话题上,而这些话题传统上都属于哲学范畴。本书考察的就是这种进化论哲学尝试。

2. 达尔文与达尔文主义

对达尔文的哲学介绍必然是哲学性的。我的目的不是解释达尔文如何形成他的观点,不是将他的观点放入时代背景中,也不是研究达尔文同时代的人对他的观点的接受程度。这些都是有趣的、重要的话题,但不是我要讨论的。我要做的是考察达尔文的观点能够对重要哲学话题产生的影响,比如,人类进化史知识可能会怎样影响我们对人类本质的理解。类似这样的问题是可以进行评估的:直接地说,我们不仅需要了解达尔文为何认为他的观点可能会影响哲学,还要评估这些观点是否真如达尔文和其他一些人所希望的那样产生哲学影响。

上述两个方面也暗示了历史学家与哲学家所做的工作截然不同。哲学家想要了解的是达尔文的观点（以及在哲学思想上受达尔文作品影响的一些人的观点）是否会产生任何作用；而历史学家考察的是这些观点是如何形成的及其接受程度。事实上，历史解读与哲学评估并不是两个完全相互独立的个体。有用的哲学不一定具有同等的历史有效性，但是，如果哲学对历史一无所知，就会错失很多机会。对一种观点的历史背景的无知对哲学评估产生的影响虽不至于导致最终评估的不是真正的达尔文的观点（尽管有这种可能性），但会让人最终评估的是一个过于没有说服力的观点。哲学方法有一个良好惯例，如果你要考查进化与伦理之间的联系，就应该选取最强有力的、最合情理的一套观点来进行评估，而不是选取那些明显荒谬的或站不住脚的观点。一个哲学家如果不能准确解读那些已逝哲学家的观点，他或她所承担的风险就是拙劣地模仿那些观点。而精确的解读需要历史知识和历史共感。

尽管这是一本关于达尔文的哲学介绍，但是我不会将达尔文视为像休谟或亚里士多德一样的哲学家。我再重申一遍，达尔文是一位自然历史学家。然而，他对哲学的兴趣和他的哲学敏感度让他能够探索生命进化论更广泛的意义。并不是达尔文先写出纯粹的科学作品，然后由哲学家去应用；而是达尔文使用哲学方法去表达自己的科学观点，这种哲学方法始终需要进一步的哲学阐述与探索。

达尔文带来的持续影响从他对现代科学家的极其独特的作用可见一斑。许多现代生物学家阅读过达尔文的著作。而相比较而言，尽管爱因斯坦的著作对于现代物理的重要性不言而喻，当今物理学家们却很少看他的书了。现代生物学家往往自称"达尔文主义者"，却很少见到现代物理学家自称"爱因斯坦主义者"。在讨论现代科学中的问题时，如果生物学家们意见相左，他们经常尝试用达尔文的观点来做支撑。达尔文仍然被视为值得引用的生物权威，而生物学家们关于如何解读达尔文观点的争论仍在继续。达尔文仍是现代达尔文生物学的组成部分，而爱因斯坦已经不能视为现代物理学的组成部分了。

在这里，我要讲述的不是静态的进化论与哲学之间越来越错综复杂的关系。达尔文作为生物学权威人物的持续影响力可能会产生一个暗示，即从科学角度来说，进化生物学的基本观点与1859年出版的《物种起源》的观点基本保持一致。而事实上，我们会发现，达尔文的观点与现代生物学家们的观点存在很大差异。达尔文与现代达尔文主义必须进行严格区分。考察达尔文本身观点的主要原因之一是为了精确地找出今天生物学家们用来替自己辩护的"达尔文"与撰写《物种起源》和《人类的由来》的达尔文之间的频繁错位。而尽管存在差异，现代达尔文主义者还是经常将现代进化理论的概念应用到达尔文讨论过的问题上，如人类本质、政治、思维、知识、伦理判断等。此书中用到的哲学方法要求，在考察达尔文关于这些问题的著作之外，还要了解近代的作品是否对达尔文的观点做出了改进或矫正。本书志不在囊括现代生物学涉及的所有哲学问题。很多哲学问题在达尔文的著作中几乎没有提及，如关于基因本质的概念性问题，而现代进化论观点中凡是与达尔文直接讨论过的哲学话题相关的，书中都会论及。因此，本书既可以说是一本关于达尔文的哲学介绍，也可以说是一本关于达尔文主义的哲学介绍。

有人担心，书中将现代观点与一个已经作古的维多利亚人的观点进行对比，可能会使此书变成所谓的"辉格派"科学史——现今这种进步式的历史叙事一贯遭人诟病，因为它只是有选择性地考察过去那些对今天的科学有用的成分,仿佛过去是生成现在这些教科书式书籍的引擎。本书整体上是大胆评估式的,但是,很多论点都与辉格式相反,因此,或许可以被视为"托利派"科学史。在某些情况下,我会证明,与现代哲学自然学家采用的例子相比,达尔文的观点要微妙得多,有说服力得多。达尔文的哲学观点不只具有历史意义。

3.《达尔文》展述

关于达尔文的哲学介绍必须是介绍性的。哲学追求的是严谨和清晰,而本书因涉及范围之广,在这两个标准上不可避免需要做出让步。即使是漫不经心的读者也可能发现许多疏忽之处,因此,在每章末尾,我都会给出相关阅读的索引,以供补充说明。

第一章是对达尔文一生的简要叙述,其余章节依照话题来组织。我努力尝试针对达尔文的著作与思维、伦理、知识和政治研究的相关度写出一些有用的、有挑战性的、有趣的东西。这四个话题构成本书的核心,分别在第五章至第八章进行论述。不论是达尔文还是作者关于这些话题的讨论都是建立在对两个概念的理解之上,这两个概念也是达尔文理论的基础:一个是自然选择,在本书第二章进行了论述;另一个是关于物种从系谱上联系起来形成一棵巨大的生命树的概念,在本书第三章进行讨论。第四章是前面主要讨论生物学的章节与后面主要讨论哲学的章节的桥接,论述了达尔文如何界定好的科学理论以及达尔文理论与不同的"创造论"(Creationist)观点(包括现代"智慧设计理论"[Intelligent Design Theory])之间的关系。最后一章讨论了达尔文对于哲学的整体影响的几点全面考虑。关于进化论与人类本质概念之间的相关性,并没有独立的章节进行论述。这个主题贯穿整本书的写作,也贯穿了达尔文所有的著作。

拓展阅读

需要更多阅读材料的读者可参考下列领先哲学家和生物历史学家发表的文章。这些文章涉及达尔文理论的形成,达尔文思想与宗教的关系,以及达尔文著作的哲学影响:

Hodge, J. and Radick, G. (eds) (2003) *The Cambridge Companion to Darwin*, Cambridge: Cambridge University Press.

与本书目的相似的关于达尔文的研究和成就的综合性专著,请参考:

Ghiselin, M. (1969) *The Triumph of the Darwinian Method*, Berkeley, CA: University of California Press.

第一章　达尔文的生平

1. 家庭出身

涉猎广泛和好奇求知的哲学精神深植于达尔文家族的血液中。达尔文的祖父,伊拉斯马斯·达尔文(Erasmus Darwin, 1731—1802)不仅是一位成功的医学博士和投资家,也是著名的"月亮社"的成员,月亮社成员包括工程师、制造商、哲学家和其他参与改进或调查启蒙工程的人。詹姆斯·瓦特(James Watt)、约瑟夫·普利斯特里(Joseph Priestley)和乔赛亚·威治伍德(Josiah Wedgwood)都是月亮社成员。伊拉斯马斯不仅是一位诗人,还著有科学作品和关于文化进步的评论,他关于技术进步的富有诗意的专著通常融合了这三种题材。他出版的《动物法则》(Zoonomia)提出了一个早期的进化理论,认为植物或动物源自原始的"丝状生物",并且随着时间的推进趋向于自我改良。伊拉斯马斯的理论与查尔斯后来提出的进化论有很大不同,但与法国自然学家拉马克(Lamarck, 1744—1829)的理论有很多相似之处。我们接下来也会讨论到拉马克的观点。查尔斯将自己的观点与伊拉斯马斯和拉马克的观点区分开来。尽管他自身理论的形成可能受到了类似《动物法则》的著作的影响,但是,他认为他祖父的科学方法缺乏实证性,所以没有使用它。回忆起学生时代,他说道:

> 我之前读过我祖父的《动物法则》,书中的观点与拉马克的观点类似,但是没有对我产生任何影响。不过,在我年纪相当小的时候读到这样的观点可能使我在《物种起源》中以另一种形式赞成这些观点。当时初读《动物法则》,我无比崇拜;但是十多年后再读时,却失望不已,其中推测的成分过多,而事实不足。
>
> (Autobiography: 24)

达尔文家族的另外两大传统是医学和财富。查尔斯的父亲罗伯特·韦林·达尔文(Robert Waring Darwin,生于 1766 年)跟查尔斯的祖父一样是一位医师。他能在很大程度上激起病人的自信,并由此对治疗产生了很大帮助。但是,罗伯特·达尔文的绝大部分收入不是来自医药,而是来自股票、债券、租金和抵押借款的利息。他还拥有公路、运河、耕地的股份以及威治伍德瓷器厂的大部分产权。(他的体重和他的银行余额一样惊人;查尔斯回忆起父亲时说,"他非常肥胖……是我见过的最胖的人"[ibid.: 11])。政治上,罗伯特·达尔文是一个辉格派,强烈反对托利党;支持工业和进步;相信唯物主义,可能是一个无神论者;批评贵族特权。即便如此,他仍然是反对革命的,正如查尔斯的传记作者珍妮特·布朗(Janet Browne)所言:"他相信的是通过立法来实现改革,而他强烈的个人观念没有妨碍他与当地托利党成员和去教堂做礼拜的地主乡绅建立生意关系。"(Browne 2003a:9)

查尔斯·达尔文于1809年2月12日出生于什鲁斯伯里。直到上大学期间,他才开始意识到他的出身背后的财富。他很久之后回忆道:

> 通过诸多小事情,我开始相信我父亲有可能会留给我一笔足够我过上舒适生活的财产,尽管我从来没想过我竟然会变得如此富裕;但是,我相信自己不需要费力去学医。
>
> (*Autobiography*:22)

查尔斯的推测很准确,他确实无需为生活担忧,那么,他也就不会因为金钱去追随父亲的职业脚步。

查尔斯的母亲苏珊娜·达尔文是乔赛亚·威治伍德的女儿。乔赛亚·威治伍德是伊拉斯马斯在月亮社的同事,也是著名的伊特鲁里亚(Etruria)陶器厂的建立者。苏珊娜卒于1817年7月,那年查尔斯仅八岁。"除了她临终所卧的床、她的黑丝绒睡衣和她造型奇特的工作台,他几乎不记得关于她的任何东西。"(ibid.:6)

查尔斯的母亲去世时,他已经在当地的一个小学念了几个月书。这个小学由一个一神论牧师凯斯牧师(the Reverend Case)管理。查尔斯九岁时,开始在什鲁斯伯里学校上学,尽管学校离家很近,他还是选择住读。学校校长是塞缪尔·巴特勒(Samuel Butler),达尔文不怎么喜欢他的教学方法:

> 再也没有比在巴特勒博士的学校上学对我的思维发展阻碍更大的了,教学内容只限于经典,除了古老的地理和历史,就没有其他的内容了。学校的教育功能对于我来说是一片空白……

(ibid.：10)

查尔斯自己也不是天才型儿童:

> 我开始上学时,与其他同学相比,年龄不大也不小;我相信在我所有的老师和我父亲眼中,我只是一个非常普通的男孩,在智力方面比一般的标准还要低上许多。让我深感羞愧的是有一次父亲指责我说,"你除了打猎、玩狗、抓老鼠,别的什么都不管,你将会是你自己和整个家族的耻辱。"

(ibid.)

打猎这项野外运动让达尔文来到户外,接触自然,然而,1825年达尔文离开什鲁斯伯里学校的时候,还远看不出来他将成为一位自然学家。他以一种对神不敬的态度告诉我们他在什鲁斯伯里学校期间最主要的兴趣是猎杀:

> 我在什鲁斯伯里学校的后期对射猎充满了无比的热情,我相信其他人对于最神圣的事业的热情也没有我对射鸟的热情高。我记得非常清楚第一次射杀鹬时的情景,因为过于激动,我的手不停地颤抖,几乎无法重新上膛。这种嗜好一直延续下来,久而久之,我成了一个极佳的射手。

(ibid.：21)

2. 从运动到科学

达尔文最初尝试承袭家族传统,成为一名医师,这就意味着他必须去爱丁堡接受训练。1825年10月,16岁的达尔文来到爱丁堡按时开始了他的医学学习。但是,他始终心不在焉:"邓肯博士在冬天早晨八点的药物学课程简直不堪回首。芒罗博士的人体解剖课像他本人一样无趣,并且这门课让我感到恶心。"(ibid.：22)达尔文容易呕吐,解剖让他犯恶心,而外科手术让他对手术对象无比同情:

> 我去爱丁堡医院的手术室观摩过两场手术,都没有留下好的回忆。其中一场手术对象是一个小孩,在手术结束前我就冲出了手术室。我再也没有进过手术室观摩手术,也没有任何事情能够刺激我进手术室;我观看这场手术时,麻醉剂还远没有发明。这两场手术的回忆着实折磨了我好多年。
>
> (ibid.：23)

达尔文拒绝医学试炼后,在爱丁堡周边徒步、骑马、研究动植物,这些正好为达尔文提供了去处,但是,此时达尔文离成为科学家还有很长一段距离。即使是在他最早成名的地质学领域,他那时也不是很感兴趣:

> 我在爱丁堡上学的第二年,上了詹姆森的地质学课和动物学课,但是课程枯燥得难以置信,它们对我产生的唯一影响是让我下定决心在有生之年坚决不读关于地质学的书或去研究这门科学。
>
> (ibid.：25-26)

在爱丁堡的经历也不完全都是负面的。达尔文加入了布里尼学会（the Plinian Society）。这个小型学生团体的成员"在大学里的一个地下室碰头，阅读一些关于自然科学的文章并进行讨论"(ibid.：24)。达尔文在爱丁堡遇到的最重要的朋友之一是罗伯特·格兰特，他是爱丁堡的讲师，也是拉马克的追随者。格兰特曾在巴黎呆过一段时间，并在此期间接触到拉马克的观点，达尔文对此回忆道："有一天，我们一起散步，格兰特突然迸发出对拉马克及其进化观点的高度崇拜。我在惊奇之中沉默地倾听，而且据我判断，他说的话没有对我产生任何影响。"(ibid.)

达尔文之所以对格兰特赞扬拉马克感到惊奇，是因为当时主要在英国，还有法国，拉马克的理论并不是很受欢迎。直到十九世纪末，拉马克的观点基本上一直处于被忽视的状态，因为其中猜测过多，证据太少。拉马克提出，物种随着时间的推进具有潜在的无限可突变性——这个观点被称为生物演变论（法语是 transformisme，英语是 transmutationism）。

我们今天沿袭的对拉马克立场的讽刺倾向于强调两点：一是认为物种通过自觉意愿适应环境；二是所谓的"获得性性状遗传"。于是，拉马克的一套理论声称，譬如，长颈鹿自己"想要"吃树顶上的叶子，所以它们的脖子越变越长；然后，它们的后代出生就有长脖子这个特性。依我看来，长颈鹿的例子是对拉马克观点的曲解（Bowler 1984：81）。拉马克认为，随着环境的变化，环境对物种的要求也随之发生变化，那么，生物也被迫习得新的习惯以适应改变了的环境的要求。自觉意愿不是拉马克理论的组成部分；而将其视为拉马克理论组成部分的观点源自于查尔斯·莱尔（Charles Lyell）对拉马克带有敌意的讨论。查尔斯·莱尔是一位英国地质学家，对达尔文影响颇深。拉马克认为，生物拥有一种内在驱动使它们适应它们的环境。拉马克确实相信,如果一个个体一生中使用到一种才能,那么,对这项才能的频繁使用所带来的变化将会在后代中得到遗传。所以,拉马克认为,适应性习惯加上这种遗传机制(在英国称为"应用遗传")可能引起物种随着环境要求的变化而进行无限的变化。

随着本书的展开,我们会发现,像拉马克一样,达尔文也相信物种是可变化的,他还相信(他大多数同时代的人也一样相信)应用遗传的重要性。虽然如此,拉马克观点中有一个特征值得强调,因为它与达尔文持有的任何观点都是有区别的。今天,当我们想起"进化",很有可能脑海中浮现的是进化树状图,这张图描述的是物种之间的系谱关系和今天的物种是如何从少数共同的祖先变化而来的。这种进化的概念应主要归功于达尔文。相对地,拉马克认为,最简单的生命形态最初是由惰性物质聚集在一起自发生成的,现在仍是如此。根据拉马克的理论,一旦一个简单的生命形态产生,它的后代将随着时间的推进经过一系列变化变得更加复杂。但是,我们今天见到的物种没有达尔文的生命树所要求的共同祖先;而物种不同的复杂程度表明(如拉马克所见)这些物种的不相关的祖先自发形成的时期不同。如果我们现在发现一个生物构成非常简单,这说明它来源于一个刚自发生成不久的祖先。而更加复杂的生物来源于自发形成时间更早的生物祖先(ibid.:79-81)。拉马克与达尔文之间的其他重大区别将会在接下来的章节里进行讨论,尤其是关于生物适应环境的机制;在此,需要注意的是二人对进化史的描述也是不一致的。

到达尔文在爱丁堡学习的第二年末,事实表明医学并不适合他。罗伯特支持他走上成为牧师之路,尽管达尔文对此有一些疑虑,但不足以打破他父亲的计划:

> 我请求他考虑一下,因为就我所听到的和想过的而言,我对于自己信仰英国国教的教义存有疑虑;尽管我还蛮喜欢成为乡村牧师这个想法。
>
> (*Autobiography*: 29)

成为英国国家牧师的一个必要条件是英国任何大学的学位,于是达尔文在1828年1月来到剑桥,成为基督学院的一名学生。达尔文对于自己在剑桥经历的评价起到了正负夹杂的宣传效果。他声称自己在剑桥正规教学中的收获跟从巴特勒博士处获得的收获一样少:"就学术研究而言,我在剑桥度过的三年都浪费了,跟在爱丁堡和什鲁斯伯里学校时浪费得一样彻底。"(ibid.: 30)但是,也像在爱丁堡时一样,达尔文在剑桥的经历有好有坏,其中有一段与思维相关的经历。达尔文从威廉姆·佩利(William Paley)的著作中获益良多。佩利曾是基督学院的一名研究员,但是,现在最有名的是他在《自然神学》(*Natural Theology*)中对"设计论"的经典辩护。这个论点将生物特征的精致设计视为某个智能创造者存在的证据,这个创造者有能力制造出能用来视物的眼睛,用来飞行的翅膀这样的工艺。后来,达尔文断定他自己的观点能给予设计论致命的打击。但是,达尔文当时在剑桥时是这样解释的:

> 为了通过文学学士的考试,我不得不再去研究佩利的《基督教的证据》(*Evidences of Christianity*)和《道德哲学》(*Moral Philosophy*)。这两本书读得特别熟,我确信我能准确无误地将《基督教的证据》整本书写出来,当然,语言可能不如佩利的清晰。这本书的逻辑以及《自然神学》的逻辑能像欧几里德(Euclid)一样给我带来愉悦。仔细研究这些著作……是所谓学术课程中仅有的能为我的思维培养起到作用的部分。那时,我并不费神去考虑佩利的假设;如果不对佩利的假设加以深究,我

倒是对他跨度漫长的论证思路颇为着迷和信服。

(ibid.：30－31)

事实上,《自然神学》并不是达尔文的考试课本,但是,达尔文很好地了解了佩利的其他著作并因此通过了他的学位课程(文学学士),"同时他也很好地融入大众,也就是说,成为了不争取优等生头衔的学生中的一员"(ibid.)。

达尔文在剑桥接触到的人对他以后的成功起着至关重要的作用。在爱丁堡关于地质学的令人不快的经历使他对这个学科如此抗拒以至于他仍然不想去上地质学的课(由亚当·塞奇威克教学)。但是,他倒是跟约翰·亨斯洛(John Henslow)成为朋友,亨斯洛是一名年轻的英国国家牧师,也是植物学教授。达尔文去参加亨斯洛的讲座,同他一起进行植物研究的长途徒步旅行,并且经常去他家吃晚餐。关于这段友谊,达尔文之后这样写道,"对我整个事业的影响大于其他任何事物。"(ibid.：34)在去亨斯洛家吃晚餐时,达尔文认识了威廉姆·休厄尔(William Whewell)。休厄尔是维多利亚时期知识界的领军人物之一,是写作关于科学方法的很有影响力的作家,后来成为了三一学院(Trinity College)的校长:

> 休厄尔博士是偶尔看望亨斯洛的人中较年长也很受人尊敬的一位,有几次我晚上跟他一起走回家。和我交谈过的人中,除了麦金托什爵士,他是最擅长谈论严肃话题的。
>
> (ibid.：35)

与达尔文对剑桥给他思维带来的负面评价相比,他对于在剑桥生活中非学术部分的态度很有可能被大学筹款活动原文摘录用作宣传:"我在剑桥度过的整整三年是我快乐的一生中最高兴的日子;因为我身体非常健康,精神状态常佳。"(ibid.: 36)达尔文培养了对绘画("塞巴斯蒂安[Sebastian del Piombo]的画作能让我产生一种庄严感"[ibid.])和音乐的鉴赏力,尽管他"一只耳朵完全丧失了听力"(ibid.)。达尔文仍然对运动有着很大的兴趣,对学生生活可预见的娱乐活动也充满兴致:

> 虽然……在剑桥的生活中有一些聊以慰藉的部分,但是令人遗憾的是,我在那儿度过的时间都荒废了,或者更糟。从热衷于射击和打猎,到去郊外骑马,我混迹于一伙终日娱乐、游手好闲、没有思想的年轻人中间。
>
> (ibid.: 31)

然而,尽管如此,达尔文逐渐开始对自然历史,更确切地说,对昆虫学感兴趣:"……在剑桥,没有其他消遣能比收集甲虫带给我的热情和乐趣来得多。"(ibid.: 32)

1831年初,达尔文拿到了学位,但是,按照大学规章要求,他需要在剑桥多停留两个学期。很有可能就是在这两个学期,达尔文克服了他对地质学的厌恶,因为1831年8月,在亨斯洛的建议下,亚当·塞奇威克允许达尔文陪同去北威尔士进行一次地质考察。显然这是一次很刺激的旅行,证实了达尔文为科学带来的可能性感到兴奋,也教会了他一些实地考察方法。即便如此,他还是在考察结束前撇下塞奇威克一个人先离开了。他先去了巴茅斯(Barmouth),然后到梅尔(Maer)(他叔叔家)"去打猎;因为那时我想,自己一定是疯了才会将之前的时间花在地质学或其他科学上,而不去打山鹬。"(ibid.: 36 - 37)

达尔文回到什鲁斯伯里的时候,发现亨斯洛给他寄了一封信,信上说一位菲茨罗伊船长(Captain FitzRoy)乐于跟"自愿作为无偿自然学家踏上小猎犬号航程的年轻人"分享自己的船舱。罗伯特·达尔文一开始反对这个主意(航海是很危险的,并且这次航行会打乱达尔文牧师事业的进程),但是,达尔文的叔叔乔(乔赛亚·威治伍德)说服了罗伯特。几天后,达尔文回到剑桥见了亨斯洛,然后又去伦敦与菲茨罗伊进行了面谈。事情定下来了:达尔文先于1831年9月11日到普利茅斯进行短暂参观,然后回家停留几个礼拜与家人告别,最后于10月24日返回普利茅斯等待小猎犬号起航。

3. 小猎犬号航行

因天气糟糕两次尝试离港失败后,最终,小猎犬号于1831年12月27日起航。小猎犬号是一艘测量船,任务是绘制南美海岸线地图。航期最初定为三年;结果却持续了将近五年。达尔文离开英国时只有二十二岁,在航行开始后的前五个月,他就毅然决定将注意力转向科学,开始意识到,"不知不觉间,观察和推理带来的愉悦已远远超过运动和技巧。"(ibid.: 43)他将这次漫长的冒险之旅看做他成为一个成功的自然学家的基石,他在生命尽头写道:

> 小猎犬号之旅是我生命中到目前为止最重要的事件,影响了我一生的事业……我经常觉得,这次航行是对我思维的第一次真正的训练或培养。我因此更加密切地关注自然史的不同分支,我的观察能力得到了提升,尽管我的观察力已经相当成熟了。
>
> (ibid.: 42)

除了作为一个有教养的人陪伴忧虑的罗伯特·菲茨罗伊船长,达尔文踏上这次航程的首要目的不是观察雀科小鸟和巨型乌龟,而是研究地质情况和无脊椎动物。他随身带着查尔斯·莱尔三卷版的《地质学原理》,精读这本著作加上直接观察不同的地质现象使达尔文很快接受了莱尔看问题的方式。不像塞奇威克,莱尔主张的是均变论,根据这个观点,现在我们能观察到在我们身边起作用的相同原因的缓慢作用,在漫长的时间里,混合到一起产生如高山海洋般的大型地貌变化,这样,所有的地质现象都可以得到解释。均变论反对塞奇威克和其他人主张的灾变论,灾变论认为地球的历史被一系列突然而剧烈的灾难打断,这些灾难是现在活着的人闻所未闻、见所未见的。

莱尔无疑不是一个进化论者,他批评过拉马克的生物演变论,认为物种可能会呈现不同特征,但总会有一个固定的范围。但是,达尔文转向均变论使他明白,用珍妮特·布朗的话,"自然的宏伟故事可能能用细小事物的累积来解释。"(Browne 2003a:294)这种渐进主义的主题贯穿了他一生的著作。

小猎犬号之旅是一个很长而有趣的故事,在这里将只聚焦于那些最精彩的部分。船从普利茅斯向南航行,于1月中旬到达佛得角群岛(the Cape Verde Islands)(非洲西部沿海),然后重新出发,到达巴西的巴伊亚(Bahia)(萨尔瓦多),在这里,达尔文第一次见到奴隶制和热带雨林。达尔文憎恶奴隶制(*Autobiography*:40),他与菲茨罗伊船长争论关于奴隶制的问题。而另一方面,热带雨林让达尔文激动不已:

> 高兴……远不足以形容一个自然学家第一次独自漫步于巴西丛林的感觉……对于一个喜欢自然史的人来说,那样的一天带来的是一种他余生都无法再度体验的深深悸动。
>
> (Darwin 1913:10-11)

船继续向南航行,1832 年 4 月到达里约热内卢(Rio de Janeiro),7 月到达蒙得维的亚(Montevideo)。在这里,小猎犬号开始了它的测量任务,沿着南美洲东海岸向南航行,然后沿着西海岸向北航行,直到 1835 年 9 月才出发去往加拉帕戈斯群岛。在加拉帕戈斯群岛停留期间,达尔文数次深入内陆。珍妮特·布朗描述了一个陶醉于野外生活的精力充沛的年轻人,而达尔文一回到家就因为糟糕的身体状况无法享受这种生活了。在写给妹妹卡罗琳(Caroline)的信中他描述了在巴塔哥尼亚(Patagonia)的运动:

> 在整个航程中,我再也没遇到比跟土著士兵一起猎鸵鸟更有趣的事了。这些土著士兵大多是印第安人,他们在皮鞭的末梢系上两个球状物,将它们甩出去缠住鸵鸟的腿,然后将鸵鸟抓住——这真是一场生动有趣的捕猎。
>
> (Quoted in Browne 2003a: 220)

航程中有一个事件可能改变了达尔文对种族的看法,值得讲述一下。小猎犬号上有三个来自南美最南端——火地岛的土著居民。这三个人(英文名字分别是 Fuegia Basket, York Minster, 和 Jemmy Button)是菲茨罗伊在之前的航行中带上船并载往英国的。他们学会了英语,被展示给国王和王后,他们的头部因为颅相学(研究头盖骨隆起所揭示的个人特征)的流行也被仔细研究过。菲茨罗伊在这次航行中要将他们带回火地岛,他打算在那里建一个布道所,而这三个刚被教化的火地岛人将协助布道所的管理。

航行途中,达尔文和杰米·巴顿走得很近:

> 杰米·巴顿人见人爱,也非常热情;从他脸上的表情马上就能看出他的好性格。他喜欢笑,心情总是很好,对任何人的

痛苦都非常同情:当船颠簸时,我经常有点晕船,这时,他会走过来,满含悲痛地说,"哦,我可怜的朋友!"但是对于常年在海上度过的杰米来说,晕船是个很可笑的概念,所以,他基本上都是僵硬地侧过身偷偷地笑,然后接着说"哦,我可怜的朋友"。他很热爱自己的家乡,经常赞扬自己的部落,他很精确地告诉我他们部落"树木茂盛",并且辱骂其他所有的部落:他坚定地认为在他们的土地上没有魔鬼。

(Darwin 1913:217 – 218)

即使有了和杰米这个火地岛人相处的经历,在 1832 年 12 月小猎犬号准备靠岸时,达尔文还是完全被一群未开化的火地岛人的"欢迎仪式"震惊了:

我永远也忘不了他们是多么野蛮而缺乏教养。四五个人突然出现在我们旁边的悬崖上,全身赤裸,长头发分成一股一股;他们从地上突然向前跃起,将胳膊举过头顶绕圈挥舞,嘴里发出恶意的喊叫。他们的外表看起来太奇怪了,几乎都不像是地球上的居民。

(From *Darwin's Beagle diary*, quoted in Browne 2003a:240)

达尔文发现,很难想象杰米和那群野蛮的火地岛人同属一个种族。杰米能从如此未开化的状态被提升说明了人的提高的巨大可能性,达尔文在他的日记中写道:"从一个火地岛野蛮人到艾萨克·牛顿爵士(Sir Isaac Newton),才能需要提升的幅度是如此之大。"(quoted in ibid.:248)也因为如此,当看到被提升的事物同样也会倒退时,达尔文再次被震惊了。1833 年年初,小猎犬号将杰米三人留下。1834 年 3 月,当船再次经过火地岛时,达尔文一开始都无法认出划独木舟来见他们的杰米·巴顿,因为从外表来看,他似乎又变回一

个"野蛮人"了:

> 看着他真让我感到难过;瘦而苍白,除了腰上围着的一小片毯子,身上没有任何衣物;头发披散着,长过了肩;划独木舟靠近我们的船时,他因为觉得羞耻背对着我们。他当时下船时,体型很胖,对衣服还很挑剔,总是连鞋都怕弄脏;很少不戴手套,头发也修剪得很整洁。我从来没有见过如此彻底而令人痛心的转变。
>
> (Quoted in ibid.:268-269)

他们多次邀请杰米跟他们一起乘船回英国,杰米拒绝了。菲茨罗伊当初建的布道所也被废置了。

直到 1835 年 9 月,小猎犬号走过五分之四航程的时候,达尔文才到达加拉帕戈斯群岛。现在,有人会有这样的印象:达尔文走下船,调查雀科的不同物种——所有的雀科鸟类都很类似又都各自适应不同的岛屿环境,然后直接认识到自然选择进化论的真相。事情不是这样的。达尔文在几年后才提出自然选择原理,也是回到伦敦后,他才得出加拉帕戈斯群岛上的不同物种是从共同祖先的改变而形成的结论。当地副总督告诉达尔文不同岛上的乌龟形态也不相同,但是,"在之后的一段时间,副总督的话都没有引起我的足够注意,并且我已经将从两个岛上收集到的样本中的一部分混合到一起了。"(Darwin 1913:418)后来,他将能够辨认出的不同雀科物种归入完全不同的科,将其中一种称为"鹪鹩"。达尔文后来这样说道:"我做梦都想不到,这些岛屿相互之间只隔五六十英里,大多数时候,站在一个岛上都能望见另一个岛,岛上的岩石也几乎一模一样,气候类似,却栖息着不同的物种。"(ibid.)

最终,达尔文注意到来自加拉帕戈斯两个岛屿的嘲鸟有所不同,这使得他联想到他之前在第三个岛屿——詹姆斯岛上见过的嘲鸟。他在实地考察笔记中写道:

> 这种与智利小嘲鸫(Callandra of B. Ayres)联系紧密的鸟类很明显是作为变种或截然不同的物种生活在不同的岛屿上。我分别从四个岛上采集了四个标本,其中有2至3个变种。每个变种的特征都与其生活的岛屿环境相一致。这是类似于不同岛上的鸟龟各异的现象。(Quoted in Browne 2003a:304 - 305)

达尔文已经意识到,尽管不同的岛屿环境几乎一模一样,却栖息着截然不同的鸟类物种。他还意识到,这些鸟类与在最邻近的大陆陆地上发现的物种类似。从逻辑上来讲,这些观察发现强烈地体现了生物的演变:岛屿上的鸟类与陆地上的鸟类之间的相似性可以用一个假设来解释——它们都是该地理区域的某个早期祖先的变化形态。像这样的论点最后出现在《物种起源》中。但是,实际上,直到小猎犬号离开加拉帕戈斯群岛好一段时间,达尔文才转变成一个生物演变论者。

小猎犬号继续航行至塔希提岛(Tahiti),在这里,达尔文发现塔希提的妇女除了头发上的花饰之外穿的很少,这让严肃的他觉得很不适宜。1835年12月,船到达新西兰。可能是由于至今为止四年的航程累积的疲劳,再加上又没有彼得·杰克逊(Peter Jackson)电影中的高潮引爆效果(priming),达尔文写道:

> 我相信我们都很高兴离开新西兰;这地方实在是令人不快。当地的土著没有塔希提岛上居民的单纯可爱;英语也被当

地社会排斥。这片土地本身也没有吸引人的地方。

(Darwin 1913:456 - 57)

1836年1月,达尔文到达澳大利亚繁荣的悉尼,这里留给他的印象要好得多:"我的第一感觉是庆幸自己是一个英国人。"(ibid.:459) 1836年春天,小猎犬号横渡印度洋,沿途经过基灵群岛(the Keeling Islands)和毛里求斯(Mauritius),在5月末的时候到达开普敦(Cape Town)。直到这时,达尔文才似乎放弃成为一个乡村牧师的打算。在开普敦,达尔文与天文学家约翰·赫歇尔爵士(Sir John Herschel)一起共进晚餐,赫歇尔当时是在开普敦进行天文观察,包括观察哈雷彗星。达尔文对于赫歇尔的哲学著作满怀崇敬,这或许是因为赫歇尔与查尔斯·莱尔在科学方法上的观点一致:

> 我对约翰·赫歇尔爵士深感崇敬,非常高兴能去他在好望角的私邸和他在伦敦的房子一起共进晚餐。我也在其他的一些场合见过他。他的话不多,但说过的每个字都值得倾听。
> (*Autobiography*:62)

同年6月,小猎犬号到达阿森松岛(Ascension Island),达尔文得到消息,亨斯洛将他回复的一些关于科学话题的信件进行了编辑,这些信件在伦敦受到广泛好评。结果就是,对于那些影响达尔文的有才能的人来说,达尔文已经是个名人了:甚至连达尔文从没见过的莱尔也期待听取他的意见。

从阿森松岛出发,小猎犬号再次回到巴西巴伊亚,之后向北航行至亚述尔群岛(the Azores),进入整个航程的最后阶段。到最后,达尔文也没能练就不晕船的本事。在这五年中,达尔文被大大小小的病痛折磨,他在家信中写道:"我憎恶大海和在海洋上航行的所有船只。即使是研究地质带来的强烈兴奋也无法抵消晕船带来的痛苦和烦恼。"(quoted in Browne 2003a：178)

4. 伦敦、婚姻和笔记本

小猎犬号于1836年10月2日抵达法尔茅斯港。达尔文先回到什鲁斯伯里,他父亲拐弯抹角地夸他这五年里的见识让他的头脑有了很大改变。查尔斯认定伦敦才是创建他的科学事业之地,于是在1837年3月搬到伦敦,租住在万宝路大街。在伦敦度过的时间现在被认为是达尔文后来的进化论观点形成的最重要的阶段之一。他在地质学会多次发表讲话,并开始定期出版。他最早的出版物之一是关于他环球旅游的个人传记,题目是《研究日志》,现在更通用的标题是《小猎犬号之旅》。在伦敦期间,他还将小猎犬号的大量有关地质、植物学、地理、动物学、哲学、人类学和胚胎学的观察和经历整理成一幅生命演变的连贯画面。达尔文在这个阶段阅读广泛,有哲学家大卫·休谟和亚当·斯密(Adam Smith)的哲学著作,也有在今天知名度较低的哲学作品,如赫伯特·梅奥(Herbert Mayo)的《生存的哲学》(Philosophy of Living),约翰·阿波克龙比(John Abercrombie)的《知识力量的探索和真理调查》(Inquiries Concerning the Intellectual Powers and the Investigation of Truth)以及詹姆斯·麦金托什的《关于伦理哲学发展的专题论文》(Dissertation on the Progress of Ethical Philosophy)。

也是在伦敦,达尔文开始推测关于自然史的生物演变论观点的可能性。他将推测过程记在笔记本上,在到达伦敦几个月后,就专门用一个笔记本记下对生物演变论观点的证据评估。八年后,他记完了五个笔记本,分别标上字母A到E,另外,他还记了两本关于形而上学的笔记,分别是笔记本M和N。

达尔文后来声称,生物演变论观点针对他的小猎犬号见闻是行得通的。他这样写道:

> 加拉帕戈斯群岛上的大多数生物所具有的南美特征给我留下很深的印象,群岛中各岛屿上的生物之间的细微差别尤其让人印象深刻;从地理学意义上来说,这些岛屿都不是很古老……很显然,这些现象和其他一些现象都能够用物种会逐渐演变的假设来解释;这个主题在我脑海中萦绕不去。
> (*Autobiography*:71 – 72)

达尔文没有满足于此,因为这个案例还不能表明物种如何神奇地适应环境。达尔文惊讶于佩利指出的现象,但却无法解释:"我一直惊叹于这些适应现象,除非这些适应都得到合理解释,否则对于我来说,试图通过间接证据去证明物种的演变几乎是没有意义的。"(ibid.)达尔文间接地批评了拉马克,他认为"不论是周围环境的作用还是生物(尤其是植物)的意愿都显然不能"解释生物的适应。(ibid.:72)

1838 年 9 月 28 日,达尔文开始阅读托马斯·马尔萨斯(Thomas Malthus)的《人口论》。马尔萨斯认为,人口会随着时间不断增长,超过了食物供应增长的速度。结果就是,除非人口增长得到自发抑制,将会出现资源短缺、饥荒和必然的人口精简。他在 10 月 3 日读完这本书,并称这本书给了他一种"我要的就是这个"的感觉,对他观点的形成有着很大的影响;

> 1838 年 10 月,也就是在我系统地研究科学 15 个月后,闲来无事,偶然读到了马尔萨斯的《人口论》,并非常欣赏书中提到的通过长期观察动植物习惯得出生存竞争无处不在的观点,

> 我非常惊讶,在某些条件下,有利变异可能会被保留,不利变异则被消除。而结果是新物种的形成。
>
> (ibid.: 72 – 73)

尽管达尔文表示自然选择原理很大程度上是建立在阅读马尔萨斯作品的基础上,但是,他却没有将其匆匆出版;事实上,他一直没有公布自然选择理论,直到大约二十年后《物种起源》出版:

> 我终于有了一个有效的理论,但是,为了避免引起偏见,我决定过一段时间再开始写理论框架。1842年6月,我用钢笔第一次写下一个非常简洁的理论梗概,聊以自慰;1844年夏天,我又将这篇35页的梗概扩展成230页的篇幅,并仔细抄写下来,现在还留着。
>
> (ibid.)

达尔文航行归来后也开始考虑结婚的问题,在这个问题上,他记了一系列笔记,评估这一转变将带来的利弊。从好的方面想,一个妻子意味着一个可以闲聊的女性,一个只对你感兴趣的人。不论如何,妻子"总比狗好"。(这其实是高度赞美,因为达尔文极其喜爱狗)但是,他认为婚姻带来的负面影响要多得多。妻子和家庭会是一笔很大的开销,他们也会占用时间:"肥胖和懒惰——焦虑与责任——书费少与不得不养活一堆孩子。"他也有很多事情都做不成了:"天啊!!我再也不能学法语了,不能走遍欧洲,不能去美国,不能乘热气球,也不能独自去威尔士旅行,我会变成一个可怜的奴隶,比黑人还糟。"即便如此,他还是违心地说"世界上有很多快乐的奴隶。"他应该从这种单身汉对婚姻生活的浪漫幻想中清醒过来:"只要想象一下,一个美好温柔的妻子,坐在沙发上,充满热情,也许还有书和音乐——将这个场景与万宝路大街肮脏的现实对比",事情就定下来了,"结婚,结婚,结婚。论证完毕。"(all notes quoted in Browne 2003a: 379)

最后,他将目标锁定在艾玛·威治伍德,他的叔叔乔最小的女儿。他们在1839年1月29日结婚,婚礼五天前,达尔文成为皇家学会科学精英中的一员。艾玛很喜欢达尔文,她在给姨妈的信中写道:

> 他是我见过的最坦率、最纯净的人,他说的每个字都是他真正的想法。他情感丰富,对他父亲和姐姐们都很好,非常体贴,有一些小特质让人很喜欢,比如说不会过分挑剔,对动物很有爱心。
>
> (Quoted in ibid.: 393)

尽管达尔文最初决定结婚是经过计算的,但是,在生命最后的日子里,他用感人的笔触来描写他们夫妻的关系:

> 她是上天对我最好的祝福,我可以肯定地说,在我整个一生中,她从来没有说过半句招我不爱听的话。她总是能给我感情上的支持,对我经常性地抱怨病痛抱以极大的耐心。我想她从来也没错过任何做好事的机会。我不敢相信自己的好运气,能拥有一位道德品行各个方面都高于我的妻子。她是我一生的良师益友,如果没有她,我疾病缠身的一生将会显得无比漫长。她赢得了周围所有人发自内心的爱和钦佩。
>
> (*Autobiography*: 56)

查尔斯和艾玛最开始住在伦敦上高尔街,临近伦敦大学学院。这段期间,他的健康状况急剧下降,只在1842年的时候有短暂的好转,让他能够再次去威尔士进行地质考察,"这是我最后一次能够爬山或长途跋涉,而地质考察少不了攀爬奔波。"(ibid.:58)但是,他还是能"去参加一般的社交活动"(ibid.),与很多科学界的领先人物关系甚笃。他再次见到了赫歇尔,还认识了自己的地质学偶像查尔斯·莱尔:"无论是在婚前还是婚后,我对莱尔的了解都比对其他人的多。在我看来,他的思维很有特点,清晰、谨慎、判断合理、原创。"(ibid.)他还遇到了其他人,像赫伯特·斯宾赛(Herbert Spencer)和托马斯·卡莱尔(Thomas Carlyle),但是与他们相处的时间都不多。他循着记忆写道:

> 我对赫伯特·斯宾赛的谈话很感兴趣,但对他并没有特别的喜欢,也不觉得能够轻易与他亲密起来。我认为他是一个极端自我中心主义者。读过一点他的作品后,总的来说,我对他的卓越才能表示钦佩;我经常想,在长远的将来,不知道他是否能与笛卡尔和莱布尼兹这样的巨人比肩,尽管我对笛卡尔他们知之甚少。
>
> (ibid.:63)

达尔文明确地表达出斯宾赛的著作给他的印象平平,因为他们缺少好的观察和实验证据:

> 他处理任何问题的推论法都与我的思维框架完全相反。他的结论完全不能使我信服:每次看完他的一些论述后,我一再跟自己说,"这个精细的话题估计够研究好几年的了。"
>
> (ibid.:64)

达尔文一如既往地工作,在和艾玛结婚不久后完成了一部关于珊瑚礁的重要著作。1839年12月,他们的第一个孩子出生。达尔文糟糟的身体状况,加上家庭成员的增加和新成员带来的脏乱和吵闹让他们不得不离开伦敦。查尔斯和艾玛偶然在肯特村发现了塘屋,离伦敦不远。1842年9月,他们搬到塘屋,并在那里度过了余生。

5. 塘屋……

达尔文在肯特村定居时,他还只有33岁,但是,他后来写的自传回忆录(并非为出版而写)实际上都只记录了定居塘屋前的生活。

> 在我们定居塘屋后不久,我们四处走动,交了几个朋友;但是只要情绪稍一激动,我的身体就吃不消,有可能会剧烈颤抖和呕吐。因此,有很多年我都不得不放弃出门参加晚宴;而被剥夺了这项权利的生活对于我来说太贫乏了,因为晚宴经常能让我情绪高昂。因为身体的原因,我也很少邀请科学同僚来家里。
>
> (*Autobiography*:68)

达尔文的身体状况不允许他做任何剧烈运动,所以,1842年定居塘屋后,他的生活中没有什么乐趣可言,除了今天学者们所说的令人惊叹的"研究产出":

> 我生活中主要的乐趣和唯一的活动就是科学研究;研究带给我的激动之情能让我暂时忘记或几乎驱除我日复一日的病痛。也因为如此,在今后的岁月中,我没有什么可记下的,除了我出版的几本书。
>
> (ibid.:69)

多亏了达尔文的儿子弗朗西斯,我们了解到达尔文的一些日常生活细节。他很早就起床，出去散一会儿步，然后一个人在七点四十五分左右吃早餐。他工作效率最高的时间段是八点到九点半，之后他开始看信，或是让艾玛给他大声读一段小说。十点半，工作继续，中午时结束。据弗朗西斯所言，"他一般会认为一天的工作到此结束，然后经常满足地说'我今天做的工作不少啊'。"（Darwin 1905：91）不论天气如何，他接下来又会出门散步，通常先直接去检查温室中的实验植物。午饭后，他会躺在沙发上看报纸，之后开始写信。下午三点左右，他稍事休息，醒了就边抽烟边听艾玛读小说。下午四点，又再次出去散步。他会在四点半和五点半之间工作，之后休息，然后再听艾玛读一段小说。晚饭后，他会与艾玛下两盘西洋双陆棋，然后读科学著作或听艾玛弹钢琴。弗朗西斯这样总结他父亲的日常生活状态：

> 他晚上变得非常容易疲惫，尤其是到了晚年，他晚上十点离开客厅，十点半上床睡觉。他晚上睡眠不好，经常几个小时躺着睡不着或是干脆坐起来，引起更多不适。他思维太过活跃导致晚上都不得清闲，筋疲力尽，他宁愿那些问题都从脑海中消散。
>
> （ibid.：102）

达尔文很少见客，要么是身体不允许，要么是借口推辞，他这种与世隔绝的状态让他能够尤为勤奋地工作。但是，也不能就此推断他是一个孤傲天才，独自在幽静的塘屋变革生物学。达尔文的科学见解绝不是一个人独自努力的成果。他与世界各地的科学家频繁通信。在信中他不仅提出问题，通常还试图劝服其他人做实验，观察或代他监督调查。

正如我们所知，达尔文在1844年写了一篇关于自然选择的重要文章,却没有公之于众。他的病情让他忧心不已,以至他与艾玛商定如果他不幸离世,就由艾玛将这篇文章拿去发表。他那时确实病得不轻,甚至1848年他父亲去世时他都无法去什鲁斯伯里参加葬礼。但是,如果达尔文早在1844年就已经整合出他理论的基本要点,为什么要到1859年撰写《物种起源》时才将其公布呢?他又为什么在1846年到1854年的八年间,转而对附着甲壳动物进行一系列研究呢?

达尔文推迟出版的原因引起了历史学家们的极大兴趣(e. g. R. Richards 1983)。对于这个问题,本书无法给出一个肯定的答案,但可以分析一些已经给出的理由。其一是科学原因。达尔文对附着甲壳动物的研究很大程度上帮助他体会到自然界中变异的可能范围,包括最重要的解剖结构。他对附着甲壳动物的了解让他大幅度地修改了1844年的文章中的进化理论。其二是个人原因。达尔文已然对英国国教的很多教义产生怀疑,而艾玛却是一个传统的英国国教信徒,也许达尔文不想因为公开宣布他的观点而伤害到她,因为他提出的观点试图破坏对《圣经》拘泥于字义的解读和任何将上帝视为物种直接创造者的观点。罗伯特·达尔文曾提醒他不要在妻子面前表现出对宗教的任何怀疑:

> 在我后半生散布的最广的是怀疑论或理性主义。在我步入婚姻之前,我父亲就建议我要小心隐藏好自己的怀疑,因为他见识过怀疑给婚姻带来的巨大不幸。
>
> (*Autobiography*: 55)

其三是与名誉和表达方式相关的原因。很有可能达尔文所崇拜的那些人对生物演变论观点的强烈反对触动了达尔文。例如,莱尔将拉马克的理论一步步拆解。而后,1844年10月,《自然创造史的痕迹》匿名出版,公众哗然,红极一时。这本书的立场就是生物演变论,只是比达尔文想要公布的内容要有野心得多,推测的部分也更多。书中不仅讲到动植物的演变,还涉及男人和女人,甚至是宇宙万物。而这本书为休厄尔、赫歇尔和塞奇威克所驳斥。其中,塞奇威克尤甚,他在一篇评论中写道,它展示的是"金箔的金光闪闪,而不是贵重金属的硬性价值"。塞奇威克还认为这本书既低劣又不负责任。他在写给莱尔的信中说,"如果这本书所说的是真实的,那么,清醒的归纳就成了徒劳,宗教成了谎言,人类的法律就是一堆愚蠢的想法,道德成了空谈,我们关于非洲黑人的著作写的就是一群疯子,而男人和女人也就比野兽强不了多少。"(quoted in Browne 2003a: 468)如果达尔文重视自己的声誉,他就可能等事态更加平静再公布自己的生物演化理论;他可能会积累足够多的严谨证据然后再整理证据先发制人,让人无法质疑他的"金属的纯度";他也可能找到一个方法来明智地回避关于人和道德的讨论。达尔文的目标是出版一本具有"纯金"本质的书,而不会引起过于强烈的反对以致让大家过于关注书中的隐含意义。也许,他应该从对附着甲壳动物的研究上获得经验。

达尔文直到1854年完成了附着甲壳动物的研究项目之后,才开始致力于为他的生物演化观点辩护。他整理笔记,与朋友和同事一起讨论,做各种小实验,最终在1856年5月决定(听从莱尔的建议)写一本书,打算命名为《自然选择》。如果这本书完成了,内容量将是《物种起源》的三四倍之多。但是,1858年6月,在荷兰殖民地东印度群岛的年轻自然学家阿尔弗雷德·拉塞尔·华莱士给达尔文写了一封信,这封信促使达尔文不得不以一种完全不同的形式匆忙发表了他的理论。华莱士随信寄来了自己的一篇文章,达尔文看过后认为"文中的观点与他的理论一模一样。"(*Autobiography*: 73)华莱士偶然发现了一个与达尔文的自然选择类似的原理,他也跟达尔文一样声称自己的灵感来自马尔萨斯。莱尔和约瑟夫·胡克(Joseph Hooker)(一位植物学家朋友,后来成为伦敦克佑区皇家植物园主任)劝达尔文将自己的观点在7月1日伦敦林奈学会举办的一个科学会议上与华莱士的观点共同发布。达尔文和华莱士都没有出席这次会议。在这次会议上,来自达尔文1844年写的文章的节选先被宣读,然后是他1857年写给阿萨·格雷(Asa Gray)(哈佛的植物学教授)的信,最后宣读的是华莱士1858年2月写的文章。当时华莱士正在旅游,对达尔文朋友们的"密谋"一无所知,也就没有机会对此发表看法了。

一旦达尔文将生物演变论者的身份公布开来,就无所谓再继续隐瞒自己的观点,而最重要的是,如若达尔文想增加自己的理论先于华莱士的可信度,就需要再出版一本重要著作。于是,1858年8月,达尔文开始撰写他所说的理论"梗概",于1859年5月完稿。约翰·默里(John Murray)同意出版他的书,于是校对一完成,达尔文的理论梗概就在1859年11月24日印刷上市,标题是《通过自然选择或保留生存竞争中的有利种族造成的物种起源》(*On the Origin of Species by Means of Natural Selection, or the Preservation of Favoured Races in the Struggle for Life*),这本著作没有涉及任何关于生命本身起源或宇宙起源的内容,除了稍微暗示性地谈到了人类。达尔文强迫自己给出承诺:

> 在长远的将来,还有更多更重要的研究的未知空间。心理学将会建立在一个新的基础之上,也就是任何精神力量和能力都是逐渐习得的。人类起源和人类也将会被研究。
>
> (*Origin*:458)

继《物种起源》之后,达尔文又写了一本关于兰花的著作和一本关于动植物变异的著作。在后一本书中,他略述了他之前的著作中都没有提到过的遗传理论。19 世纪 60 年代,关于进化的公众讨论非常激烈,达尔文也因此一举成名。达尔文最终开始讨论我们人类物种,但是,手稿写完后他没有急着出版,直到 1871 年 62 岁时,才将《人类的由来》面世。这本书卖得很成功,达尔文和约翰·穆里都赚了不少,正如珍妮特·布朗所注意到的,大多数评论家极其不喜人是由动物演变而来的这种主张,但是,他们尊重此书的作者。《物种起源》出版后几年间,评论大多尖酸刻薄,之后关于进化的讨论也未间断。

6. 生命尽头

达尔文继续工作,做实验,写信,并在 70 年代出版了关于攀缘植物、人类和动物的情感的书以及关于蚯蚓的临终之作(1881 年)。1876 年,达尔文年近古稀,开始有意记下一些自传式的话语,用于启发和教导儿孙。其中,达尔文曾慨叹自己似乎慢慢变得庸俗了。二十几岁的时候,他喜欢诗歌、音乐和艺术。而现在这所有东西,甚至是欣赏风景,都无法给他带来任何乐趣了。相对地,他"祝福所有小说家",感激他们曾带给他的消遣。在写了如此多的科学文本之后,他遗憾地说:

> 我的大脑似乎成了一个将大量事实研磨成一般规律的机器,但是,我不明白为什么这独独导致我大脑中控制高雅趣味的部分萎缩。

(*Autobiography*: 85)

他在晚年称自己是一个"不可知论者";而他在年轻的时候是一个信徒。在小猎犬号上航行的时候,他还非常"正统",但是,他的信仰随着时间逐渐消失：

> 我在日志上写道,当身处壮丽的巴西雨林,"我无法恰如其分地去描述充满内心的高等情绪,如惊叹、钦佩和热爱"。我清楚地记得,我坚信除了对生存来说必要的呼吸,人类身上存在更多更为高等的东西。而现在,最壮丽的景色也无法产生这样的信念和情感。
>
> （ibid.：52 – 53）

小猎犬号航行结束之后不久,达尔文就开始怀疑诸如《旧约》中的真理("与印度宗教经典或异族人的信仰一样不可信"[ibid.])或《新约》中的奇迹之类的事物了。随着时间的流逝,他逐渐但彻底地放弃了基督教,只因为没有证据去证明它的教义。在他的《自传》中,他直率而尖锐地评价了基督教：

> 怀疑在不知不觉中缓慢地爬行,最终完全侵占了我。蔓延的速度如此缓慢以至于我没有感觉到任何困扰,并且从来没有怀疑过自己的结论是正确的。我无法理解其他人竟然希望基督教是真的;因为如果他们是对的,那么,我的父亲、兄长和几乎我所有的朋友都应该因为不信仰基督教而永远受到惩罚。
>
> 这是一条极其可恶的教义。
>
> （ibid.：50）

在航行归来到《物种起源》出版之间的时间里,尽管达尔文排斥基督教,尽管他坚持"自然万物都是固定法则的结果"(ibid.),达尔文记得当时他仍对上帝存有一份信仰：

还有一个原因让我相信上帝的存在,这个理性而非感性的原因对于我来说更具分量。因为要将浩渺神奇的宇宙,将人类具有的前瞻后顾能力归结为盲目的可能性或必然性是极端困难或者说是相当不可能的。当这样想的时候,我感觉自己被动地依靠所谓的"第一原因"(First Cause)来解释,那就是有一个在某种程度上与人类思维同功的智能的存在;从这个意义上讲,我应该被称为一个"有神论者"。

我记得,在我写《物种起源》的时候,我内心仍持有这个信念;也是从那时候起,这个信念渐渐变得时强时弱,最终衰弱下去。

(ibid.: 53)

作为《物种起源》作者的达尔文不是一个无神论者;相对地,他受到了认识上帝最先使宇宙有序运转的观点的影响。但是,在《物种起源》出版后,他开始怀疑这种有神论,质询(以一种让人联想到哲学家大卫·休谟的方式):"……我完全相信人类的大脑是从最低等的动物大脑发展来的,那么,你能相信这样的大脑能得出如此重大的结论吗?"(ibid.: 54)他将自己的观点总结为:"神秘的万物之始是我们无法了解的;我是满足于当不可知论者的其中一个。"(ibid.)达尔文讨论的基调表明,"无神论者"终究是一个更好的标签,他攻击任何信仰上帝的可能的理由,攻击的基础在于,不论如何,推测什么使宇宙运行是没有意义的。

1882年4月19日,达尔文逝世,享年73岁。据说他临终时对艾玛耳语,"我一点也不害怕死亡。记住,我的妻子你是多么美好。"他在科学界的朋友们请求皇家协会准许将达尔文葬在威斯敏斯特教堂,葬礼于达尔文逝世一周后在教堂举行。

小　结

达尔文年轻的时候基本上只对运动感兴趣。他并不是一开始就是伟大的学者,他最初的事业目标是医学,然后是牧师职业。小猎犬号旅行使他成为一位自然历史学家,加深了他对科学的兴趣,也让他收集到大量关于地质学、植物学、动物学、胚胎学、人类学和其他学科分支的观察结果,他一生中所有的研究都建立在这些观察结果之上。达尔文研究自然历史的宏观方法受到地质学家查尔斯·莱尔的影响,他的进化理论也得益于莱尔的一个观点,即微小变化的缓慢累积会造成重大的影响。《物种起源》——达尔文对生物演变论的辩护——直到达尔文50岁在科学界广受尊重时才出版。书中几乎没有涉及关于人类自身的话题,并且,尽管他的笔记本中充斥着关于进化和人类物种的猜测,达尔文直到《人类的由来》一书中才毫不犹豫地谈到这些话题。从三十出头到73岁离世,达尔文在肯特郡塘屋的生活与世隔绝又繁忙丰富。长期的病痛使他不能频繁地参加社交活动,而是通过撰写科学著作、在家里做实验和从世界各地的无数通信者那里一点点地收集信息和意见来打发时间。

拓展阅读

达尔文本人可靠性相对较低的回忆(包括本章中大量引用的1876年记下的回忆,以及早在1838年8月写下的自传片段)被收录在:

Darwin, C. (2002) *Autobiographies*, M. Neve and S. Messenger (eds) London: Penguin Classics.

达尔文关于小猎犬号航行的叙述随处都可找到,企鹅出版社的版本提供了非常有用的介绍:

Darwin, C. (1989) *The Voyage of the Beagle*, J. Browne and M. Neve (eds) London: Penguin Classics.

有两本关于达尔文的杰出而全面的传记。本章大量引用珍妮特·布朗分成两册的作品。第一册(《航行》)最初于1995年出版,第二册(《地理位置的力量》)最初出版于2002年。读者可能更容易找到的是 Pimlico 出版社的版本:

Browne, J. (2003) *Charles Darwin*, London: Pimlico.

另一本重要的传记更多的是强调阶级和宗教的话题:

Desmond, A. and Moore, J. (1992) *Darwin*, London: Penguin.

关于达尔文在加拉帕戈斯群岛的经历的详细叙述,读者可参考历史学家弗兰克·萨洛韦(Frank Sulloway)的著作。他关于达尔文如何解读加拉帕戈斯群岛雀科鸟的作品尤为有名:

Sulloway, F. (1982) '*Charles Darwin's Finches*: *The Evolution of a Legend*, Journal of the History of Biology, 15: 1 – 53.

第二章 自然选择

1. 进化和自然选择

各自居住在地球上的诸多物种是由一个超自然力量的干涉产生的还是由于自然的力量从早期祖先改变而来的？在达尔文所处的年代，第一种观点被称为"特创论"(special creation)。而第二种观点就是我们今天所说的进化论，当时在英国和法国更通用的叫法是生物演变论。达尔文不是第一个提出进化论的，也不是第一个为进化论提供证据的。事实上，《物种起源》后来的版本开头部分都是"历史概述"，在这部分里，达尔文简短地介绍了几位早期的进化倡导者，包括法国自然学家布丰

(Buffon),拉马克和杰弗洛伊·圣伊莱尔(Geoffroy St-Hilaire)。我在前面也提到过几位英国进化论者,如罗伯特·钱伯斯,他撰写的《自然创造史的痕迹》的第一版比《物种起源》出版早了十五年。

布丰在他18世纪的作品中,支持一种高度受限的进化形式。他不认为所有的动物形成一颗系谱树,甚至不认为某一纲的所有动物如哺乳纲是相互联系的,而只有同属一科的动物如猫科才是相互关联的。(Bowler 1984:70)杰弗洛伊·圣伊莱尔的生物进化论只是试验性的。他在19世纪早期写道,在截然不同的环境中生存的物种(如水中的鲸,空中的蝙蝠和地上的狗)却在结构上有着惊人的相似性(比如说在四肢的构造上)。他表明,这样的现象可以通过将物种看做同一祖先的不同变化形态来解释。在《物种起源》的前几页,达尔文也认为杰弗洛伊提出的这种证据在很大程度上暗示了进化的可能性,但是,他还说:"即使有充分的依据,这样的结论也是不能令人满意的。除非能解释世界上栖居的无数物种是如何变化来获得完美的结构去实现共同适应,这也是最让我们赞叹的地方。"(Origin:66)接着,他还讽刺了《自然创造史的痕迹》:

> 我个人以为,《自然创造史的痕迹》的作者可能会说,在经过不知多少代后,某种鸟生出啄木鸟,某种植物长成槲寄生,而这样创造出的啄木鸟和槲寄生就跟我们现在所看到的一样理想;但在我看来,这样的假设完全没有解释力,因为它没有触及到,更遑论解释,有机生物个体相互之间和其与客观生存环境之间的相互适应。

(ibid.:67)

达尔文是在给生物演变论设置挑战:除非进化论者能够提出一个可行的假说来解释每个物种与其环境之间的良好匹配,否则仍会给特创论者的论证留有很大的空间。他们能争辩存在一个超自然智能来负责让每个物种去适应各自的环境。进化论在解释物种之间的相似性方面相对于特创论的佐证优势都有可能被它在解释适应方面的劣势所抵消。达尔文引入自然选择的概念来解释生物的适应,填补了他的前辈们在为进化论辩护时的漏洞。

这本书的第一个主要任务就是探索达尔文是如何论证自然选择作为生物适应原动力的效力。在考察这个问题的时候,我们会找到另外两个问题的答案。一是有关达尔文所理解的自然选择与我们今天所理解的选择之间的异同;另一个是自然选择"设计"有利适应与一个设计师制作有用装置之间的异同。

2. 为自然选择辩护

在达尔文被引用最多的作品段落中,他给出了一个宏大论点的摘要,这个论点试图证实自然选择的存在和自然选择创造有机体与环境之间的良好匹配的效力:

> 如果说,在漫长的时间里,在不同的生存环境中,有机生物在结构上会发生变化,这点是毋庸置疑的;如果说,因为每个物种的数量在某一时期,某一季节或某一年呈几何级数增长,就会出现生存之争,这点也是无可争议的;然后,考虑到有机生物之间、有机生物与各自环境之间关系的无限复杂性,会导致生物结构、组成和习性上出现各种多样性以利于生存,那么,在这种情况下,如果生物没有像人类那样出现诸多有用变异就太奇怪了。但是,如果生物确实发生了任何有利的变异,那么,毫无疑问,变异了的个体将最有可能在生存之争中被保留下来;然后,根据稳固的遗传原理,这些个体倾向于产生拥有类似变异

特征的后代。为求简洁,我将这个保留变异特征的原理称为"自然选择"。

(ibid.:169-170)

上段中达尔文的论证主要分成七大步骤,我将一一列出。首先,他要求有两个前提,而且他认为这两个前提是无可争辩的。前提一(1)是物种中的每个个体都是相异的,前提二(2)是世界上存在"严酷的生存之争"。生存之争的概念是达尔文从政治经济学家托马斯·马尔萨斯牧师处借用的,本书第一章简短地提到了马尔萨斯的观点。马尔萨斯在他的《人口论》(首次出版于1789年)中提出,人类人口有呈几何级数增长的趋势(即下一代的人口数等于上一代人口数乘以某个系数),然而,食物供应是呈算数增长(即下一代的食物供应是上一代的食物供应加上某个数目)。举个例子说明,比如说连续四代的人口增长比可能是 2:4:8:16,而相应的食物供应比则是 2:4:6:8。如果马尔萨斯的假设能被接受,那么,可以推演出人口的增长将不可避免地超过食物供应能力。规律性的饥荒又将人口降低到与自然资源的供应能力相符;而避免饥荒的唯一办法就是遏制繁殖的趋势。达尔文(马尔萨斯也一样)认为马尔萨斯原理不仅适用于人类,也适用于动植物,因为动植物世界繁殖的趋势同样超前于必需的自然资源供应,导致同一物种的个体之间出现生存之争(不是不同物种之间的竞争,尽管有时候也认为存在不同物种之间的竞争)。

然后,达尔文进一步证明,如果他的前两个前提被承认,那么,两个前提的结果也应该被承认,第一(3),我们发现,同一物种的个体之间的某些差异能提高差异携带者的福利;第二(4),这种有利差异将在生存竞争中起到积极作用。达尔文在概述论点之前举过一群狼捕食奔跑快速的鹿的例子:"在这样的客观环境下,我没理由怀疑速度最快、体型最修长的狼将会拥有最高的生存几率，被保留下来或选择出来……"(ibid.：138)达尔文继续辩论：在生存竞争中拥有有利变异的生物将因此更容易活得更久，从而很有可能比那些没有有利变异的个体留下后代(5)。最后，达尔文再提出一个假设，"稳固的遗传原理"，认为后代倾向于类似它们的亲代(6)。如果这个原理站得住脚，那么，能让生物在生存竞争中更有能力的变异将在后代中被保留下来(7)。达尔文相信，只要时间足够长久，有利变异的不断保留将会产生最精细的适应。他于是写道，自然选择原理就是"将马尔萨斯的学说应用到整个动植物界。"(ibid.：68)

在进一步探索之前，应该简单地解释一下达尔文在自然选择和他所称的"性选择"之间所划定的重要区别。性选择背后的基本概念是完全凭直觉的。个体在寻找配偶方面也存在竞争，这与生存竞争相类似。有些个体在寻找配偶方面更受欢迎，有些则不然，而那些导致最有能力的个体择偶成功的特征将有可能在后代中表现得更明显。通过性选择推动的特征不必一定对生物有实际价值，因为性选择可能会倾向于保留一些符合毫无规律、完全主观的异性择偶偏好的特征。达尔文认为，许多物种的主要性选择方式受到雌性择偶标准的支配，而这些标准又决定了雄性所获得的特征。总的来说，达尔文表明，性选择能够产生一些特征使雄性在寻求配偶时更具竞争力——像孔雀的尾羽就是最好的例子，这个机制大体上类似于自然选择会产生一些适应使个体在生存竞争中更具竞争力。

3. 达尔文和拉马克

很多达尔文同时期的人都对自然选择原理没有多大印象。达尔文还听说赫歇尔将之称为"乱七八糟法则"。但是，自然选择原理受到19世纪末和20世纪初的美国领头哲学家们的狂热追捧，例如查尔斯·桑德·皮尔斯(Charles Sanders Peirce)、约翰·杜威(John Dewey)和威廉·詹姆斯(William James)。达尔文去世两年前,詹姆斯写过一篇富有深刻见解却不出名的文章,很好地说明了达尔文解释适应的新颖之处。詹姆斯说道,在达尔文之前,适应通常被解释成一个单级过程,在这个过程中,一个生物直接对环境做出反应:

> 锻造工作让右手变得强壮,摇橹让手心长茧,山地空气让心胸舒展,狐狸因被猎变得狡猾,鸟儿因被猎变得警戒,北极的严寒刺激动物燃烧脂肪取暖,等等。
>
> (James 1880:444)

这正是拉马克的观点,他认为生物有一种内部能动性驱动其适应环境的要求。达尔文的解释则完全不同:

> 达尔文的第一个成就在于说明直接适应所产生的变化数目是无关紧要的,而对于大量由内部分子的偶然变化引起的变化,我们一无所知。
>
> (ibid.)

也就是说,达尔文的突破点在于通过一个二级过程解释适应,将偶然变异与保留任何可能有益的变异的环境结合起来。当达尔文指出变异是偶然发生的时候,他的意思只不过是想说我们对于如何解释变异一无所知,"因为变异发生的原因太过复杂以致无法理解。"(Descent:207)变异本身不是适应性的;不存在拉马克设想的那种内部适应能动性。

有人可能会抱怨,达尔文只是用对变异的无知去替换对适应的无知。然而,每当科学进步,我们的注意力都会被我们不知道的新事物吸引;诀窍就在于用新问题去取代旧问题。如果用拉马克的方式解释适应——假设生物内部存在产生适应性变异的趋势,那么,我们又回到了原点——解释适应环境这个状态到底是如何发生的问题。这种适应能动性应该如何起作用?怎样解释生物成功地对变化着的环境要求适当地做出反应?如果用达尔文的方法来解释——偶然变异与环境之间的相互作用,我们进而面对的是一组新的问题。在本章第五部分将会提到,达尔文始终没有说明变异的一般特征,在这点上詹姆斯的看法是对的,他认为达尔文的立场得益于他敢于承认他对于变异的原因一无所知。

4. "达尔文的危险想法"

达尔文给出的自然选择摘要非常简单。而现代进化论教科书开头给出的摘要更简单(e.g. Ridley 1996:71 – 73),通常只需要满足三个条件,自然选择就会起作用:生物必须有差异,生物在适合度上有差异,以及后代必须有可能类似亲代;有的则是以归纳的方式给出,即只要存在"可遗传的适合度变异",自然选择就会起作用;但是,使用这个定义的时候需谨慎,因为"遗传率"在生物学上有很多专业意义,也就是说不能将"可遗传"的性状与通过遗传得到的性状等同起来。本书将不讨论"遗传率"的专业意义,感兴趣的读者可参考乐翁亭(Lewontin)(1985)的一篇经典文章来开始研究。

在"可遗传的适合度变异"三部曲中,仍有一个术语没有解决。要解释"适合度"的含义不是一件简单的事,现在也不可能去问达尔文了。达尔文听从赫伯特·斯宾赛的建议,在再版的《物种起源》中使用了"适者生存"作为自然选择的同义词,但是,他没有像我们现在一样使用抽象名词"适合度"。"适合度"目前有很多定义,但通常都跟繁殖量有关。这里可暂且将适合度看做是生物个体所具备的特性,反映的是它们留下后代的可能性:适合度高就等于说留下多个后代的可能性高。因此,适合度高与能够良好"适应"环境之间不存在直接的概念联系。

现代将自然选择与生物适应结合起来的论点与达尔文的观点类似,但是,步骤更少。首先,像达尔文一样,假定后代类似于亲代,然后假设生物存在差异性。如果某个变异能够提高个体的适合度(即繁殖可能性),那么,这种变异在后代中出现的比例要比在亲代中的比例高(生物学家的说法是变异增加了变异的频度)。这样,提高适合度的变异就被保留下来。引用达尔文的例子:如果奔跑速度快增加了狼留下后代的可能性,并且后代在奔跑速度上类似于亲代,那么,在后代中速度快的狼占总数的比例要比亲代中的相应比例高。这个过程可以一代一代重复下去,使得狼的奔跑速度越来越快。

哲学家丹尼尔·丹尼特(Daniel Dennett)更倾向于将自然选择描述成一个"生成—测试"的过程(Dennett 1995)。生物为适应环境产生不同的形态,这些形态又为环境所测试。某些形态的生物凭借某个特征使得自身繁殖力强于其他形态的生物。而这些特征——丹尼特称之为"有效手段"——因此优先在后代中得到保留,然后,新一轮更加有效手段的"生成—测试"开始。已经出现的改良特征不会消失;更确切地说,它们会传播开来作为进一步改良的基础。这个生成—测试的简单运算法则,或者说是自然选择,最终解释了精细如眼睛一样的变异。丹尼特将自然选择称为"达尔文的危险想法"也就不足为奇了(ibid.)。

简单至此的概念能解释如此之多的现象,也难怪达尔文的重要支持者托马斯·亨利·赫胥黎(Thomas Henry Huxley)在听说了达尔文的理论后大呼"要多么愚蠢才会连这点都想不到啊!"(quoted in Browne 2003b:92)赫胥黎的话在今天被广泛引用来表明,自然选择是影响力巨大的少数几个概念之一,它们的影响力对于所有能够有条理地思考的人来说都是显而易见的,不过是在经过像达尔文一样的天才的提醒之后。我认为,这种对自然选择与适应的关系的理解存在一定的误解。但是,既然存在这种带有偏差的理解,又让人难以理解为什么如此多达尔文的同代人——包括赫胥黎——能够接受他提出的生命进化的观点,却拒绝承认产生逐步变异的自然选择是进化的主要动力。如果可遗传的适合度变异的抽象条件就足以产生复杂适应,那么,19世纪末怀疑自然选择的唯一解释要么就是达尔文的科学同僚们太过虚伪,要么就是他们太过愚笨。本章的主要目的之一是为了说明达尔文的观点要比表面上看起来复杂得多。

5. 自然选择与变异

在提出理由证明自然选择能够解释像眼睛和翅膀一样的复杂适应之前,让我们先看一些非常明显的漏洞。自然选择只能够保留在任意一代中出现的适应程度最好的变异体。所以,如果自然选择果真具有达尔文所宣称的作用——即能够产生复杂适应,那么,需要有大量的变异让自然选择去起作用。生物仅仅存在变异还不够,变异的量必须足够大。

第二点对自然选择解释适应的效力的质疑来自于一个事实:生物是统一整体。(Gould and Lewontin 1979)生物不是一大捆相互孤立的特征,其中的每个特征可以独立变化而不影响其他;而应该是,一个器官的变化会产生连锁效果,影响系统的其他部分。丹尼特知道这点——实际上他明确地讨论到这点,但是,他将自然选择理解成"生成—测试",又频繁地将自然选择与产品设计进行类比,可能会导致不善思考的读者认为自然选择生成一个生物的方式与设计师设计新洗衣机的方式完全一样。如果尝试发明一台更好的洗衣机,你可以单独摆弄滚筒、发动机、给皂器和其他部件。与生物性状不同,洗衣机的每个部件能够被拆卸、操作和更换(不同变体能够被生成和测试)而不影响或损坏其他部件。这种部件之间的相互独立性对于构建任何精细的有用的结构来说很重要。假设无法在不引起其他部件发生改变的情况下对机器的某个部件进行调整。那么,即使解决了给皂器的问题,由它引起的连锁反应对滚筒和发动机的影响也可能导致机器的整体性能降低;而实际上,调整给皂器很有可能使整体性能更糟。总的来说,部件间的紧密联系使得通过修补部件来提高性能具有难度。也就是说,如果生物性状之间的联系过于紧密,一个微小的特征变化有可能伴随着其他特征的微小变化,那么,自然选择要产生精细适应就不太可能了。因为,即使眼睛的结构出现一次偶然的改进,也很有可能扰乱身体其他重要器官的工作。

哈佛生物学家理查德·乐翁亭(Richard Lewontin)对这个问题进行了总结,他认为除了可遗传的适合度变异,还需要满足他称之为性状"准独立"的条件,才能由自然选择产生复杂适应。(Lewontin 1978)准独立的程度,或者说"模块化"的程度,取决于生物从出生到成熟其特定性状的发育是如何控制的。近年来,生物学家们已经开始针对生物发育的模块化程度以及模块化在解释复杂适应的出现中起到的作用进行实证研究。因为致力于这个领域的生物学家不仅注重对短期发育过程的理解,也集中解释新性状进化的长期问题,所以这个迅速发展的领域被称为进化发育生物学(简称 evo–devo)。

如果说达尔文预料到现代进化发育生物学的主要行动可能有几分牵强。但是,达尔文确实意识到考虑发育中的性状之间关系的必要性。一个性状的改变往往伴随着其他变化的发生,有时是以一种不可预料的方式。达尔文在《物种起源》和其他作品中将这些关系称为"发育的相互性"。达尔文认为,自然选择的效力会受到这些关系的影响,他最先在动物饲养的例子中提出这个事实:

> 饲养者认为,大多数情况下,如果动物四肢长,头部也会比较细长。一些相互性的例子会相当奇怪:蓝眼睛的猫都是聋的;颜色和结构上的特征相互关联,这样的例子在动植物中比比皆是。从豪辛格收集到的数据来看,白色的羊和白色的猪都是其他颜色的个体受到植物毒素的不同影响形成的……因此,如果继续挑选并扩大某个特性,那么,几乎毫无疑问,结构的其他部分也会在不知不觉中改变,原因就在于难以解释的发育相互性规律。

(*Origin*: 74 – 75)

总结一下:达尔文意识到,只用一个抽象的论点——只有有利变异才可能被保留——来解释适应受自然选择影响是站不住脚的。在陈述前面引用的理论摘要之后,达尔文马上写道:"自然选择是否真正在自然中对生命不同形态的改变和其对各自环境和位置的适应起作用,应该从接下来章节中给出证据的总体进程和权衡来判断。"(ibid.: 170)如果变异存在缺陷——如果它是高度受限的,如果它不允许单个性状的独立改变,那么,自然选择就不能如达尔文所说的那样起作用。一旦我们有理由相信自然选择总的来说是适应的原动力,我们就能合理地推断,不管出现什么样的适应,一定要有合适的变异。但是,达尔文同时代的人没有那样的理由:达尔文需要说服他们相信,正是变异使得自然选择能够起作用。

达尔文在证明自己观点的时候贯彻了两大策略。一个是直接的:1868年,达尔文编写了一本鸿篇巨制《家养动物和培育植物的变异》(*The Variation of Animals and Plants under Domestication*),在这本书中,他详述了家养物种的变异范围和丰度。第二个策略是间接的:人工选择,也就是说,通过饲养员来改变动植物物种,在《物种起源》的论证中起到了重要的作用。作用之一跟变异有关(第四章会涉及其他的作用)。明智的饲养和培育使英国农场主获得了很多改良品种,比如说牛、羊、猪、谷物和其他。沿着这个思路,达尔文告诉我们:"关键在于人具有累积性选择的能力:自然连续不断地创造变异,而人将其中某些变异累积,为其所用。"(*Origin*: 90)自然能够产生什么样的变异不在饲养员的控制之中,饲养员仅仅是从已有的变异中做出选择。通过说明人工选择在改良品种方面的作用,达尔文于是提出变异具有选择生成适应时所要求的特征——无论是人工选择还是自然选择。但是,如果变异的量不够或者发育相互性过于强烈以至于任何一个性状的逐步改进都受到限制,那么,人工选择也不会起作用。通过联想人工选择的效力,达尔文达到支持自然选择效力的目的。

6. 自然选择与创造论

回想一下,之前提到过达尔文在剑桥读书时,对威廉姆·佩利写的《自然神学》印象深刻。这本书揭示了很多生物对自身环境的精细适应,试图说服读者相信一个智能上帝的存在。眼睛是佩利着墨颇多的部分,他认为眼睛的设计让最优秀的人类工程师都黯然失色。达尔文在解释适应上也花了重功夫,尤其是将眼睛这样令人惊叹的适应看做"臻近完美的器官。"(ibid.: 217)但是,概括地说,什么是适应?描述适应最吸引人的方法是使用哲学家所说的目的论术语,即间接或直接提到目的或结果的术语。适应不仅是拥有复杂结构的性状——垃圾场的结构也很复杂,而且总是为了达到某个目的。可能有人会疑惑,这样的目的论表述是否合理,或者怀疑这实际上是达尔文所否定的自然神学的残余。别忘了,在佩利这样的自然神学家看来,生物与复杂的机器一样,都是由上帝创造。这也就难怪自然神学家们会用"目的"和"设计"这样的语言去谈论动植物身上的部位了。而在达尔文看来,自然选择取代了创造神的位置。他在《自传》中写道:

> 佩利的设计论观点以前曾令我无比信服,但是,在我发现自然选择法则之后,它的不足就显露出来了。比如说,我们不能再坚持认为双壳类贝壳漂亮的结合部位一定是一个智能存在设计的,就像人设计门的铰链一样。就像风向不能被控制,生物的变化性和自然选择的作用也不能被设计。
>
> (*Autobiography*: 50)

那么,为什么达尔文还要继续使用"目的"或某个性状是"为了什么目的"这样的语言来描述生物世界呢?既然这样的词语看起来更适合描述设计出来的人工制品。(Lewens 2004)下面这段文字引自达尔文1862年写的关于兰花的书,在这段话中,达尔文明确地用描述机器的语言来讨论植物:

> 当说到这个或那个部位为了某个特殊的目的而适应环境,绝不是在说适应一开始就只为了这个唯一的目的。事件的常规进程应该是,某一部位起初只服务于一个目的,在经过缓慢的变化适应了环境之后能够满足大量不同的目的……同理,如果一个人要制造一个拥有特殊用途的机器,但用的是旧轮子、旧弹簧、旧皮带轮,只是将这些部件稍加调整,那么,就可以说,由这些调整过的所有部件组成的整个新机器是为了当前的目的专门制造的。因此,纵观自然,每个生物几乎每个部位可能

都经过了细微的改变以满足不同的目的,且是以许多古老而又迥异的特殊形式的现存机制在起作用。

(Quoted in Browne 2003b: 192 – 193)

我们的问题是想说明,为什么在反对适应的产生是有意设计的结果的同时,达尔文要继续使用目的论语言来描述适应。我们需要避免规定目的论描述就意味着某个智能作用者或设计者的存在。然后,问题就变成了,一旦达尔文拒绝用智能作用者去解释适应,在生物学中,是否还存在性状功能或目的的概念(特定的性状是为了什么或针对什么)的合理位置。

哈佛大学的阿萨·格雷与达尔文定期通信,他写信赞扬达尔文使目的论在自然史领域受到尊重。但是,格雷认为,环境只是从那些由某个媒介控制来为其携带者谋福利的变异中进行选择。格雷没有发现的是自然选择在适应的产生中所扮演的创造性的角色。达尔文的回信具有启发意义,这封信被收录在《家养动物和培育植物的变异》的结尾处:

如果一个建筑师去建造一栋宽敞宏伟的建筑,不用切割过的石料,而是从一处悬崖底挑选碎石:用楔形的石头做拱门,用狭长的石头做过梁,用平整的石头做屋顶,我们应该钦佩他的建筑技巧,并且认为他在建筑上已经无人能及。那么,对建筑师来说不可或缺的碎石料与他所建造的建筑之间的关系就相当于每个生物不断变动的变异与它改良版的后代最终获得的不同而又奇妙的构造之间的关系……那么,从一般意义上来讲,认为"造物主"有意地安排某些碎石具有一定的形状以供建筑师用来起高楼大厦这样的主张合情合理吗?

(Quoted in Browne 2003b: 293)

达尔文表达得很清楚,建筑师的能力不需要依靠在原材料供应上动手脚的同谋——需要的只是谨慎的挑选。从悬崖上掉下的石头这个意象是想说明,在达尔文的体系中,生物变异的原材料也不是为了它们的最终目的量身定制的。但是,在达尔文的回信中,他也将自然选择和有意设计进行了比较,这样做的目的不是想将智能偷偷摸摸地混入他自己对适应的解释中,而是想对比说明自然选择的创造性。如果一个建筑师作用于未被操控的形态各异的石头的行为能被称作有创造力,那么,自然选择也应该因为相同的缘故被认为具有创造力。

迈克尔·盖斯林(Michael Ghiselin)一直认为,在达尔文的世界观里没有目的论概念的容身之处(e. g. Ghiselin 1994)。那么,为什么达尔文能够不知羞耻地将他关于兰花的书命名为《不列颠与外国兰花经由昆虫授粉的各种手段设计》?盖斯林的解释是达尔文使用"手段设计"这个词具有讽刺意味。盖斯林有一点说对了,那就是这本书确实尝试破坏将兰花物种看做神圣的设计者的专门创造的观点(达尔文将这本书称作"对敌人的侧击")。即便如此,达尔文使用诸如"手段设计"这样的术语还是吸引了对自然选择本身的创造性的关注。目的论叙述在生物学中存在的理由始于:如果设计者制造带有功能性或目的性的物件,如果自然选择也以类似的方式组合生物性状,那么,也许我们可以说生物性状也具有功能性或目的性。

我们可以进一步将讨论从证明使用目的论语言叙述是合理的("眼睛是为了视物")转移到考虑使用目的论解释的相关问题上。目的论解释回答的是为什么的问题——为什么我们有眼睛?——用目的论来解释就是:"我们拥有眼睛是为了视物。"目的论解释存在一个普遍的问题,因为它们似乎是就某物的状态带来的结果(通常是有利结果)来进行解释。例如,我可能会用"艾玛去面包房是为了买一个羊角面包"来解释她为什么去那里。表面上来看,像这样的目的论解释是用将来解释现在,也就是说,用艾玛到达面包房之后唯一会发生的事情来解释艾玛正在做的事情。但是,为什么能用将来解释过去呢?这似乎就要用反向因果来说明了,而很多哲学家都怀疑反向因果是否存在。其实还有一种更容易理解的方式来解释艾玛的问题,但是,在生物学背景下可能效果不是很好。当我说艾玛去面包房是为了买羊角面包的时候,我其实是在用她买羊角面包的意图来解释她的行为,而这个意图是在她出发之前产生的。

如果目的论解释都要求有意图,它在达尔文主义生物学中就没有多少用武之地了,除了那些涉及拥有复杂心理活动的动物的例子。任何设计者不会以视物为目的设计。然而,可能目的论解释实际上并没有那么高的要求。假设一个自然选择过程正作用于一群跑得慢的狼。狼的生存环境可能是这样的:如果跑得快,就可能捕捉更多的鹿。这个条件可能导致狼群中出现跑得快的狼。这样一来,就可以名正言顺地说,这群狼中存在奔跑速度快的狼是因为奔跑速度快能让狼抓住鹿。这个解释是合情合理的,它既没有用将来的状态(即捕捉鹿),也没有用早就存在的意图来解释奔跑速度快的狼的存在。我们仍可以认为这个解释是目的论的。这样的解释不是通过结果来解释现状,而是通过条件式事实来解释:如果存在某种状况,就可能会有某些后果。有没有一个设计者负责设计狼的奔跑速度都没有关系;我们还是可以说狼跑得快是为了抓鹿。从这个例子推论,自然选择可以被视为这样一个过程:将关于生物与环境关系的事实处理成以下模式,"如果物种 S 的个体拥有性状 T,就可以生存下来并繁殖得更好",然后,将这些事实转变成性状 T 的出现。因此,达尔文让我们能够询问其他的生物性状——可能从孔雀尾巴到人类情感的任何性状——是用来做什么的,他还告诉我们如何寻找问题的答案。(Dennett 1995: chapters eight and nine)阿萨·格雷认为变异是为了其携带者的福利而产生的,在这点上他是对的,但是,他弄错了变异产生的原因。

7. 选择与总体

让我们再次回到自然选择解释适应的效力问题上。如我们所见,达尔文非常好地论述了证实变异必须具有合适的特征的必要性。但是,他在处理我们称之为选择效力的"总体"担忧时做得不够好,在1867年出版的《北英评论》一书中,有一篇关于《物种起源》的有力评论提出了一些"总体"担忧。这篇评论的作者是爱丁堡大学的工程教授亨利·弗利明·詹金(Henry Fleeming Jenkin)。

生物历史学家、生物哲学家吉恩·加永(Jean Gayon)仔细地研究了詹金的评论,在本节中将会大量引用加永的作品。(Gayon 1998)詹金认为物种内部的变异是真实存在的,但受到了限制。他认为,任何特定物种内的个体特征都有无法超越的严格界限。如果这是正确的,那么,达尔文所设想的物种的大规模变化就是不可能的。从我们现在的目的来看,重点在于詹金为了辩论之便故意在物种的无限变化性方面对达尔文做出让步,转而聚焦于针对自然选择的另一类截然不同的担忧。他提出了三个相关联的问题。(本书中将这三个问题提出的顺序进行了调整)

第一,詹金要求给出一个后代与亲代之间相似关系(达尔文的"稳固的遗传原理")的相对精确的描述。生物不可能总是完完全全类似于其亲代,因为它们的亲代总是两个不完全一样的个体。詹金的问题有很多种回答。例如,可以说后代大约是亲代的折中。或者说,后代总是随机性地完全类似亲代的其中一个。或者说,后代总是类似于亲代中适应得更好的一个。詹金指出,尽管最后一种回答可能能使自然选择有效地起作用,但也不是达尔文心中所想的。到底后代为什么最终总是类似于亲代中适应得更好的一个?需要有一个复杂的机制才能解释这个现象,而达尔文对此未置一词,在这点上,他可能与钱伯斯一样因为提出一个关于适应的不合情理又难以理解的解释而感到内疚。

第二,詹金指出自然选择的效力依靠的是变异在一个总体中出现的比率。达尔文告诉我们偶然的变异是意外发生的,如果变异是有利的,则会在下一代中保留并作为其他变异的基础。但是,詹金表明这种可能性必须从两点上认真考虑。首先,如果有利变异出现的几率非常低,那么,在一个总体中,变异就会非常罕见,因此它们被保留下来的可能性就很低。其次,大量的生物因为各种各样的原因无法存活到留下后代,这样的生物中可能就包括了那些拥有有利变异的个体。即使是狼群中跑得最快的狼也可能在成熟之前就迎来死亡。有利变异出现的几率越低,他们被保留下来的可能性就越低。詹金抱怨道:"模糊地使用一个理解不透彻的机会原则就使达尔文主义的支持者……幻想某个个体突变(如罕见的变异)的微弱优势必然会被永远保留下去。"(quoted in ibid.:94)实际上,詹金表明,有人会错误地认为任何有利变异,不论有多稀少,都很有可能通过选择保留下来;相反,自然选择只能保留在一个总体中出现频率非常高的有利变异。

第三,詹金考虑到如果携带有利变异的个体无法存活到繁殖期的话会发生什么。再次假设有利变异在自然族群中非常稀少。这就说明一个有幸拥有有利变异的个体很有可能最终和一个天资趋于平庸的个体成为伴侣。例如,在一个狼群中,奔跑速度快的狼出现的概率很低,那么,一头跑得快的狼很有可能与一头奔跑速度正常的狼成为伴侣。詹金因此为达尔文提供了一个看似可行的遗传假设,即后代在构造上处于两个亲代之间。现在将这种遗传称为"混合遗传"。在这个假设的前提下,奔跑速度快的狼与奔跑速度正常的狼的后代的奔跑速度更接近狼群的平均奔跑速度而非它拥有有利变异的亲代。如果这头狼能够活到成年并繁殖,那么,很有可能它的伴侣也是一头普通的狼,然后,它的后代要比它更接近狼群的平均奔跑速度。一代一代下去,似乎最初罕见的变异将不复存在,被重复的交配和混合消除。

达尔文非常认真地对待詹金的抨击,他在写给朋友约瑟夫·胡克的信中写道:"弗利明·詹金给我带来了很多麻烦,但是,他的评论起到的真正作用要比其他任何文章或评论都大。"(quoted in ibid.:85)詹金的反对之辞并没有使自然选择变得无力,他评论中的很多具体暗示其实都是错误的。但是,如果想要说明有利变异如何按达尔文所言被保留下来,就必须回答詹金提出的问题。并且,只有通过研究总体的特征,研究能用统计学获取的特征,才能回答这些问题。达尔文在处理这些问题时的成果乏善可陈,主要是因为他在数学方面实在称不上有天赋。

总而言之,詹金提醒我们注意三点。第一,自然选择产生变异的效力依靠的是我们如何理解亲代与后代之间的关系。有些读者可能会倾向于认为,要使达尔文的假设更完善,他需要做的是更好地理解遗传的过程,就类似于去理解 DNA 的双螺旋结构是如何真实复制重要发育信息的。读者的这种看法没有最好地反映问题所在。达尔文最需要做的不是对遗传过程的因果关系的呆板描述,而是一套能够表达亲代与子代之间不同特征的相关程度的统计工具,以更有力地探索最可能通过自然选择产生适应的遗传模式。第二,詹金表明,重要的是要考虑变异在一个总体中出现的频率会对保留变异的可能性产生什么样的影响。最后,詹金认为,可能的伴侣配对也需要被考虑进来,因为这也会影响后代的结构。

作为达尔文同时代的人,詹金让我们很好地领悟了一个令人惊叹的现象。也许我们今天会把达尔文同自然选择假说紧密联系起来,但是,直到20世纪20年代、30年代和40年代,R·A·费舍(R. A. Fisher)、J·B·S·霍尔丹(J. B. S. Haldane)和休厄尔·赖特(Sewall Wright)的重要作品出版后,自然选择才在科学领域被牢固确立为变化与适应的原动力。费舍、霍尔丹和赖特主要集中讨论了变异、遗传和选择的缜密统计模型的发展。他们的成果再一次说明了对达尔文解释纲要的表达和辩护都不是简单到了盲目的程度。

8. 自然选择的过去与现在

在詹金提出这些问题后,自然选择的辩护者们就无法在有利变异的保留问题上模糊了事了。他们面临的问题变成了如何用统计方法分析变异供应的可供选择的假设、变异带来的优势以及亲代与子代之间的相关程度是如何各司其职来影响将来几代的族群构成的。由于最受关注的问题变成了统计学问题,那么,对于自然选择的理解的重点也发生了大的转移。下面将谈到几点不同之处。

第一,在达尔文的表述中,自然选择起作用的必要条件之一是"生存竞争"的存在。他清楚地表达了这个竞争的概念并不要求物种成员之间因为食物或其他资源发生实际争斗:

> 我应该假设,我是从一个大的、隐喻的意义上使用"生存之争"这个术语的,其中包括一个生物对另一个生物的依赖性,包括(也是更重要的)个体的生存以及成功地留下后代。饥荒时期的两只犬科动物可能会真正相互争斗,获取食物以生存。但

是，对于沙漠边缘的一棵植物来说，可能就是为了生存与干旱抗争，或者更恰当地说，是依赖于水分。一棵植物如果一年出产一千粒种子，其中平均只有一粒能发育成熟，那么，也许可以说它与地面上已有的同种的或不同的植被进行竞争。

(*Origin*：116)

尽管达尔文使用的只是"竞争"一词的隐喻义，但是，关于现在进化生物学家的自然选择概念是否要求广泛意义上的生存之争这点是存在争议的。竞争的概念至少暗示了如果物种内的一些个体获益，其他个体则会受损。例如，一棵植物如果对营养素的吸收比其他的植物好，并因此剥夺了其他植物本就稀缺的营养资源，那么，也许就可以说植物是相互竞争的。但是，今天通常所理解的自然选择是不需要资源稀缺这个条件的。下面这个例子能很好地说明这点。假设奔跑速度快的狼因为花更少的时间捕鹿使得自身享有繁殖优势。能快速获得食物的能力意味着它们成熟的速度更快，能更早达到生殖年龄，于是它们因为开始繁殖的时间早而比奔跑速度慢的狼拥有更多后代。但是，如果大自然如此慷慨，无论奔跑速度快慢，食物的供应都是无限量的，那么，跑得慢的狼也能抓到鹿，吃个餍足。在这样的环境下，一个总体中跑得慢的狼的数目也许会无限增长，但是，如果跑得快的狼的数目增长得更快，那么这个狼群中出现奔跑速度快的狼的频率就会整体上升。这样的自然选择就不存在个体间的竞争。马尔萨斯的观点处于达尔文理论的核心，但是，对于现代进化论却没有那么必不可少。

第二，现代生物学的焦点在于解释族群中各个特征所占比例的变化，为了与这个焦点保持一致，今天的自然选择通常被看做导致一个总体中某种特征出现频率高于另一特征的原因。我们可以利用这个自然选择的概念来明确自然选择在适应产生过程中所起到的积极作用。下面的例子能最好地体现这点。设想某个局部环境最多能容纳1000头狼。假设其中100头奔跑速度快,900头奔跑速度慢。最后假设奔跑速度快的狼留下适应度更高、跑得更快的后代的可能性比奔跑速度慢的狼稍高。如果自然选择能将奔跑速度快的狼的比例从10%增加至90%,那么,也就大大增加了跑得更快的狼出生的可能性。通过改变族群的构成,自然选择在生成适应性变异中起到积极的作用。自然选择有时被曲解描述成一个清除总体中适应不良的变异的完全消极的过程。这种消极理解导致一些批评者认为随机变异是适应性变革的唯一来源。这种看法也许又引起广泛的误解:用自然选择解释如眼睛一样的复杂结构与将眼睛视为物质的随机组合相比没有什么太大的区别。但是,自然选择不是这种意义上的随机过程。自然选择确实增加了一个总体中部分适应的形态的比例,因此通过变异增加了总体中适应度更高的形态出现的可能性。(Lewens 2004: chapter two; Neander 1995)

达尔文很少像这样通过分析总体构成来解释适应,但是,也不是完全没有这类例子。最清楚的一个例子不是出现在达尔文对自然能够选择解释生物适应的讨论中,而是出现在《人类的由来》中对于人类技术创新的描述中:

> 【如果】一个部落里的某人比其他人更精明,发明了一个陷阱或武器……不需要多少推理能力,只需要最简单的利己主义就会促使其他部落成员去模仿;因此,所有人都会获益……如果这个发明非常重要,这个部落的人口数量将会增加,部落会扩张、取代其他部落……因此增加了人口数量的部落将总是拥有更大的可能性去繁殖更加优良的、更具有创造发明能力的成员。

(*Descent*: 154)

换句话说,如果一个重要发明使得一个部落的人口增加,这个发明由此仅仅通过增加部落的规模来增加更具发明创造能力的成员出生的可能性,这些成员又会创造更多发明。

在本章结尾,再评论一下达尔文对自然选择和人工选择之间的类比。在《物种起源》的另一个有名的段落中,自然选择被生动地描述成比普通饲养员饲养技巧远为高超的作用力:

> 可以说,自然选择不论何时何地都在筛查每个变异,即使是最微小的变异;舍弃不好的变异,保留并累加好的变异;不论何时何地,只要有机会,自然选择都在无声无息地起作用,让人无法察觉,让每个生物在其有机或无机生存环境中得到改良。
>
> (*Descent*: 133)

这种与人工选择的对比可能表明,自然根据生物个体的变异携带的利益来挑选出繁殖或死亡的个体,就像一个羊饲养员根据母羊的羊毛质量挑选出供进一步繁殖的母羊。与自然选择的这个意象相反,今天的自然选择不被理解为影响生物个体的力量。如我们所见,现在的进化理论关注的是不同类型的性状——奔跑速度快、抗病能力、伪装能力——在一个总体中出现频率变化的可能性。现代生物学家拒绝认为自然对生物个体起作用,部分原因是因为他们认识到有利性状不一定会全部集中在个体身上。一只跑得慢的狼可能繁殖能力很强,也许是因为它的抗病能力和伪装能力很强。一只跑得快的狼有可能在留下后代前就死亡,可能是因为它缺乏其他的有利性状。在这样的例子中,现代生物学家不认为是自然杀死了跑得快的狼,或是自然让跑得慢的狼具有优良的繁殖能力。相对地,他们更通常将自然选择理解为对性状类型起作用——奔跑速度的快慢,即根据某种类型性状对整个总体的生存和繁殖做出的平均贡献来进行选择。

达尔文本人对自然选择的描述缺乏数学语言的指导,因此很难说明其与现代自然选择概念之间的差异度。一方面,达尔文认为自然选择的目标是改良每个生物个体,就像一棵植物对抗干旱的例子;另一方面,他也告诉我们自然选择审查的是变异,而不是生物个体本身。不管我们给达尔文的定位是怎样的,不论自然选择与饲养员触及到的工作范围之间的类比暗示了什么,现代生物学都拒绝认为自然选择会审查每个生物个体。

小　结

达尔文并不是声称不同的物种来自共同祖先的第一人。也就是说,他不是第一个为进化假说辩护的。但是,他认为,如果不能解释物种是如何适应其生存环境的,那么,对进化假说的辩护也是不能令人满意的。适应问题正是自然选择假说要解决的问题。因此,达尔文不仅提供了一个抽象论点,将物种成员的遗传和繁殖力的差异与这些物种中有利变异的累积联系起来。他还明白,如果要为自然选择解释适应辩护,他需要给出关于变异的一般特征的描述。他也意识到关于自然选择的另一套问题,也就是稀少的有利变异在族群中被保留下来的可能性有多少。尽管达尔文很好地解决了第一套问题,他在数学天赋上的不足意味着他不能够同样有效地处理第二套问题。而这第二套问题后来成为数学群体遗传学的焦点问题,数学群体遗传学也是今天进化生物学的理论核心。自然选择的解释所面临的问题并不像一些评论家所暗示的那样简单。需要做大量的实证和理论工作才能证明自然选择能够解释适应现象。这项工作始于达尔文,但是,他没能最终完成。

拓展阅读

关于达尔文自身的自然选择观点,《物种起源》的前七章应该是最好的参考资料,尤其是第一章、第三章和第四章。

其他关于自然选择的文献卷帙浩繁。关于进化观点的有益的历史综述,请参考:

Bowler, P. (1984) *Evolution: The History of an Idea*, Los Angeles: University of California Press.

以下两本关于自然选择的哲学著作同样具有历史敏感度:
Gayon, J. (1998) *Darwinism's Struggle for Survival*, Cambridge: Cambridge University Press.

从现代生物学的角度来看,以下两本著作主要集中讨论了自然选择,但是,书中涉及的内容远不止自然选择:

Sober, E. (1984) *The Nature of Selection: Evolutionary Theory in Philosophical Focus*, Cambridge, MA: MIT Press.

Dennett, D. C. (1995) *Darwin's Dangerous Idea: Evolution and the Meanings of Life*, London: Allen Lane.

关于自然神学与现代生物学之间的连续性,请参考:
Lewens, T. (2005) 'The Problems of Biological Design', in A. O'Hear (ed.) *Philosophy, Biology and Life*, Cambridge: Cambridge University Press.

最后,一个关于现代生物学中的目的论的文章集会有所帮助:

Allen, C. , Bekoff, M. and Lauder, G. (1998) *Nature's Purposes: Analyses of Function and Design in Biology*, Cambridge, MA: MIT Press.

第三章 物 种

1. 人类本质、鱿鱼本质、苹果本质

对于很多读者来说,当他们想起达尔文的时候,头脑中很可能会出现一套特定的关于人类本质的观点。这些观点可能包括:人类本质是千万年前通过自然选择形成的;人类本质的存在独立于人类主流社会环境;人类本质是全人类所共有的;人类本质可能是天生的;人类本质基本上不受社会改革的支配。

那么,达尔文真的会容忍这样的人类本质观吗?本书接下来的几章将详细讨论这套理论。但是,一个现代达尔文主义者认为不论是苹果、鱿鱼还是人

类,物种都不应该拥有本质。(e.g. Hull 1998)这些达尔文主义者试图用四个论点来支撑他们的怀疑。在他们看来,达尔文教导我们,一个物种是生命树上的一根树枝(或一个树杈)。而一颗真树的树枝是由各自迥异的部分构成,这就没有理由认为组成物种的生物个体拥有共同的本质。因此,也就毫无理由相信所谓人类本质——界定作为一个人类所需要具备的一套特征——的存在。第二,达尔文告诉我们物种是变化的。进化论观点的精髓就在于物种随着时间的推进发生变化,并使得某个时刻的物种成员个体与后来某个时刻同个物种的成员个体截然不同。因此,将人类本质视为所有人类所共有的一套特征这个概念也是没有立足之处的。第三,达尔文告诉我们变异是进化的燃料。物种中出现的少见的有利异常可能会随着时间的流逝变得普遍,而现有的共有特征则会消失。这样的话,挑选出某个特定时刻人类所共有的特征来象征"人类本质"就没有意义了,因为它们会在人类消亡前就消失,并由尚未出现的特征取代。第四,达尔文告诉我们一个物种内的多样性不一定就是短暂的。自然选择并不总是让某个性状的多个变种形式的其中一个在这个物种中变得普遍。自然选择可能会形成拥有多个变种稳定混合的族群。于是,我们不能指望找到某个单一形式来代表一个物种的"本质"。

以上据说是遵循恰当的达尔文生物观所得出的结论。那么,什么是物种呢?

2. 生命树

在开始讨论前,先看看达尔文认为物种是怎样形成的。在《物种起源》中"自然选择"章节的结尾,达尔文描绘了有机生命的树形结构图:

同纲生物的亲缘性有时可以用一棵大树来表示。我认为这个比喻是非常贴切且反映事实的。绿色的正在发芽的枝桠可能代表现存物种；而头一年长出的枝桠可能代表灭绝物种的演替。在不同的生长期，生长着的枝桠都试图向四面八方分叉，去超过并消灭周围的树枝树杈，同理，物种和物种群也试图在生存之战中征服其他物种……当这棵树还只有灌木高矮的时候生长出来的枝桠，只有两或三枝现在长成了巨大的分支，存活下来并支撑其他的分支；同样，在物种系谱系统形成的漫长的时间里，只有很少一部分拥有现存的改良版的后代。从这棵树开始生长起，很多大树枝和树杈开始腐烂，坠落；这些大大小小的树枝也许代表那些整个目、科、属都已经灭绝的物种，我们对它们的了解仅限于能找到的化石……当芽长成鲜嫩的花苞，其中生命力顽强的，就会四面分叉并压倒相对孱弱的花苞，我认为，这样经过一代又一代，就形成了一棵参天的生命树，它死去的、断落的树枝积成一层层硬土，硬土上又继续覆盖更新鲜的树枝。

(*Origin*: 171 – 172)

注意达尔文在这里还是留有余地的。达尔文所处的年代还没有出现分子生物学，而现代生物学家运用分子生物学的数据计算得出，所有的动植物生命也许都可以追溯到某个单一的起点。相比之下，我们应该看出，达尔文在判断到底有几种原始生命形态（也就是多少棵树）这个问题上有所保留："……我不怀疑演变理论覆盖同纲物种的每个个体。我相信动物源自最多四或五个祖先，而植物的祖先同样多或更少。"(ibid.: 454) 这样的例子有哺乳纲和昆虫纲。既然达尔文认为所有的动物最多源自四个或五个祖先，而现存动物远不止四个或五个纲，我们就只能假设达尔文认为是每个门的成员形成一棵树。门是一个更加综合的物种归类，例如脊索动物门，包括脊椎动物,并特指整个背部拥有软骨质棍棒形骨针的一类动物;或节肢动物门,其中包括昆虫纲和甲壳纲。

生命树的比喻将达尔文的自然史观描述为一个"演化"的过程:同纲的不同物种拥有原始的共同祖先,它们都是这个祖先发生了改变的后代。从逻辑上来看,一个人可以接受生命的树状结构,但同时否定自然选择过程在生命史中所起到的任何作用。(Waters 2003)但是,达尔文的观点是,自然选择既是适应的主要动力,也是新物种形成的主要动力。

达尔文认为新物种的形成机制不外乎两种。最容易理解的是地理隔离。一个物种总体被分成两个群体,在地理上相互隔绝。而造成地理隔绝的原因有很多;几只迁徙的鸟可能被吹得偏离飞行航线,与迁徙大队伍分开,然后只能降落栖息在一片新的地域,或者,是海平面上升导致一个岛屿的形成,而岛上的哺乳动物都被困住。当单个总体因为类似上述原因分成了两个群体,那么,环境对这两个群体的要求也可能不同。因此,自然选择就会导致两个群体在组成上产生差异。地理隔绝本身可能还不足以产生新物种,因为如果上面提到的地理隔离只是暂时的(离群的鸟在被隔离了几代后又遇到了原来的鸟群,或海平面下降使得哺乳动物能够重回大陆),那么,重新回到一起的两个群体之间可能又开始相互繁殖,导致差异的进一步积累受到遏制。但是,如果隔离期间的差异已经积累到足以令一个群体的个体无法再跟另一个群体的个体交配,或者差异甚至使得双方都不可能尝试与对方交配(也许是因为自然选择影响了伴侣适配性的某个指标),这样即使两个群体回到同一个地域栖息,实际上它们还是相互隔绝的。一旦出现这种情况,自然选择就能使这两个群体偏离得越来越远,直到它们形成毫无争议的两个不同的物种。

现代生物学家仍然很重视这种物种形成的机制。但是,很多人更多地对达尔文提出的第二种机制持怀疑态度,这种机制依靠的是他的"性状分歧"原理。与达尔文借用马尔萨斯的观点一样,"性状分歧"原理是将经济学推理延伸到生物学领域。亚当·斯密认为,服务于同一个市场的个体之间竞争最激烈。达尔文得出结论,自然界的经济体制跟人类社会的一样,那些开创新市场的个体将更具优势:

> ……同一个物种的后代如果在个体的结构、体格和习性上差异越大,那么,它们就能更好地利用自然领域内各种各样的环境,因此,它们的数目得以不断增加。
>
> (*Origin*: 156)

一个单一的客观环境可以为生物提供多种生存方式——用现在的术语就是一个环境包含很多个生态位。一个物种内,如果个体拥有不同的解剖结构甚至是不同的偏好(比如说一只昆虫的喙使得它能够从形状奇怪的花朵中取食花蜜,或一只鸟选择以奇怪的种子为食),它们会因为在其所处的生态位中缺少竞争而生长得很健壮。于是,达尔文认为一个拥有大体上相同成员的物种可能会变得多样化,因此形成一系列不同类型的个体,这些个体各自去适应不同的生态位。在这个阶段,不同类型的个体可能在生理上能够相互交配,但是,因为这样或那样的原因,它们不会相互交配。(也许因为不同的食性使得它们很少遇见,也许因为它们的解剖结构不同使得双方不能相互吸引。)然后,自然选择进一步巩固这些差异以致杂种繁殖变得不可能,这样,不同的物种就形成了。

为什么认为能从一个含有不同个体的物种进化出多个不同的物种呢?尽管多样化的进程开始了,这个物种的所有成员还是可以相互交配,它们生活在一个单一的客观环境中。这样的话,我们也许可以猜想,部分适应了一个生态位的个体可以经常与部分适应了另一个生态位的个体进行交配,这样会导致分歧的进程受到拖延。现代生物学家们就是因为这样的原因在关于分歧原理形成物种的效力问题上不能达成一致。(Coyne and Orr 2004)

达尔文提出的两个机制——地理隔离和性状分歧——有很多共通之处。在两个机制下,都是自然选择加剧某个物种内两个或两个以上常见形态或变种之间的差异性,从而使得一开始不会互相交配的变种(可能是因为它们在地理上相互隔离,或是因为它们的不同习性使得它们相互分开)最后变得无法相互交配,然后,物种得以形成。因此得出达尔文的主张:"在我看来,变种就是形成中的物种,或者就像我所命名的那样,变种就是端始种。"(*Origin*: 155)

3. 切割自然

哲学上长期存在的一个观点告诉我们,科学所做的工作就是"从关节处切割自然"。当然,这个观点的前提是自然拥有可供剁肉刀下手的关节。回头看看自然科学,有人会认为这个观点在大多数情况下是有道理的。比如,元素周期表就像是不以我们的研究为转移的不同化学材料的体现:我们对不同元素进行认识和制表就是"科学屠场"的一个成功范例。

科学各有不同。有人可能会认为这种化学分类——对元素的分类——与天文学的一些分类习惯差别很大,尤其是与将星星进行星座分类相比。我们将夜空中的星星归类,让飞行员们能够分辨并记住它们的特征以供导航和交流所用。同属一个星座的星星实际上不一定在太空中相互临近,只是从地球上观察者的角度来看是如此。因此,只有从最勉强的意义上讲,切割夜空反映了宇宙本身存在众多重要的划分。

那么对于物种而言呢？生物世界中是否存在让我们切割的关节呢？或者说我们只是将不同物种的存在归因于生物个体的多样性,以方便我们自己去分类、交流或其他？物种更像元素,还是星座？对这些问题的回答可以分成两类。一类是唯实论观点,认为物种在某种意义上是生物世界的自然分配,并且不受人类调查的支配；另一种是唯名论,认为物种只不过是人类为己之便创造出来的人工制品,反映了我们尝试将自然多样性转变成容易处理的顺序。

我引入唯实论和唯名论这两个术语是因为它们太过常见以至于无法绕过它们。但是,使用的时候要格外小心,否则会使讨论变得要么一片混乱,要么过于简单化。在开始抽象地讨论和明晰两个术语之前,先直接看看达尔文是如何讨论物种的,并藉此弄清究竟什么是唯实论,什么是唯名论。

达尔文有些时候在关于物种的问题上将自己定位于唯名论。其中,最令人信服的陈述出自《物种起源》第二章：

> ……我琢磨"物种"这个术语只是为了方便随意规定的,指相似度很高的个体构成的一个群体,它与变种没有本质上的区别,变种指的是差异性和稳定性欠佳的形态。而变种这个术语与个体间的纯粹差异相比也是为了方便随意指定的。
>
> （ibid.：108）

达尔文想要告诉我们,某些生物个体尽管相互之间存在差异,但总体上说还是类似的。比如说不同种类的狗在很多方面具有相似性。

一群相似的生物能被继续细分挑选出子群,子群个体之间存在更为具体的相似性。小猎狗就可以被视为狗的一个子群。第一层的归类就是物种;而第二层的划分则是变种。达尔文还认为,当面对拥有相似个体的不同生物群体时,有时能够很清楚地知道我们应该称之为物种还是变种。他将物种视为"具有显著特征的永久性的变种"。永久性的概念在此非常重要,因为它解释了为什么达尔文将两个生物个体能否一起繁殖当做它们是否已经同属一个物种的判断标准。如果两种不同形态的生物在一起不能繁殖,那么,就表明两种形态之间的差异性是永久的。因为不能通过交配导致差异性消失。但是,既然物种是在变种的变化达到"特征显著并且是永久性"的程度时形成的,那么,我们不能指望能够非常明确地知道何时变种能具有足够的差异性,或何时一个变种与另一个变种之间的差异保持的时间足够长以致这个变种能被称为一个物种。

达尔文在此维护的唯名论是有欠缺的。与唯实论一致,达尔文告诉我们,物种和变种都是拥有共同特性的个体组成的群体。而且,在达尔文看来,拥有共同特性这点是真实的,并且不以人类的兴趣为转移。同样与唯实论符合的是,他告诉我们,我们通常能够很明确地断定一个拥有相似个体的群体是一个物种还是一个变种。达尔文的唯名论最终延伸到对变种与物种之间是否存在明确界线的怀疑。当然,他的观点——当变种变得"特征明显且具有永久性"的时候就会形成物种——存在一个后果:我们可能不得不随意断定一个变种是否已经达到一个物种的状态。因此,要注意这个唯名论多么没有说服力。现在我们认为放射性衰变会导致一种元素转变成另外一个元素。那么,我们能找出一个衰变的铀—238原子究竟是何时变成一个钍—234原子的吗?而对铀原子与钍原子之间是否存在精确界线的怀疑并不意味着元素周期表不能代表元素的自然排序。(Sober 1980)达尔文对于变种与物种之间区别的怀疑也是类似的。

如果达尔文对于物种形成的看法是正确的，那么，我们应该能预料到自然学家之间无休止的口水战，争论某些拥有相似生物个体的群体应该被称为物种还是变种。达尔文认为，事实是我们确实无法找出一个明确界线：

> 如果将物种视为拥有显著特征的永久性的变种，且物种最初都是以变种的形式存在的，那么，我们就能够理解为什么物种（通常认为是由特殊的创造法则产生的）与变种（普遍认为是按照二级法则产生的）之间无法划出明确的界线。
>
> （*Origin*：443）

即便如此，也不能削弱关于物种的更加全面的唯实论描述，而达尔文表达对分类学的看法的方式让他得以明确地远离唯名论：

> 生命伊始，所有生物之间的相似性呈递减趋势，因此，生物才能被一级一级分类。而这种分类显然不像星座的划分一样任意武断。
>
> （*Origin*：397）

在此，达尔文不仅是在谈物种，也谈论到所谓的"高级分类"（例如科、纲、门）。在上段引用文字中，他是在坚持宣称一级一级的分类系统——分类的分级理论——确实是按照生物间的相似度来进行分类的。这表明，就肯定生物能聚集成拥有相似个体的群体这点上，达尔文是一个唯实论者。很长一段时间以后，著名进化遗传学家西奥多西厄斯·多布赞斯基（Theodosius Dobzhansky）明确提出一个类似的观点：

> 尽管存在时间有限的个体是生物学家研究的最主要的对象,但是,与整个生物世界进行更加密切的接触之后会发现一个和生物多样性同样令人惊讶的事实……大量独立的、不相关联的分布被发现……每一个分布系列都由拥有一些共同特征的个体聚集而成。小的群体又集合到一起形成中级群体,中级群体又形成更高级别的群体,以此类推,形成一个等级排序。
>
> (Dobzhansky 1951:4)

同样,多布赞斯基表达的分类观承认了一个明显的事实,那就是我们使用的分类系统是人造的,同时又像达尔文一样,坚持认为这套分类系统真实反映了自然界中的等级:

> 为了方便,这些不相关联的群体被指定为宗、种、属、科等等……生物学分类既是一个人造的分类系统,为了实现方便地记录观察结果的这个实用意图,同时也承认了生物多样性的事实。
>
> (ibid.:5)

另外,唯实论还体现在达尔文想要制作所谓的"自然系统"。他不满足于仅凭生物的相似性来进行分类;他还尝试解释为什么生物要进行分等级的分类。达尔文自称"哲学自然学家",意思是,他不仅是一个为了方便记录观察结果这样的实用目的(借用多布赞斯基的话)进行分类的自然学家,而且是一个注意寻找自然组织模式的基本原理的自然学家。说得更明确些,就是这个基本原理应该建立在自然法则的基础上。(Rehbock 1983:4)因此,达尔文重点评论道,尽管分等级的分类方法能够恰当地将生物划分为其个体相似程度不同的群体:

但是，我认为还应该包括更多的东西；血缘上的相似性——唯一导致生物相似性的已知原因——是结合点，这种亲缘关系因为不同程度的变异被隐藏，又因我们对生物进行分类得以部分显露出来。

(*Origin*: 399)

因为物种相互遗传，所以，一个物种内的个体之间相似度最高，同属的个体之间相似度稍低，同科的个体之间的相似度更低。分类的"自然系统"因此将生物按照相似度的程度进行分级分类，同时从系谱关系的角度来揭示相似的依据。达尔文的分类单位是真实存在的单位，不仅因为这些单元是真正相似的生物单元，还因为它们拥有共同的祖先。达尔文认为，我们可以使用任何相似度来对生物进行分类，但是，一个反映系谱关系的分类系统才是唯一能在分类的同时解释和明确更高级别的相似的分类系统。这个观点在《人类的由来》中表达得最清楚，并且传达了坚定的分类唯实论：

当然，分类也许是建立在任何性状的基础上，不论是大小、颜色或是所含的元素；但是，自然学家早就坚信一个自然系统的存在。现在普遍承认这个系统必然在最大程度上跟系谱相关……

(*Descent*: 174)

4. 个体与类别

有一个令一些现代哲学家大感兴趣的问题我们还没有解决，那就是物种究竟是个体还是类别。尽管这两个术语每天都在用，但在此我指的是它们的专业含义。简单快速地描述一下它们的专业含义就足够了。关于种类，比较没有争议的例子包括"重三公斤的物体"或"几块纯金"。种类就是指一组拥有共同特性的物体。因此,一个种类的构成单元可能分布广泛;毫无疑问,重量为三千克的物体散布在宇宙的各个角落。另一方面,个体指的是一个物体或事件,拥有开始和消亡时间和物理界线。关于个体,比较没有争议的例子包括"洛德板球场","我桌上的台灯","托尼·布莱尔"和"2006 世界杯总决赛"。这些事物开始存在的时间可能并不精确,但是,基本上能够给出相当接近的估计。它们的物理界线也一样。(那么,托尼·布莱尔与周围事物之间的物理界线是什么?是他的皮肤周围。)

尽管关于物种是类别或个体这个问题是极其抽象的,它却可能给出对人类本质的真实情况的暗示。没有生物学背景的读者可能会认为物种很明显是类别。有人可能会问:"物种是什么,不就是一组拥有共同特性的生物吗?"这样的观点很有可能会得出以下结论:所有的物种都有本质;人的本质就只是特性的集合,而这个集合整体决定了一个生物个体需要满足什么样的条件才能被归类为智人物种中的一员。一些认为物种是个体的人则更加怀疑人类的本质问题。我们可以通过考虑一个非生物个体来理解这种怀疑主义,例如我桌上的灯。灯有很多个部件——底座、灯泡、灯罩、开关。这些部件之间没有什么共有特征。它们都被安装在一个灯里,不是因为它们共有某种"灯的本质"。它们之所以是同一个物体的组成部分是由于它们之间的相互关系,而不是因为它们共享一些特性。如果物种是个体——就是说如果它们是拥有起始和结束时间的实体,然后以生物个体作为部件,那么,就像灯的部件之间不需要共有特性一样,构成物种的生物个体之间也不需要存在共有特性。

但是,我们也要谨慎,不要在总结物种作为个体观的后果时过于仓促。尽管灯的部件之间没有共性,但是,其他个体——比如说我昨天吃的米饭——包含的部件之间的相似度很高。因此，即使我们得出结论物种是个体，我们仍然可以得出结论，某些或大多数物种拥有相同的组成部分。智人也许是一个组成部分——尤其是人类——大体上相似的个体。所以，尽管将物种视为个体的观点与否定物种本质是相协调的，也不能强迫我们去否定物种本质的存在。

为了推进物种是个体还是类别这个问题，我们需要对关于类别的哲学概念进行略微详尽的考察。至此，我还没有解决是什么使得类别是"自然的"这个问题。很多哲学观点都认为，"自然类别"是科学试图找到并进行描述的事物基本类别。之前提到的化学元素再次提供了一个经典范例。尽管一组重三千克的物体的确拥有一个共同特性，但是，很多人都不会认为这样的集合是"自然的"，它可以包括各种动植物，也可以包括美国餐桌上的几碗面团、一些石块或几本大书。这实际上是各类物品的杂乱混合，我们很有可能会将其与更加"自然的"类别进行对比，例如一堆纯金块。后者的组成单元拥有很多重要的共同特性，涉及各种各样的特征，如电导率、密度和熔点。许多受科学关注的特性共存于一堆纯金块这个事实使得纯金块变成科学归类和调查的重要对象——而拥有三公斤重的物体组合则不然。也正因如此，即使有人会认为重三千克是一个很重要的科学特性（比如说在力学中），他们也不会将拥有这个特性的一组物体视为一个"自然类别"。

哲学家理查德·博伊德（Richard Boyd）也支持运用这种类型的观察的自然类别观。（e.g. Boyd 1991）博伊德认为，我们应该将金块视为一种自然类别，因为如我们在前文中看到的，一些具有科学意义的特性都集中体现在一堆纯金块身上。并且，这不是偶然的。因为纯金的微观结构使得一堆纯金块拥有这些各种各样的特性。在博伊德看来，自然类别就是物体的集合，在这些集合中，同类特性确确实实聚集在一起,并且这种共存能得到解释。他将解释这种现象的因素称为"自我平衡机制"。因此,博伊德认为自然类别应该被理解成"自我平衡特性的聚集"。

在这些专门术语和理论的基础上,现在我们可以审查物种究竟是类别还是个体的问题了。物种作为个体的观点最初是由生物学家迈克尔·盖斯林(1974)和哲学家大卫·赫尔(David Hull 1978)倡导。他们认为,达尔文本身的物种观告诉我们一个物种就是生命树上的一个枝桠或枝干。我们自己的物种——人类/智人——就像托尼·布莱尔一样,在存在时间上有开始和结束,并且有物理界线。这些物理界线随着时间的变化和这个物种在地球上占据范围的扩展而发生变化,正如托尼·布莱尔的物理界线随着他腰围的扩大和缩小而发生变化。物种通过自然选择进化时,也会以其他的方式发生变化,就像托尼·布莱尔随着职务的更替而发生改变。基于这些考虑和其他的一些原因,将物种视为个体是最恰当的。

这个观点与科学哲学家们的传统观点形成鲜明对比,他们通常将物种——因为某种原因,老虎是他们特别钟爱的一个例子——与金子和水一样并列作为自然类别的标准例子。但是,赫尔和盖斯林认为物种不应该被理解成一组类似的物体。两只不同的老虎同属一个物种不是因为它们相互类似,而是因为它们之间的相互关系。具体来说,就是它们需要存在系谱上的联系。如果物种是类别,那么,如果在遥远的星球上突然出现一种生物,其外貌和行为模式(内部和外部)都与老虎极其相似,那么,这个生物就可能是老虎。然而,盖斯林和赫尔认为,不管这个外星生物到底是什么,它都不会是一只老虎,除非它与地球上的老虎有亲缘关系。

达尔文认为物种是个体还是类别?在某种程度上这是个愚蠢

的问题,因为"个体"和"类别"都是在现代创造出来的术语,达尔文没有参与使用这些术语的讨论。即便如此,本章中所引用自《物种起源》的段落似乎很明确地使用了一个与物种作为类别的观点类似的概念。因此,再来看看之前引用过的片段:"……我琢磨'物种'这个术语只是为了方便随意规定的,指由相似度很高的个体构成的一个群体……"(*Origin*: 108)这其中的相似度不一定限定在总是很明显的外部特征上,可能也包括内部结构或发育过程的共同点。在上一节中,达尔文认为共同的祖先解释了物种成员之间的酷似。从这个角度来看,达尔文的观点与自然类别的自我平衡特性聚集理论有着惊人的相似。物种是自然类别,因为它们是一组拥有诸多相似性的生物,并且所共有的这些相似性来自共同的祖先。这样的观点正是生物哲学家保罗·格里菲斯(Paul Griffiths)近来所辩护的物种观(1999)。

注意,也不能轻易断言达尔文支持物种是类别的观点。《物种起源》的其他一些内容表明他更倾向于认为物种是个体。在《物种起源》和《人类的由来》中,他都强烈地表达出:"唯一正确的分类就是按系谱关系进行的分类。"(*Origin*: 404)照这样说,一个好的分类其实就是一棵描画精确的生命树。这表明达尔文认为物种是个体,因为生命树的组成部分就是我们之前描述的意义上的个体。也就是说它们是从某个时刻开始存在,又消失于另一个时刻。它们又由多个生物组成,而这些生物之所以是一个单一物体的组成部分是因为它们由血缘关系联系在一起。

很难断言应将达尔文归入类别阵营还是个体阵营,不仅是由于"类别"和"个体"显然是现代专业术语,还因为从根本上来说,达尔文认为共同祖先解释并产生了生物之间的相似性。解释和说明个体生物之间的共有特征的最好办法就是理解它们的系谱关系。因此，如果将物种理解成类别，我们就能够通过审查生物之间的历史关系得出信息最全的分类系统。相反，如果将物种理解成生命树的枝干，那么，即使物种是个体，它们的组成部分实际上还是极其相似的生物。达尔文通过为语言的分类进行辩护来类比说明自己的观点，相似性与系谱（达尔文的原话是"亲缘"和"谱系"）紧密联系：

> ……恰当的或者说唯一可能的排列就是按照系谱关系的分类；这样的分类是完全自然的，就像各种语言，不论是消逝的还是现代的，也是通过最紧密的亲缘关系联系在一起的，这样一来，也可以看出每种语言的谱系和起源。
>
> (*Origin*: 406)

我们能让达尔文的想法变得清晰的唯一办法是将其置于不可能发生的情况下，来推测他可能的看法。例如，一头熊生出一只很像袋鼠的生物。如果物种是类别，那么，这个生物就是一只袋鼠，尽管是一只极其不可能的袋鼠。这是因为它长得像袋鼠。如果物种是个体，那么，这个生物就不是一只袋鼠，而是一头熊，尽管是一只长相极其奇怪的熊。这是因为它是生命树上熊这个枝干的组成部分，也就是说是一头熊的后代。达尔文恰好考虑过这个例子，他的答案告诉了我们他是类别阵营还是个体阵营："……如果一只袋鼠从一头熊的肚子里跑出来，应该怎么办？……这个例子太荒谬了，因为只要有亲近的血缘关系，就一定有紧密的相似性和亲缘性。"(ibid.: 408)这个问题问得太愚蠢了，没有必要给出一个答案，因此，达尔文的态度是拒绝加入任何一个阵营。

暂不论达尔文在这个问题上的立场，物种是个体的观点与物种是类别的观点相比较有什么相对优势吗？作者认为将物种视为类别的观点中最可行的是格里菲斯的观点，并且这个观点在达尔文的作品中有部分迹象。这个观点是说,物种实际上是相似生物个体的集合,而造成这种相似性的原因是它们拥有共同的祖先。有人会认为这个观点经不住细究,因为物种是极其易变的。例如任意一个特性,似乎不太可能这个特性能够也只能分辨出单一物种的所有成员。不是所有人都是双足的,有些人只有一条腿。不是所有人都是理性的,有些人根本不会思考。物种在各方面的易变性也是达尔文再三试图引起我们注意的地方:"我相信即使是最有经验的自然学家也会惊讶于可变性的例子之丰富,其中甚至包括一些重要的结构组成变化的例子……"(ibid.:102)这意味着任何支持物种是类别的观点的人在立场上都不能那么绝对。显然,他们不能主张物种是由一群一模一样的生物组成的,甚至都不能坚持认为组成物种的生物拥有许多共同的特性,而只能经过综合考虑,认为它们是一群大致类似的生物。这样就与每个物种的每个成员都是独一无二的观点不相冲突。

即使是这种大打折扣的物种类别观也面临着其他问题。很多或者说大多数物种都是多形态的,也就是说,它们的形态是各种各样的。(Ereshefsky and Matthen 2005)(达尔文认为物种源自曾经截然不同的变种,这个观点的依据就是多形态物种的存在。)达尔文相信每个物种中都会时常出现变异,而某种程度上的多态性则应该是变异的产物。对我们的目的来说,更有趣的是自然选择促进和保持各种迥异形态的方式。最明显的方式就是性别差异。比如说,天堂鸟的雄性色彩鲜艳,而雌性相对而言色彩比较单调。自然选择还通过其他的方式保留多态性。动物为争夺伴侣而进行竞争时,它的表现是具侵略性还是消极更好一些?答案在某种程度上取决于这个族群中其他成员的特性。当其中极少数好争斗而大多数都是消极的,那么,侵略性就极其有利,因为好斗者挑起一系列冲突后,走走过场就赢了。当其中极少数消极而大多数都是好斗的,那么,侵略性可能是一个不利因素,因为好斗者不停被卷入长期间消耗能量的打斗中。因此,当自然选择使侵略性在一个群体变得更加普遍时,消极的适合度就会上升,直到它最终变成适合度更高的策略。然而,当消极变得更加普遍时,侵略性的适合度又会逐渐超过消极的适合度。最终的结果是这两种行为策略的稳定混合。这就是经典的"鹰鸽"模型的大致轮廓,该模型最初由生物学家约翰·梅纳德·史密斯(John Maynard Smith)和杰弗里·帕克(Geoffrey Parker 1976)设计。

这种一般形式的抽象思考表明,自然选择有时会导致不同的行为模式混合共存在一个物种中。但是,在关于这些混合是如何实现的问题上还没有明显的倾向性。一种可能性是物种中一些生物采取一种策略,其他生物采取另一种策略。另一种可能性是所有的生物都采取相同的"混合策略",这种混合策略结合了(之前例子中的)侵略性和消极。如果"混合策略"是一般原则,那么,有人会继而认为自然选择倾向于生成清一色的族群。但是,许多研究表明,在自然界,自然选择通常产生多样化的族群,其成员使用不同的策略。繁殖行为领域存在一些有文献证明的类似的例子。例如,在海生甲壳纲物种"海绵虱"中,雄性使用三种繁殖策略中的一个。(Shuster and Wade 1991)体型较大的个体保卫雌性的"居所",将它们隔离在海绵内部。体型稍小的个体使用模仿策略。它们形似雌性,同时也模仿雌性的行为,使得体型大的雄性让它们进入居所。最后,体型最小的个体能偷偷溜进居所而不被察觉。随着时间的推移,这三种策略的平均适合度都是一样的,自然选择将它们都保留下来。(这个有趣的例子取自 Buller 2005:43)

广泛分布的多态性并没有威胁到将物种视为类别的观点。物种仍可以理解成总体上大致类似的群体,尽管物种的成员在某些特征上(比如说鸟类的羽毛或繁殖行为)展现出很大的差别。但是,假设性选择使得一些关系紧密的鸟类物种中的雄性获得非常不同的花哨羽毛和卖弄行为,且每种羽毛和行为都是单个物种中的雄性所特有的。然后,假设这些关系紧密的物种中的雌性受性选择影响不大,所以,相互差异并不是很大。结果就是任意物种中的雌性与其他物种的雌性之间的相似度比该雌性与同物种的雄性之间的相似度要高得多。在这样的情况下,很难将任何一个物种——雄性和雌性的组合——看做是一个自然类别。但是,这也并不意味着这个例子中没有类别。似乎所有有关系的物种中的雌性可以构成一个类别。然而,很难看出在此情况下,何种形式的总体相似性才能将由某个单一物种的雄性和雌性组成的群体聚拢起来。我的结论是,物种作为类别的观点受到自然界中多态性的呈现形式的限制。

5. 总体思考和类型学思考

厄恩斯特·迈尔(Ernst Mayr)是 20 世纪最重要的生物学家之一,也在生物史和生物哲学领域颇具影响力。他在整个事业生涯中一直坚持认为达尔文对思想最大的贡献之一是在哲学上的。他认为达尔文用一种思考自然的方法(迈尔标记为"总体思考")代替了另一种(迈尔称之为"类型学思考")。(Mayr 1976)本节将简略讨论在涉及物种时,这种思考方式的改变意味着什么。

迈尔有一篇文章在现在被认为是经典,在这篇文章中的一个小段落里,迈尔介绍了总体/类型学之间的区别的主要轮廓,具体从相对于柏拉图"理念"说(希腊语中是"eidos")的角度来定义类型学思考。柏拉图认为除了单个的有道德的行为或单个的美丽物体,还存在某个另外的、抽象的、永恒的道德或美的"理念",这个理念在尘世

的行为和物体中得到不同程度的显示。迈尔运用生物学中的类型学来进行类比,为每个生物物种设想一个理想的标本或"理念":

> 根据【类型学思考】,在我们所看到的变化性之下,存在数目有限的固定的、不会发生改变的"理念",理念是唯一固定和真实的东西,而观察到的变化性就像柏拉图寓言里的洞穴墙壁上的影子一样不真实。而自然"理念"(种类)之间的不连续性经证实能够解释自然中出现缺口的频率……既然在这些种类之间不存在渐变,那么,演变进化从类型学上来看根本是无法从逻辑上实现的。如果进化确实存在的话,那么,进化的进程应该是跳跃式的。
>
> (ibid. 1976:27)

这就是类型学思考,而相对的,达尔文则是总体思考模式:

> 总体思考的假设与类型学思考的假设直接相反。总体思考者强调有机世界的所有事物的独特性……所有的生物和有机现象都具有独特的特征,只能用统计学术语来对它们进行整体的描述。对于由个体或是任何类别的有机实体形成的总体,我们都只能确定其算术平均数和变异的统计数据。平均数只是抽象概念;只有组成总体的个体才是真实的。
>
> (ibid.)

最后,迈尔将这两种立场进行直接对比:

> 总体思考者和类型学家的最后结论是截然相反的。对于类型学家来说,种类(理念)是真实的而变异是假象,然而总体思考者认为种类(平均数)是抽象的而只有变异是真实的。这

两种看待自然的方式之间的差异实在是太大了。

(ibid.)

在我看来,理解类型学/总体之间区别的最好办法是将其看做是在解释生物个体之间的异同模式方面的分歧。也就是说解释所谓的生物形态的"聚集"。生物形态聚集在所谓的"形态空间"里——可能存在的生物形态所处的抽象空间。我们按照生物之间的相似程度将生物个体在这个空间里分门别类;极度不相似的生物个体在空间里的距离很远。空间里有些区域是空的:比如说不存在六条腿的大象。有一些区域的密度很大:比如说很多生物的外貌长得像狗。简言之,空间的占用者成块成块地聚集在一起,而这种聚集正是需要解释的地方。

类型学家认为类狗(那便从严格意义上来说都是独特的)的形态空间的高密度和六条腿的大象区域或独角兽区域的空白恰恰说明了一个事实,那就是某种"类狗"的种类是类狗的形态空间的基础,而独角兽或六条腿的象的区域之下没有任何种类。结果,迈尔产生了误解,他强调总体思考者认为每个生物个体都是独特的:类型学家当然不会荒谬地认为所有的狗都是一模一样的,甚至还会同意总体思考者的观点,即没有两个生物是一样的。(Sober 1980)

那么,这些种类究竟是什么呢?我们不需要将其视作无解的奥秘并将其排除。暂且不谈生物,当我们试图解释为什么有些结晶结构很常见,而其他一些却很罕见的时候,类型学解释似乎还是很恰当的。在此,我们可以参考种类来简洁地表述一组客观事实,即有些结晶结构是稳定的,有些是不稳定的。也许我们可以用类似的方法来看待生物种类。类型学家声称只有很少的基本生物结构是稳定的。生物个体在形态空间的聚集分布反映了这些基础的稳定结构的存在。

在迈尔看来,总体思考者不仅强调生物个体的独特性,还最终被迫用生物的统计学特征来描述生物总体。如果个体之间有差异,那么,最好的试图描述这个集体(不依次描述每个个体)的方法就是讨论不同特征的总体平均值等等。重要的是要强调依靠统计工具来描述总体实际上不是总体思考者的独特保留节目。因为如果种类能够解释形态空间的形态聚集,那么,类型学思考者也需要用统计学术语来分析总体中出现的形态多样性,以确定哪些种类是应该被假设的。例如,如果一个"种类"就是有机物质的一种稳定构造,那么,就能通过测定形态空间内哪些区域是最密集的来确定哪些是稳定构造。这是一个统计学任务。

哲学家埃利奥特·索伯(Elliott Sober)在一篇关于这个话题的重要文章中强调了达尔文的堂兄弟弗朗西斯·高尔顿(Francis Galton)所做的工作,高尔顿发明了多种分析总体的统计方法,并用其他的总体特性去解释总体的统计学特性。因此,高尔顿被索伯列为总体思考者的首要人物。(ibid.)但是,高尔顿同样认为(索伯也意识到了这点)对总体的分析揭示了潜在的"具有生物稳定性的位置"的存在,这是一个完完全全的类型学概念。因为高尔顿持有这样的观点,所以,他怀疑自然选择改变物种的效力。他认为,我们需要区分两种意义上的"变异":"适当的变异"和"突变"。"适当的变异"是指特定的稳定状态中的小混乱,但是,因为这些状态是稳定的,生物一般都倾向于回归到这种状态,就像我跟孩子们一起玩的威宝娃娃——椭圆形的塑料假人,当受到推力时会摇晃,但最后都会自行扶正。另一方面,突变是朝向新稳定状态的重大变化——跳跃演化。高尔顿的观点是自然选择能够对变异起作用从而产生暂时的变化,但是,只有跳跃演化才拥有创造新物种的持久力。他在

他的《指纹》一书中解释了这一立场:

"变异"一词被不加区分地应用到两个非常不同的概念上,而这两个概念本身应该严格加以区分:一个是刚刚提过的"突变"的概念,指具有生物稳定性的位置的变化,这些变化在自然选择的帮助下有可能成为进化前进道路上新的阶段;另一个是"适当的变异"概念,指一个稳定的构造形态稍稍变形的状况,但是,绝不可能推翻这个稳定形态。突变不能随意混合在一起;而适当的变异可以。自然选择对适合的变异起作用,也对突变起作用,保留最好的个体成为亲代,消除最差的,但是,我认为自然选择对纯粹的变异所起的作用对于进化没有持久价值,因为子代总是倾向于"退化"回亲代的种类。

(Galton, quoted in Provine 1971: 23)

在我看来,高尔顿是类型学思考者的一个典型例子,迈尔认为达尔文反对这种类型学思考,这是对的。达尔文认为,物种是通过自然选择对细小变异起作用而形成的。这样的话,他的立场就要求,如果这些细小变异能被累加到一起形成新物种,那么,它们本身应该是稳定的。但是,如果存在众多的细小而稳定的变异,我们也可能会有类型学家的困惑,那就是为什么我们看到的物种如此迥异。为什么形态空间中会出现聚集的现象? 相对地,为什么我们看不到生物形态均匀地分布在形态空间内来反映达尔文的理论似乎要求的稳定变异无处不在? 达尔文明确地疏远类型学解释,他承认类型学可能在化学领域适用,但是,在自然史领域没有它的容身之处:

水晶的形态完全由分子力决定,不同的物种有时呈现相同的形态也不稀奇;但是,对于有机生物,我们应该记住,每种生物的形态都取决于无限复杂的关系即变异,其原因太过错综复杂,无法理解;取决于保留的变异的性质,而变异能否被保留又取决于客观环境,或更重要的是,取决于周围与其竞争的生物;最后,取决于数代的遗传(遗传本身就是一个变动要素),而所有祖先的形态也由同样复杂的关系所决定。

(*Descent*: 206 - 207)

达尔文对类型学学派自然学家(如法国的杰弗洛伊·圣希莱尔和因果的理查德·欧文[Richard Owen])的解读促使他认识到一个重要的自然现象的存在——形态空间内的聚集现象——需要解释。理查德·欧文是通过假设抽象结构来解释这个现象,如"脊椎动物原型"——一个不受时间限制的结构体系,在所有的脊椎生物体中以不同的方式显现。相对地,达尔文则是使用非类型学方法来解释类型学家们所强调的这个现象:"……如果物种都是其他物种通过无法察觉的精细渐变而形成的,那么,为什么变化中的形态为什么不是无处不在?为什么不是整个自然一片混乱而是物种却如我们所见能够明确定义?"(*Origin*: 205)

我们已经讨论过达尔文是用共有的历史来解释同一物种的个体之间的相似性。达尔文同样使用共有历史去解释不同物种的个体之间的相互类似。达尔文将欧文的原型重新解释成祖先:不同的脊椎动物物种似乎都是同一类型的变异,这不是因为它们表现的是一个单一的永恒的平面图,而是因为它们保持了同一个祖先的特征。(ibid.: 416, see also Amundson 2005: chapter four)但是,达尔文思考共有历史的方式并不能保证让我们期待这个世界上包含他称为"界定清晰的物体"的物种。(*Origin*: 210)如果共同祖先是我们能援引的唯一原理,那么,形态空间里被占据的区域都会呈现以原始祖先为中心的均匀散开的云状图。在这些云状图里就不会有聚集区域,也就没有我们所知的物种了。

为了回应这个挑战,达尔文在性状分歧原理上花了很大心思。我们应该期望专门化是最具有适应性的,相对地,我们应该预料那些万金油似的中间形态被排除。总的来说,达尔文的推理跟多布赞斯基(跟迈尔一样,多布赞斯基也引领了总体/类型学区别的清晰表达)的推理类似,并且多布赞斯基明显的经济学用语与达尔文的方法存在共鸣:

> 生物分类的分级特性反映了适应性生态位之间的不连续性是可以从客观上确认的,也就是说,世上的生物在其环境中生存的方式和方法具有不连续性。
>
> (Dobzhansky 1951:10)

达尔文解释形态空间的聚集现象时用的不是普遍存在的稳定种类,而是生物环境不断变化的要求,继而要求物种产生专门化和分歧。

我认为,迈尔是对的,他将达尔文在这点上的创新主要看做是哲学上的。具体来说,达尔文打破了类型学思考模式,提供了另一种方法去思考实际存在的形态、假定的具体局部环境下可能存在的形态和假定的一般自然法则下也许存在的形态之间的关系。而用更加哲学的术语来说,达尔文为我们提供了一种思考物种形态的新方式。达尔文的观点使很多生物形态成为可能;自然中存在缺口的事实并不总能通过指出这个缺口中不可能存在形态(或形态不稳定)来解释。相反,可能发生的和可能改变的事实——这些事实既跟生态要求相关,也跟一个物种的构成相关——解释了为什么很多可能的形态在特定的时刻不是事实存在的。如果物种发展的不同时期生态要求不同,就会出现截然不同的物种形态——或至少自然法则不会阻止这些不同形态的出现。

迈尔认为"总体思考"是达尔文继自然选择和生命树假说之后的第三大概念创新,但是,这三者之间很难分开。自然选择和共同祖先是达尔文解释为什么物种是"界定清晰"的主要资源,因此,排除了类型学之后留下的空白主要是由自然选择和共同祖先来填补。

6. 物种的本质

在本章结尾,再来看看章节开头提出的问题:在何种意义上,一个达尔文主义者能赞成人类本质的想法,或者是苹果本质抑或是鱿鱼本质的想法?

一个强势的物种本质概念需要超越以下主张,即存在一组由所有物种成员共享的特性。所有的老虎都有重量和颜色,但是,这些特征还不够确保老虎本质的存在,因为几乎所有的生物都有重量和颜色,不管这些生物属于哪个物种。要坚持认为老虎本质存在就必须保证所有的老虎都存在相同的特征组合,而且这种特征组合也只存在于老虎身上。像这样的特征组合就使我们能够判断一个个体是否是老虎,我将任何能确实让我们做出这种判断的组合称为"诊断集合"。一个非常强硬的诊断性物种本质可能会宣称一个物种的每个成员拥有"诊断集合"中的所有特征,而任何其他物种的所有成员都不可能拥有该"诊断集合"所有的特征。

达尔文主义者应该否定这种强势意义上的物种本质。不仅物种会随着时间的推移出现显著的变化,变异也会使每代出现一组新的差异,因此,"诊断集合"里的特征也就受到变异的影响。然而,我们面对的还是一个相当强势的诊断性物种本质的概念。即使我们否定所有的物种成员共享这个物种特有的一套特征的全部,我们可能还是会认为所有的物种成员享有这套特征的绝大部分,而其他物种的成员不可能拥有这套特征的大部分。这种物种成员之间分块的相似性就足够可靠地诊断一个个体属于哪个物种了,并且这种相似性与每个物种中普遍存在的差异不相冲突。

多态性可能是这个"诊断集合"的一个特征。本章前面的内容提到海绵虱的雄性有三种不同的体型。我们可以将这三种体型都包括在"诊断集合"里。如果其他明显类似的物种成员很少出现这三种体型,那么,这个"诊断集合"就在正确识别海绵虱的个体方面尤其有用。这样一来,我们将物种本质视为一套诊断特征的概念就与物种内存在的大量多态性是兼容的。这点非常重要,因为对于普遍存在多态性的物种而言,认为物种本质普遍存在于每一个生物个体是很有误导性的。物种本质更应该被理解为物种作为一个整体所携带的特征。在刚才提到的例子中,海绵虱的雄性有大、中、小三种体型,但是,没有哪个个体能同时拥有三种体型。并且,也没有哪个个体必须接近三种体型的平均数,就像没有一个人腿的条数等于人类腿的条数的平均数(这个平均数在 1~2 之间)。

当然,当人们推测人类的本质时,他们很少去问是否存在一套人类的诊断性特征。即使只涉及颅骨或牙齿的特征,"诊断集合"也能起到作用。当人们谈论人类本质时,他们通常是在讨论事实,或是一套几乎所有人类共有的心理特征。在此,我只是简单地提出这个话题,在第五章将会有详细的论述。目前,我们应该注意的是多态性在这种情况下也值得谨记,因为不存在一个普遍适用的理由去假设自然选择必须使每个人在心理上的任何方面都是类似的。生物学家大卫·斯隆·威尔逊(David Sloan Wilson 1994)表示,在人类族群中,性格内向和性格外向的人都存在,这应该被理解成适应多态性的一个例子。威尔逊的观点正确与否取决于具体事实,但是,我们不应该立刻将其排除。如果自然选择能够保留一种海生甲壳纲动物物种的不同行为方式，那么，为什么要否定自然选择保留了人类的不同心理模式呢？

如果适应多态性在人类中很普遍，那么，人类本质的概念还会带来另一个后果。可能会出现使用人类本质解释个人行为的趋势："他为什么冲着裁判员喊？好吧，那是人类本质，不是吗？"但是，如果人类本质和其他物种的本质一样，最好将其理解成物种整体的特征，那么，人类本质就不是我们任何一个人所拥有的，任何人也不能用人类本质来解释他们的行为。

小　结

达尔文最重要的成就之一是他维护这样一个物种的概念：物种之间的相互关系构成一棵巨大的"生命树"。但是，物种本身是独立存在于自然中并不受人的调查影响的客观实体吗？还是说它们反映了我们分类并描述自然的实际需要，但本身不是独立存在的？尽管达尔文认为物种类别是"为便利之故随意规定的"，但是，他显示出了明显的物种唯实论倾向。在他看来，物种是由相似生物构成的群体，而相似性来源于共同的祖先。这样一来，就很难在达尔文身上贴上任何一种主要的现代物种观。有时，达尔文似乎赞同物种是相似生物组成的群体或类别。有时，他又似乎支持相对的观点，物种是生命树的组成部分，即他将物种视为拥有物理界线、起始和结束时间的"个体"。达尔文相信新的物种都是由细小的变异累积而成的，这就导致他反对"类型学思考"——类型学思考认为只存在少数稳定的"种类"，这些种类解释了我们观察到的生物形态的聚集。厄恩斯特·迈尔将"总体思考"放在类型学思考的对立面，但是，我们必须小心地处理它们之间的差异。类型学思考者需要分析族群的统计学特征，以推断哪些种类是真的：从这个意义上说，类型学思考者同时也可以使用总体思考形式。我们可能进一步说达尔文本人在统计学分析方面是有欠缺的:因此也很难将任何总体思考的复杂数学模型归结到他的身上。即便如此,迈尔认为达尔文提供了一种思考生物形态聚集的新方法这点是没错的。达尔文使用自然选择和共同祖先来解释这种聚集。

拓展阅读

在达尔文的作品中,只能少数内容跟他的物种观相关,但是,在《人类的物种》的第六、七章和《物种起源》的第二、四、十三章,特别是第十三章,都有关于物种观的延伸讨论。

约翰·杜普雷著有几篇关于物种本质和分类学的重要哲学文章。其中很多文章都被收录在:

Dupré, J. (2002) *Humans and Other Animals*, Oxford: Oxford University Press.

赫尔和盖斯林维护的观点是,在一些情况下,物种是个体,他们的著作包括:

Ghiselin, M. (1974) "A Radical Solution to the Species Problem", *Systematic Zoology*, 23: 536 – 44.

Hull, D. (1978) "A Matter of Individuality", *Philosophy of Science*, 45: 335 – 60.

保罗·格里菲斯维护的观点是物种是类别,他的观点受到莫汉·马修(Mohan Matthen)和马克·艾瑞舍夫斯基(Marc Ereshefsky)的攻击:

Griffiths, P. (1999) "Squaring the Circle: Natural Kinds with

Historical Essences", in R. Wilson (ed.) *Species: New Interdisciplinary Essays*, Cambridge, MA: MIT Press.

Ereshefsky, M. and Matthen, M. (2005) "Taxonomy, Polymorphism and History: An Introduction to Population Structure Theory", *Philosophy of Science*, 72: 1 – 21.

格里菲斯的文章还讨论了"总体思考"的话题,但是,关于这个话题,读者应该先阅读迈尔的原作(最初发表于1959年,1976年重印)和索伯的重要思考成果:

Mayr, E. (1976) "Typological versus Population Thinking", in E. Mayr, *Evolution and the Diversity of Life*, Cambridge, MA: Harvard University Press.

Sober, E. (1980) "Evolution, Population Thinking, and Essentialism", *Philosophy of Science*, 47: 350 – 83.

最近从哲学角度对达尔文主义与总体思考、类型学思考、本质论之间的关系的考察,请参考:

Amundson, R. (2005) *The Changing Role of the Embryo in Evolutionary Thought*, Cambridge: Cambridge University Press.

大卫·赫尔将物种视为个体的立场使他在很长一段时间里对人类本质的概念持怀疑态度。他在以下作品中提出了怀疑的理由:

Hull, D. (1998) "On Human Nature", in D. Hull and M. Ruse (eds) *The Philosophy of Biology*, Oxford: Oxford University Press; originally published in A. Fine and P. Machamer (eds) PSA Volume Two (1986): 3 – 13.

第四章 采　　证

1. 科学与上帝

达尔文用两个碑文构架了《物种起源》第一版,它们来自两位因对科学方法的研究做出贡献而负有盛名的学者。一位是弗朗西斯·培根(Francis Bacon)(1561—1626),他坚持认为,要获取科学知识,就必须要有一丝不苟和全面彻底的观察,并且,据说他因为做一个实验——将一只鸡塞满雪——得了感冒,并死于这场感冒:

> 因此,可以得出一个结论,不要让一个不够严肃或自我控制能力弱的人去认为或坚持一个人能

够对上帝之意或者上帝的作品(也就是说上帝或哲学)研究得太透彻;而应该让人们竭尽全力在这二者上皆不断发展或进步。

(Bacon: *The Advancement of Learning*)

很多达尔文同时代的具有影响力的人都非常尊重培根。他们将他视为科学领域"归纳法"的创始人。归纳法是指重视诸多实验结果的仔细搜集,然后确定某个假设的方法。更具体点说,这种方法提醒我们不要仅仅因为一些理论立场符合少数的观察结果就急于将其一般化。

这种"培根式"方法有时被夸张地描述成告诫科学家要通过积累不同的事实来开展工作,然后让观察结果自己说话,而要避免理论预设可能带来的曲解和偏见。达尔文声称他自己的理论用的就是这种方法,虽然很没有说服力:"我按照真正的培根式原理工作,不使用任何理论,而是大规模地收集事实。"(*Autobiography*: P72)但是,这种培根式科学几乎不可能完全实现,也似乎并不值得称道。科学哲学家卡尔·波普(Karl Popper)是讽刺这种方法的典型代表。他喜欢走进教室,让满座的学生去"观察"。不出所料,学生们都很迷惑——如果他们连应该观察什么都不知道,那么,他们要如何观察?波普用这种令人迷惑的要求来说明,没有任何理论来起到拨云见日的作用,盲目的观察是无法实现的,因为我们需要一个理论告诉我们应该观察什么,又如何去解释我们所观察到的。达尔文笔记本上的记载表明他不是这种盲目的培根主义者:他设计实验来测试他的生物演变论假设。但是,将达尔文视为具有培根式性质是非常有必要的,这样可以向维多利亚时期培根的崇拜者们表明,达尔文的理论是建立在牢固的实证基础之上的,达尔文不应该被视为同拉马克和钱伯斯一样异想天开。

另一个碑文来自同样具有影响力的维多利亚时期的培根主义者——威廉姆·休厄尔：

> 但是，关于物质世界，我们至少能得出这样的结论——我们能感觉到时间的发生不是因为神的力量的无形干涉通过每个特定事例显现，而是因为一般法则的建立。
>
> （Whewell: *Bridgewater Treatise*）

如我们在第一章所见，达尔文在剑桥读书期间就知道休厄尔。不论是哲学家还是历史学家都一致将休厄尔描述成一个博学者：在此，他的科学哲学作品尤其重要，但是，他还写过关于很多其他题材的作品，如天文学、法律、建筑、矿物学等。上面的引文来自休厄尔的布里奇沃特专著。布里奇沃特专著是布里奇沃特伯爵委托不同的作者写作的一系列作品，为了使用自然界的证据来证明上帝的存在。休厄尔的评论表明，至少从客观世界来看，他不相信上帝直接干预影响单个事件；相对地，他认为上帝设置了自然法则（如牛顿的运动定律），而这些法则规定宇宙的运行模式。第一章中提到，达尔文在撰写《物种起源》时提出的关于自然界的一般观点跟休厄尔的观点异曲同工。达尔文不相信存在一个智能上帝直接负责创造每个物种，或负责让物种适应它们的环境。达尔文认为自然法则（尤其是自然选择法则）是造成这些现象的原因。但是，达尔文并没打算用自然选择来排除上帝最终创造了自然法则本身的可能性。

达尔文的两个碑文提出了两个相互联系的主题，本章将依次讨论这两个主题。首先，我们将审视达尔文怎样理解科学方法。具体来说，我们要审视的是达尔文和一些与他同时代的人认为一个理论要怎样获得良好的证据支撑。然后，我们将讨论今天的智慧设计论与自然选择进化论之间的辩论。在很好地了解了一个理论怎样获得良好的证据基础之后,我们应该怎样理解自然选择和智慧设计应该在生物课堂上一起讲授的观点?是否真有证据支持智慧设计假说?

2. 最佳解释推理

达尔文在《物种起源》中强烈暗示了他认为一个什么样的理论是一个好理论。在书中最后一章,他总结道,他的理论中涉及的各种事实具有足够的解释力——关于解剖学、胚胎学、地球上物种的分布、甚至是自然历史学家持有的典型论点,而且他注意到与他的理论竞争的理论在解释这些事实方面竞争力很弱。在《物种起源》第六版中,他增加了以下内容:

> 很难假设一个错误的理论能够像自然选择理论一样令人满意地解释上述几大类事实。近来,有反对的声音出现,认为这种辩论方法是靠不住的;但是,这却是被用来判断生活中常见事件的一种方法,也是最伟大的自然哲学家常用的办法。
>
> (Darwin 1959:748)

换句话说,达尔文认为,一个理论能够成功解释不同的现象这个事实强烈暗示了这个理论的真实性。这种推理方式在今天被称为"最佳解释推理",通常缩写为 IBE(Lipton 2004)。达尔文认为最佳解释推理是一种关于资料如何支撑各种理论的高度依靠直觉的概念。为什么我们认为男管家有谋杀温斯利代伯爵的嫌疑?因为如果是男管家杀了伯爵,那么,我们的资料就得到了最好的解释——男管家的夹克上面有伯爵的血,男管家的床底发现的刀上有伯爵的血,有目击者看到男管家在伯爵死后从犯罪现场逃离。当一个假设能够比其他假设更好地解释资料时,我们经常认为这个假设就是对的。

《物种起源》里到处都是论点试图表明,如果我们假设共同祖先而不是特创论,那么,我们能够更好地理解各种各样的现象。在下面这个例子中,达尔文解释了加拉帕戈斯群岛(位于太平洋,最靠近南美大陆)和佛得角群岛(位于大西洋,最靠近非洲大陆)上物种的不同分布:

> 自然学家在考察太平洋的火山群岛上(离大陆几百英里远)栖息的动物时,会感觉他像站在美洲大陆上。为什么会出现这种感觉呢?为什么应该只出现在加拉帕戈斯群岛上的物种与美洲大陆上的物种有如此明显的亲缘印记呢?不管是在生存环境、群岛的地理性质、海拔或气候,还是在不同物种之间的关系上,加拉帕戈斯群岛都与南美海岸的环境有很大差异:事实上,在上面提到的所有方面,二者都相差甚远。而另一方面,加拉帕戈斯群岛和佛得角群岛在火山土性质、气候、海拔或岛屿大小方面都非常相似:但是在这两个岛屿上栖息的动物截然不同!佛得角群岛上栖息的动物与非洲大陆上的动物相互关联,就像加拉帕戈斯群岛上栖息的动物与美洲大陆上的动物相关联一样。我认为这样明显的事实无法用普通的独立创造观点来解释;然而如果从这里主张的观点来看,就很明显可以得出,加拉帕戈斯群岛很有可能有从美洲大陆来的外来动物,不管是通过偶尔的运输还是通过以前连在一起的陆地;同理,佛得角群岛也可能有从非洲大陆过来的外来动物;而这些外来动物都倾向于发生变化——尽管如此,遗传原理还是能暴露出动物的原出生地。
>
> (*Origin*: 385 – 386)

假设一个智能上帝依照不同环境单独创造每个物种,那我们就会期望类似的栖息地将会容纳相似的物种,而不同的栖息地则容纳不同的物种。而现实不是如此。与达尔文的共同祖先假说相比,特创论在解释资料方面的力度要弱一些;运用最佳解释推理理论的话,特创论的可靠性就更低。

毫无疑问,当一个理论具有解释力时,我们就倾向于认为这个理论是真实的。但是,一些解释具有很多吸引人的特性——它们将根本不同的现象联系在一起;它们表明我们所亲眼看见的事件就是我们应该预期的,但这些解释却有可能是错的。阴谋论通常都具有这样的特征。因此,尽管最佳解释推理是一个诱人的口号,而更理想的是描述什么是一个好的解释,描述为什么当一个假说能够将不同事实的某些部分简洁地联系起来使其具有解释力时它就可能是真的,从而使这个口号充实起来。只坚持认为正确的解释就是好的解释并不能真正回答什么样的解释是好解释的问题。最佳解释推理的拥护者需要准确地描述好解释的特征,然后,证明拥有这些特征的解释比不好的解释更有可能是正确的。规定一个解释必须是对的才是好的就等于没有理解最佳解释推理的本质。

第一步,我们可能需要理解一个好的解释,它所阐述的因素可能提高我们试图解释的事件发生的可能性。可能性提高得越多,这个解释就越令人满意。(Mellor 1976)最令人满意的解释就是能表明已经发生的事件是100%必然发生的。从这点上看,我们不将一个好的解释定义为正确的解释,而是定义为,如果这个解释是正确的,它就能使我们试图理解的事实变得可能。我们能够用短路来解释一场火灾,因为在一定环境下(充足的氧气,一个没有自动喷水灭火装置的仓库),短路极有可能引起火灾。

当一个假设能够使一组观察结果变得非常有可能时,哲学家们和统计学家们就认为该假设具有较高的"似然性"。在本章中,每提到"似然性"这个专业概念,我都会用双引号标记。一定要记清楚一个假设的"似然性"指的是该假说使一组观察结果变为可能的函数,而不是这组观察结果使该假说变为可能的函数。例如,假定存在一个观察数据——我厨房的墙上有明显的水滴下,那么,认为楼上浴缸里的水满溢的假设就具有很高的"似然性"。这个假设使我的观察数据具有可能性。我们一直在考虑的提议是,对于观察数据的好的解释就是对于这些观察数据来说具有高度似然性的假设。那么,在这个意义上的好解释是不是通常也是正确的呢?不一定,就像哲学家埃利奥特·索伯经常提醒我们的一样。(e.g. Sober 1993) 对于任意一组给定的资料,都有许多具有代表性的可供选择的假设使这些资料成为可能。这些假设都具有高度"似然性",但是,我们必须从中选择出正确的。墙上的水滴有可能是因为满溢的浴缸,但也有可能是撒了的伏特加酒、偏道的檐槽、爆裂的水管等等。一些具有高度"似然性"的假设显然是荒谬的。如果我听到从天花板传来连续而有节奏的声响,那么,我要么可以解释说外面正在下雨,要么可能是小精灵在房顶上跳 Disco。这两个假设都使观察数据具有可能性——如果有一个小精灵在房顶上跳 Disco,那么,我就会听到连续而有节奏的声响,但是,我不会鉴于此就认为关于精灵的假设可能是正确的,尽管该假设具有高度"似然性",并且按我们正在谈论的标准来看,是一个好的解释。

小精灵的例子教会了我们重要的一课。我们不应该只因为一个假设能够使某些资料成为可能就接受它。这并不是说一个假设的"似然性"与它的真实性无关,而是表明"似然性"不足以使人相信一个假设。

3. 赫歇尔与休厄尔

对达尔文影响最大的科学方法论学者们，尤其是约翰·赫歇尔，坚持认为科学理论应该只求助于所谓的"真正的原因"。达尔文在学生时代读过赫歇尔的主要方法论著作——《自然哲学研究导论》：

> 我在剑桥的最后一年仔细地、带有浓厚兴趣地读了洪堡的《自述》和赫歇尔的《自然哲学研究导论》，这两本著作激起了我为自然科学的雄伟结构添砖加瓦、略尽绵薄之力的强烈激情。没有几本书对我的影响能与这两本书相较。
>
> (*Autobiography*: 36)

我们可以将这种对"真正的原因"的标准的坚持看做对我们上一节的要点的认可。高度"似然性"本身不能构成支持一个理论的有利证据。一个理论如果要博得我们的信任，就不能只解释一组有限的现象。小精灵的假设除了符合房顶传来声响的观察数据之外没有其他支撑证据。而另一方面，雨却有大量的其他证据。"真正的原因"就是像雨一样的原因，而不是跳舞的精灵。

那么，精确地说，需要具备什么样的条件才能拥有"其他的证据"来确保我们相信一个解释性理论呢？换句话说，就是一个理论需要具备什么样的条件才能符合"真正的原因"的标准。(for details see Ruse 1975；Hodge 1977) 赫歇尔在他的《自然哲学研究导论》中给出了多个不同的答案。有时，他采用一个与更可行的最佳解释推理版本相一致的提议："真正的原因"是不仅能解释那些最初需要使用这些原因来解释的现象，而且能够解释更多其他的现象。

"真正的原因"能够"在经过不同的修改之后,产生大量除了最初引起对'真正的原因'进行了解的效果之外的效果"。(Herschel 1996:144)如果除了房顶上连续而有节奏的声响之外,精灵的 Disco 还能解释其他现象,那么,也许我们就应该相信精灵跳 Disco 的假设(例如,如果精灵假说能够解释在听到声响后的第二天早上出现的丢弃的小啤酒罐)。这时候,赫歇尔认为,科学家可以非常确定他已经找到"真正存在于自然的原因,而不仅仅是假说或臆想"。(ibid.)最理想的情况是,一旦我们假设了某个原因,我们能够形成意想不到的更多的解释,甚至能够解释猛一看与我们的理论似乎相对的现象:

> 然而,一个理由充足的、外延的归纳最确定也是最重要的特征是,从最意想不到的地方或从最初被认为是敌对的例子中似乎会突然自发出现证明该归纳正确性的证据。这样的证据是不可抗的,并且产生的影响力能够使人不得不赞成观点,非其他证据可比。
>
> (ibid.:170)

在这些方面,赫歇尔的方法论立场与休厄尔接近,休厄尔在他的《归纳科学哲学》中声称:

> ……如果对我们的归纳有利的证据能够让我们解释和测定不同于我们的假设形成过程中考虑过的例子的其他例子,那么,它就更加高级并更具强迫性。甚至,这种情况的出现会让我们确信我们假设的正确性是一定的。
>
> (Whewell 1996:230, *emphasis in original*)

两人都认为应该相信能够解释很多不同现象的假设。当一个假设符合这个条件,我们就能得到休厄尔所说的"归纳的一致"。二人之间一个细微的不同在于,赫歇尔强调的是对最初与理论敌对的领域的现象的解释,而休厄尔强调的是对设计理论时未考虑进去的现象的解释。(Laudan 1981)

有时,赫歇尔会对一个理论提出更高的要求,也就是说,我们应该要么能够直接感知理论提及的原因,要么能够解释与这些原因非常类似的东西。在这点上,赫歇尔的要求远远超出休厄尔的要求,因为一个不同于人类能够感知的任何事物的原因仍能够解释不同的现象,包括之前不曾预料到的现象。这样来看,认为休厄尔而非赫歇尔是对的这个想法是很诱人的,因为赫歇尔的高要求可能认为一些成功的理论不符合基本物理学,因为这些理论设想的原因与我们可能感知的任何事物都完全不同。然而,这样的结论有点仓促,因为即使在近些年,有些哲学家仍坚决主张,除非一个科学理论的主张能够以某种方式通过类比与我们所熟悉的系统联系起来,那么,这个理论就不能够被理解,更别提相信了。(e. g. Hesse 1966)

赫歇尔之所以坚持直接感知这个要求是因为他认为牛顿对于行星轨道的解释是严谨科学的一个完美例子:

> 例如,当我们看见一块石头用一根吊索系着旋转绕圈,它会沿着手画出一个圆形的轨道,吊索的线绷直,在线断开的瞬间石头就会飞出去,我们毫不犹豫会认为石头是由于线的张力留在轨道上,也就是说是一股指向中心的力;因为我们感觉我们确实施加了这样的力。在这个例子中,我们对原因有直接的感知。因此,当我们看见像月亮一样的庞然大物沿着地球旋转而不会飞出去,我们不得不相信有什么东西防止它飞离,不一定是有一根实质的线相连,而是另一种情形,是以线为媒介进

行运转的某种东西,——即总是指向中心的力。

(Herschel 1996:149, *emphasis in original*)

赫歇尔认为,牛顿成功的关键在于他求助于万有引力概念,而万有引力的存在和其解释轨道运动的能力已经被人类观察者以类似的形式实践。

4. 赫歇尔和《物种起源》

现在我们来更加详细地阐明赫歇尔的观点。他认为一个理论只有在它求助的原因通过了三重检验之后才应该博得我们的赞同。这些原因必须是:(1)被证明是存在的;(2)被证明具有能够产生我们试图解释的现象的能力;(3)被证明是造成我们试图解释的现象的原因。(Hodge 1977)之前提到的精灵假设不能通过第一重"存在性"检验,因为除了这个假设可能能够解释房顶上连续而有节奏的声响,我们没有任何理由相信精灵的存在。那么,精灵假设有没有通过第二重检验呢? 这个答案是不明确的,因为除非我们能有精灵是何种生物的信息,否则就很难判断它们是否能制造出连续而有节奏的声响。我们缺乏这样的信息在一定程度上表明了精灵假说不能通过"存在性"检验。这表明,在有些例子中,"存在性"检验与"能力"检验是很难分开的。许多互相竞争的假设都能通过这两个检验:天花板上连续而有节奏的声响可能是雨造成的,也有可能是冰雹引起的,二者都存在并且都能产生这样的声响。有人通过登记更多的雨比冰雹解释力强的现象(例如,沿着檐槽流下的水)来证实是雨而不是冰雹能在特定的场合(只有雨通过了第三重检验)造成这个声响。

如历史学家乔纳森·霍奇(Jonathan Hodge)所言,达尔文《物种起源》的构造似乎依次满足了赫歇尔提出的三重要求。(ibid.)首先,达尔文试图证明自然选择是存在的,并且能够产生新的物种和适应。他的方法在某种程度上与赫歇尔对牛顿的方法的重构极其类似。(Ruse 1975)将一块石头系在一根绳索上用手旋转让我们直接感受到一股能够产生圆形运动的力。赫歇尔认为,这个例子应该让我们更相信地球也会向月球施加类似的力。达尔文也试图像赫歇尔一样证实自然选择是一个"真正的原因",通过求助于我们对人工选择的类似效力的直接体验。

如我们在第二章所见,达尔文利用动物饲养员的成功来证明存在大量不受人类控制的自然变异,这些自然变异也为适应性变异提供了合适的原材料。如果自然选择能够在自然环境中产生适应,达尔文还需要表明这些变异能够在饲养者的有意控制之外被保留下来并进行累加。达尔文同样是使用人工选择来证实这个观点。

首先,他指出在一些例子中,作为一个物种的自然环境的组成部分,人类只需要照顾他们认为最有价值的动物就会引起相当多的适应性变异,而不需要故意制定一个饲养计划来改变它们:

> 如果有野蛮人未开化到从不考虑他们所驯养的动物的后代的遗传性状,但是,任何对他们特别有用的动物都因为某个特殊目的在饥荒和其他意外事件中被小心地保留下来,即使野蛮人本身深受这些事故之害,然后,这些被选中的动物将因此整体上比其他劣等的动物留下更多的后代;因此,在这个例子中,是一种无意识的选择在起作用。

(*Origin*: 94)

在此,认为达尔文从人工选择类推证明自然选择的存在和效力是稍

微具有误导性的;相对地,达尔文认为一些人工选择的例子其实就是自然选择:

> 既然人类能够并且已经确实通过有条理但无意识的选择方法创造了巨大的成果,那么,还有什么是自然不能影响的呢?人只能够对外在的、可见的形状起作用:自然不在乎外表,除非对某种生物来说外表可能是有用的。自然能对任何内部器官、任何细微的结构差异、生命的整个体系等等起作用。人类的愿望和努力消逝得何其快!他的生命是多么短暂!因此,与所有地质时代自然累积的产出相比,人类的产出是多么贫乏!
>
> (ibid.: 132 – 133)

简而言之,我们可以将《物种起源》的论点看成是赫歇尔式的。与自然选择的存在和其产生新物种和适应的能力相关的实例占据了《物种起源》的前八章。在这八章中,达尔文尤其热衷于讨论那些别人可能认为他的理论不能解释的现象,例如,"极其完美的器官"(像眼睛一样的设计精致复杂的适应)、似乎对生物个体无用的行为等等。第九到十三章接着通过证明达尔文的理论比其他竞争理论能更好地解释不同的现象,尤其是与特创论相比,然后设法证明自然选择不仅能够影响生物的变化,并且实际上也是生物变化的原因。

5. 达尔文、休厄尔和芽球

我认为,将《物种起源》解读成长篇的赫歇尔式论点是非常有力的。但是,在达尔文后期的著作中,他似乎随意放松了赫歇尔的严格标准,并且慢慢与休厄尔更为接近。(Ruse 2000a)这个结论尤其适用于达尔文构建他的遗传理论——泛生论时的情形,泛生论是达尔文在《家养动物和培育植物的变异》中所辩护的理论。在《物种起源》中,子代普遍类似亲代的事实在很大程度上是想当然的,达尔文在出现这种现象的原因上直接承认了自己的无知。但是,达尔文不满足于此,仍然尝试提出一个能够解释这些相似性的理论。他认为这个理论应该能够解释已经经过验证的遗传现象。比如说,这个理论应该不仅能够解释为什么子代会类似亲代,还要能解释为什么有时候性状会"跃过"一代,在孙辈而不是子代身上体现。达尔文还认为亲代之一在其一生中经历的改变有时也可能体现在子代身上。他的理论应该也能够解释这点。最后,这个理论应该能够解释性细胞(精子和卵子)在遗传过程中的特殊角色。

达尔文认为身体的每个部位都会产生颗粒,叫做"芽球",是每个部位所特有的特征。他认为每个部位所特有的芽球在性细胞中聚集,结果就是,精子和卵子结合之后形成的胚胎将会包含来自每个亲代的一整套各种类型的芽球。一旦胚胎形成,芽球要么发育产生与亲代类似的性状,要么也可能潜伏数代。在上面这些方面,芽球并非与基因完全不同。但是,达尔文的理论试图解释很多现象,这些现象我们都不再认为它们真的存在。达尔文提出芽球从器官转移到性细胞,以此来解释一个个体一生中某个器官发生的变化是如何导致该器官的芽球发生变化,并最终改变传递给后代的芽球性状。这就是为什么铁匠的儿子会继承父亲的二头肌。当然,问题在于我们不再相信这种获得性变异会传递给后代。

在达尔文将泛生论假说描述为"暂时的"时,他的赫歇尔式本能得到了体现。他对自己的想法并没有非常坚定的信念,因为没有人直接感知到芽球或与芽球类似的东西。另一方面,达尔文开始怀疑,赫歇尔要求一个解释性假设需要被直接感知是不是有点过于严格。他建议一个理论的解释力本身就可能有足够的理由令人信服。

与达尔文同时代的大多数人都接受以下观点:光是一种波,通过一种叫以太的无形媒介的波动进行运动。以太原则上来说是无法感知的。在对科学方法的长期思考中,达尔文考虑到用休厄尔的"归纳的一致"作为自然选择理论的佐证依据:

> 在科学调查中,可以编造任何假说,如果这个假说能够解释大量不同而独立的事实,那么,它就会上升为一个有充分依据的理论。以太中的波动甚至它的存在都是有待证实的,但是,每个人现在都承认光的波动原理。自然选择的原理也许被视为一个纯粹的假设,但是,我们所了解的自然状态下有机生物的易变性、我们对生存之争和有利变异必然被保留下来的确定了解以及家养品种的相似形成过程使得自然选择在某种程度上变为可能。现在,这个假说可能会经受考验,并且经受考验也是我唯一认为能够公正合理地考虑整个问题的方法,考验这个理论是否能够解释几组大量相互独立的事实;例如生物体现的地质上的连续性、生物在过去和现在的分布以及它们之间相互的亲缘性和同质性。如果自然选择原理确实解释了这些以及其他大量的事实,那它就应该被接受。
> (*The Variation of Animals and Plants under Domestication*, quoted in Gayon 1998:32)

与休厄尔归纳的一致的概念一致的是,达尔文认为自然选择能够解释不止一个而是几组大量的相互独立的事实这点对自然选择大大有利。但是,达尔文观点的准赫歇尔式附加物仍然存在:自然选择能够产生适应和形成物种的可能性在某种程度上来源于以下两个事实:物种各有不同;自然环境的要求很高。(Hodge 2000)

先从达尔文的问题上退回来,看一看我们应该怎样理解赫歇尔和休厄尔之间的争论。我们应该坚持一个理论所设想的原因必须被"直接感知"才能使该理论具有足够的解释力?有一个问题是很难弄清楚"直接感知"是什么意思。当我听见邮递员敲门的时候我直接感知到他了吗?我直接感知到一个电子显微镜屏幕上显示的原子核了吗?同时,也不清楚为什么"直接感知"对于一个理论的证实来说如此重要。在很多情况下,我们声称自己直接感知到某物,但实际上只是一种想象和臆造。这就是当我们经历生动的幻觉时会发生的情况。只强调直接感知是重要的是无意义的,因为除非事物存在,否则人是无法感知的。这样的回答只不过是将问题变成了如何分辨当你似乎感知到某物的时候你是真正感知到了它。

哲学家伊恩·哈金(Ian Hacking)的著作包含了一些也许有助于同时解决这两个问题的资源。他描述了一次与现代科学家们令人深刻的相遇,这些科学家们不仅讨论了他们相信亚原子颗粒存在的原因,而且无意中提到他们会怎样使用这些颗粒。他们是怎样改变一小团铌的电荷的呢?给它们喷上正电子。(Hacking 1983:23)这些科学家们假设正电子的存在不仅是为了弄明白各种不同的现象,他们还认为他们可以使用并操纵正电子。当一个事物被认为可以以这种方式操纵时,我们无疑会更加相信它的存在。我们是否"直接感知"到正电子是没有实际意义的,但是,当赫歇尔主张支持一个理论最强有力的证据来自于对这个理论所设想的原因的高度熟悉(这种熟悉我们也许可以通过哈金的可操纵性概念来理解)时,他显然是在思考一些东西。

仔细考察后发现,休厄尔也许能够将操纵的特殊意义融入他的归纳的一致概念。要显得能够操纵一个事物就是用不同的行动方式表明这个事物似乎存在,并且这些行动产生的结果都能通过那个事物所谓的特性来预测。因此,成功的操纵就包括一系列不同种类的事件(不同类型的相互作用及其结果),而这个假设存在的事物的理论属性总体上能够解释这些事件。一致概念的支持者可以从一个关于科学实体特征的理论能够解释我们介入的一系列事件及其结果的能力这方面来理解操纵。因此,休厄尔也可以通过提及他关于一个好理论能够解释各种不同现象的观点,来解释为什么操纵对于一个理论的证实来说如此重要。达尔文脚踏赫歇尔和休厄尔两大阵营也许是对的,因为我们不清楚是否需要二选其一。

6. 自然选择和共同祖先

正如我强调过的,声称物种来源于共同的祖先以形成一颗系谱树是一回事,认为自然选择是造成这种状态的具体过程是另外一回事。当达尔文提到"我的理论"的时候,他总是模糊地处于这两者之间。所以,当达尔文告诉我们"他的理论"能够以一致的方式成功解释大量不同的现象,他是在说共同的祖先,还是在说自然选择,还是在说二者?

《物种起源》的前面部分致力于证实自然选择确实存在,并且有能力产生适应和形成物种。但是,哲学家肯尼斯·沃特斯(Kenneth Waters)指出,在《物种起源》的后半部分,达尔文认为许多用"他的理论"可以最好地进行解释的现象实际上是单独使用共同祖先来解释的。(Waters 2003)共同祖先的理论解释了为什么加拉帕戈斯群岛上的物种与美洲大陆上的物种类似,而与佛得角群岛上的生物不同。同样的情况也出现在达尔文解释的其他事实中,例如我们所见到的具有不同功能的器官之间的高度形似:

> 还有什么比用来抓握的人类的手、用来挖掘的鼹鼠的前脚、马的腿、鼠海豚的鳍状肢和蝙蝠的翅膀之间相同的构造方

式——包括相同的骨头、相同的相对位置——来得更令人好奇呢？……如果使用独立创造每个生物的观点来看,我们只能说它就是这样;——"创造者"高兴创造每只动物和每棵植物。

从自然选择连续的微小变化的理论来看,解释是很明显的,——每个变化都在某种程度上对变化了的形态有益,但是,又经常因为发育相互性的关系影响系统的其他部分。

(*Origin*: 415 – 16)

达尔文在《物种起源》中提出的论点让特创论——物种由一个智能作用者一个一个单独创造——被完全遗忘。让人疑惑的是,为什么智能的上帝会选择给马、鼹鼠和蝙蝠创造相同的结构,而不顾它们生活环境提出的不同要求。但是,尽管达尔文在上面的段落中告诉我们是"自然选择连续的微小变化的理论"解释了这些观察数据,但是,从他的言语中还是不能明确这些观察数据只能用自然选择的特定机制来解释。那么,其他生物演化论理论——如拉马克的理论、达尔文祖父的理论——是不是也有可能调解达尔文描述的现象呢？在第二章中,我们看到达尔文无法解决针对自然选择产生适应的能力的"总体担忧"。当我们更进一步发现达尔文在《物种起源》的后半部分主要着重在暴露特创论解释力度的不足,而不是自然选择的明确优势,我们就能够更好地理解为什么大多数与达尔文同时代的人很快就能接受他提出的进化理论,而很少有人被他的自然选择论点所打动。

7. 自然选择/智慧设计论辩论

一群敢于自由表达意见并具有政治影响力的批评家继续争论,怀疑自然选择是否是使物种适应其环境的方式,并且认为智慧设计为我们提供了一个解释适应的更好的假设。(e.g. Behe 1996; Dembski 2004)他们同样使用最佳解释推理来为自己的观点辩护。本书行文至此,我们已能够很好地考察他们的论点,并暴露其缺陷。

生物化学家迈克尔·贝赫(Michael Behe)使用细菌中存在的一种称为鞭毛的结构作为智慧设计说理的基础。(Behe 1996)鞭毛是一根像鞭子一样的丝状物,通过快速向四周挥动来推动细菌前进。贝赫认为智慧设计能够比自然选择更好地解释鞭毛,因此,他认为智慧设计假设有可能是正确的。他并没有断言只靠鞭毛本身就能够表明一个类似于基督教徒们相信的神的存在,但是,他确实相信鞭毛显示了某种设计者的存在。

今天谈论到智慧设计论时,一般分以下四个步骤。在这部分,我将依次评估每个步骤。
(1)自然选择不能解释鞭毛;
(2)概率是一个关于鞭毛结构的蹩脚解释;
(3)智慧设计假设是一个关于鞭毛结构的好的解释;
(4)最佳解释推理支持智慧设计假设。

(1)自然选择不能解释鞭毛

贝赫认为鞭毛显示了他称之为"不可约减的复杂性"的东西。他宣称,如果鞭毛的任何部位被移除,它将不能发挥任何功能。这样的话,我们如何能够认为鞭毛是由许多细小变异累积产生的,并且每个突变都比之前的适合度更高呢?贝赫反对的理由与达尔文时期的圣·乔治·米瓦特(St George Mivart 1871)瞄准的问题类似。米瓦特的问题是,半只眼睛的作用是什么?类似地,贝赫的问题是,部分的鞭毛一无用处,并且他得出结论,鞭毛不可能是通过对逐步变异起作用的自然选择进化而来的。

对米瓦特问题的一个好的回答是指出半只眼睛甚至也可能很有用处,尤其是当物种中的其他成员没有眼睛的时候。(Dawkins 1986)类似地,一些生物学家也勾勒出鞭毛可能存在的进化史,认为部分的鞭毛拥有各种有用功能。(Young and Edis 2004)这些部分鞭毛的功能与完整的鞭毛不同——许多生物学家认为鞭毛是从一种具有分泌而不是推动功能的器官发展而来——但是,自然选择解释只要求每个连续的变异都比上一个变异的适合度更高,并不要求是同一方面的适合度更高(类似地,昆虫的翅膀可能最先是进化为调节温度的手段。身体两侧突起的短而粗的结节不能对飞行有多少帮助,但在降温方面作用很大。(Kingsolver and Koehl 1985)。引用鞭毛的可能进化史不是为了证实它实际上是怎样进化的,而是为了记住,贝赫不仅声称我们不能确定鞭毛是如何进化的,还声称鞭毛不可能是进化得来的。

在这里还有三点值得一提。第一,智慧设计理论家有时候试图表明,自然选择不可能通过估算鞭毛的各个部分被随机组合在一起形成适当构造的微小几率来产生像鞭毛一样精细的东西。其实,这种估算是不相关的。正如我们在第二章所见,自然选择产生适应的概率要比物质的随机组合产生适应的概率高得多。

第二,假设贝赫的观点是对的——如果鞭毛的任何部分被移除,剩下的结构就不可能对细菌的生存和繁殖起到任何帮助。也不能得出自然选择就不能解释鞭毛结构。这是因为今天存在的细菌的祖先的鞭毛可能比我们现在看到的鞭毛包含更多的组成部分。它们的结构有可能过于复杂,极不稳定,通过移除一些部分可以改善结构,最终留下的被削减了的结构不能再被移除任何部分,否则就会丧失功能。而这些过于复杂又不稳定的结构也许是由更早一些的祖先逐步形成的,因为它们的结构设计没有精致到只要缺失一个要素就会丧失所有功能。

第三,假设对于自然选择的倡导者来说情况不是很理想,我们确实找不到任何可行的关于鞭毛结构的自然选择解释。我们最多只能得出我们不知道怎么解释鞭毛结构的理论。单就这点无法表明也许是一个智能作用者创造了鞭毛结构,就像对是不是雨造成了天花板上的连续而有节奏的声响的怀疑不应该让我期望精灵是最有可能弄出声响的。(Sober 2004)

(2)概率是一个关于鞭毛结构的蹩脚解释

如果情况对于自然选择来说不太理想,那我们可不可以求助于概率来解释鞭毛呢?我们能不能耸耸肩说道,"是的,鞭毛的结构发生的可能性非常低,但是,不可能发生的事情一直都在发生?"这样的解释确实像智慧设计理论家所言是蹩脚的。但是,为什么认定我们有资格获得关于任何事实的令人满意的解释呢?确实,有时很不可能发生的事情却发生了,除了承认发生的事实之外,我们没有多少可说的。

智慧设计理论家们有两个严重的失误。第一,他们假设所有事物都必须能够解释;第二,作为第一个失误的必然结果,他们假设只要达到一定的概率值,声称某事是偶然发生的就是不能被接受的。这是另一位主要智慧设计理论家威廉姆·登布斯基(William Dembski)尝试使我们断定鞭毛结构是由设计产生的时候做出的推断变得正式的关键步骤。(Dembski 1998)登布斯基不反对有些不可能的事情会发生,但是,他不能接受十分不可能并且"特定的"事情会发生。

登布斯基给出了关于"特定"的一个非常专业的定义,在此不多作讨论。就我所见,他试图表达这样一个观点,尽管很多偶然的事物,如多石的海滩、森林地被物,都拥有非常复杂或不可能的结构,但是,设计的事物,如汽车、房子,不仅具有复杂的结构,还很为一些有用目的的实现提供便利。用登布斯基的话说,一个设计的物体可能拥有被确定的,或"特定的"特征类型,而在观察这个物体之前,这些特征就存在了。这些特征可能包括能够实现可能的使用者想要的功能的设计特征。例如,一个人不需要见过汽车就知道,能够帮助人们快速移动的物体就是人们可能想要制造的。将这个例子与康沃尔海滩上石头的精确排列相比。那些石头的排列也许非常符合一个喜欢特定的石头排列方式的人的目的,即石头正好所处的位置,但是,我们不能断定这种排列是被设计的。

为什么我们推断汽车是设计的而康沃尔海滩的石头排列不是设计的,其原因是显而易见的。虽然我们知道人想要四处移动,并且人具有制作中等大小金属物体的能力,但我们没有理由认为谁有能力或倾向去排列整个海滩的石头。然而,登布斯基的分析颇为不同。他的观点是,在海滩的例子中,我们能拼出假设中的海滩布置者想要的样式是因为我们对石头实际排列的了解。因此,这个样式就不是"特定的"。相反,"如果一个可能性的现实化可以仅依靠一个样式来进行识别,那么,这个可能性的现实化就是特定的"。(Dembski 2001: 562)登布斯基似乎是想说明,重要的是我们描述石头排列样式的能力是否独立于它们实际的最终排列。

从表面价值来看,这个条件似乎太开放了。因为尽管非常单调和耗时,还是有可能不用观察海滩上的石头就描述出它们采用的排列样式。你只需要描述出所有可能的排列方式,而实际的排列方式就是其中之一。这样一来,海滩上的石头排列就是特定的,也是可能性很低的。但是,我们不应该用这点来证明是一个智能设计者精准地安排了康沃尔海滩上石头的排列。

让我们对登布斯基仁慈一点。起码似乎只有当一个事件只对某个或某群作用者起作用时,他才认为这个事件是特定的。这种关于设计的推理说法告诉我们,如果某种事态便于实现有利的目的,并且这个事态极不可能是偶然发生的,那么,这个事态的发生就不是或然的,而是被设计的。那么,一个特定事件发生的可能性要有多低我们才能推断它的发生是被设计的呢?登布斯基给出了一个"通用概率界线",即 $1/10^{150}$。登布斯基表示,只要特定事件的发生概率是低于这个数字,那它就不会发生。(Dembski 2004)

登布斯基的设计论点起不了作用。假设有两个相对的假说,二者皆可能解释山姆赢得国家彩票的事实。第一个假设是山姆用公平公正的方式赢了彩票;第二个假设是山姆操纵机器产生他买的号码来赢得彩票。第二种假说而非第一种使得山姆赢彩票成为可能。像我们一样,山姆赢彩票的几率非常低。那我们能不能就此推断山姆可能不是依靠公平的手段赢得彩票的呢?这件事是不是仅仅因为发生可能性太低就不可能偶然发生呢?不:这是一件不太可能的事件,也是一个"特定"的事件(对于山姆来说,能赢彩票当然是好事),我们有理由相信这件事会发生。

有人可能会回答,只要买彩票的人够多,很有可能终究会有人中奖。事情确实如此,但是,这跟不可能的事情会发生没有关系。这只是改变了话题。(Sober 2004)证明有人可能会赢并不能提高山姆获胜的几率;假设彩票是公正的,山姆获胜的几率仍然非常小,但是,我们不能因为可能性低就排除这种可能性。

有人还有可能会回答,在公正的前提下,山姆赢得彩票的概率很低,但是,没有低到一系列事件随机产生鞭毛的微小概率,也没有低到登布斯基的通用概率界线 $1/10^{150}$。也许没低到这样的程度——对照来看,赢得英国国家彩票的累积奖金的概率非常确定,即 $1/13,983,816$,但是,确实存在很多事件,我们不能否认它们的存在,但它们发生的概率比山姆中彩票的几率还低。假设安德雷在山姆中奖后的第二周中奖,鲍勃在安德雷中奖后的第二周中奖。山姆、安德雷和鲍勃都中奖的概率要比山姆一个人中奖的概率低得多。如果我们假定每个人中奖的概率是 $1/10^7$(即千万分之一),那么,三个人都中奖的概率就是 $1/10^{21}$。中奖者越多,产生的概率就更低,直到最后达到通用概率界线。但是,我们不能断定所有实际中奖者都可能来自一个有势力的操纵彩票的卡特尔,也不能断定他们的获胜都是因为上帝有意如此。有时,很不可能的事情也会发生。这包括一些实用的可能性低的事情,如赢彩票。认为是智慧设计引起生物适应几乎等于认为彩票中奖是因为智慧设计。

(3)智慧设计假设是一个关于鞭毛结构的好的解释

智慧设计假设是否解释了鞭毛的结构呢?让我们回到关于好的解释的概念,即能够提高我们试图解释的现象发生概率的解释。一个引导性智能在影响自然世界这个信息本身并不能使鞭毛这样的结构成为可能——为什么认为智能作用者要创造细菌身上高速旋转的部位,而不去创造一个居住的地方,或是一个消磨时光的美丽花园,或是一个陪你看电视的人?就其本身而言,假设存在一个智能设计者是一个关于鞭毛的蹩脚解释。

任何使鞭毛结构成为可能并解释这个结构的假设不仅需要弄清楚一个设计者的智慧,还需要弄清楚这个设计者的目标和能力(ibid.)。假设存在一个强大的设计者嗜好丝状结构,想要确保细菌能够很好地自由移动,并且能够以某种方式实现这些愿望。如果这个假设是正确的,它就能够使鞭毛结构变得相当有可能,因此,它就是一个好的解释。

(4)最佳解释推理支持智慧设计假设

当然,证实存在一个关于鞭毛结构的好的智慧设计解释并不表示我们应该相信这个解释是正确的。这也证实了我们在本章开头强调的一点,即"似然性"并不足以让我们接受一个假设。如果最佳解释推理告诉我们,要相信任何能够解释我们所持有的资料的假设,如果它是正确的话,那么,最佳解释推理实际上是要我们相信是一个智能设计者将鞭毛置于细菌身上。从这个角度理解,最佳解释推理还告诉我们有一个智能设计者喜爱将石头严格按照康沃尔海滩上的石头排列样式来安排,因为这样的假设使康沃尔海滩的石头非常可能恰好排列成实际中的样式。这样来理解最佳解释推理是荒谬的。

正如我们在讨论赫歇尔和休厄尔时所见,我们应该相信的解释假说必须能使不止一小类事实成为可能。我们假设山姆通过操纵机器赢得彩票的依据不只是因为他如此做能使获胜的可能性更大。我们相信一个解释假说还需要某些额外的证据支持。

智慧设计在合情合理地解释一个理论如何获得必需的证据支持方面表现很拙劣。如果我们能够表明山姆有这个意愿和能力去操纵机器,我们才能开始认真地对待彩票操纵假设。我们可能会检查他在彩票开奖前的行踪,或是调查他与彩票管理公司之间的联系。智慧设计理论家不能提供类似的假定设计者的意愿和能力的证据。他们不会调查鞭毛被创造时设计者的行踪,他们也不会检查设计者是否有能力影响分子结构以构成鞭毛结构。他们只是重复他们的主张，如果存在一个拥有合乎要求的意愿和能力的设计者，这个作用力就能够解释鞭毛。

那么，赫歇尔和休厄尔支持的观点——当一个解释假设能够解释不止一组现象时，它就是值得相信的——怎么样呢？达尔文的理论从假设自然选择能够解释有利适应着手，但是，这个理论同时也能解释不好的和随意的适应解决方案。男性泌尿生殖系统提供了两个这样的例子。第一，人类男性的尿道从膀胱通往阴茎的时候（不必要地）经过前列腺。这样的结构导致前列腺的发育压迫尿道，以致小便困难。第二，人类男性的睾丸通过长长的管道与阴茎相连，这些管道多余地弯弯曲曲地从上方绕过输尿管（将液体从肾输送到膀胱的管道），然后又向下连接前列腺。（Williams 1996：142）如果器官性状是更早的原型通过逐渐变化产生的，那么，这样劣等的、粗糙的适应正是我们预料之中的。在这点上，智慧设计陷入了麻烦，因为如果假设鞭毛的产生说明必须存在一个极其强大的设计者，那么，难以理解的是为什么如此强大的设计者也会创造出自然界中的诸多拙劣的作品和粗制滥造的解决方案。

我们也许可以通过重新表述理论来拯救智慧设计。为什么坚持认为设计者只创作好的设计呢？为什么不说智能设计者的意愿恰恰就是创造我们所见到的这个有机世界，并且拥有达成目的任何能力呢？这样的新理论就能解释我们所有的观察数据了。这样一来，闭门不出就能够想出一个"普世理论"："所有的一切都是智能设计者的意愿"。但是，这样的理论就相当于一系列孤立的、毫无联系的假设将假定的设计者的特征与这个世界的特征连接起来。为什么山姆会赢彩票？因为设计者想要山姆赢彩票，并且有能力让他赢。为什么细菌有鞭毛？因为设计者想要细菌有鞭毛，并且有能力让细菌都配上鞭毛。我们没有充分的理由接受上面的任何主张,因为它们只是解释了它们被用来解释的孤立的事实。

8. 进化与智慧设计

我们最信任的解释假说所做的预言往往随后都被证实。这些预言越具体,如果它们被观察到,对假设就越好。山姆赢了彩票。如果他操纵了彩票,那么,除了期望他会赢,我们或许还期望他以某种方式摆弄了机器。如果随后的调查发现山姆的指纹出现在彩票机器上,那么,我们应该更加相信操纵假设。

指出达尔文理论的成功预言不是一件难事。如果达尔文的生命树假设是对的,那么,我们应该会发现处于我们今天所见物种形态的中间状态的物种的化石遗体,并且应该是在恰当的年代形成的岩石中发现遗体。而这正是我们所发现的:"缺失的环节"不断被发现。例如,在我对本章做最终修改的那一周,《自然》(*Nature*)期刊报道发现了被称为"提克塔利克"(Tiktaalik roseae)的类似鳄鱼的鱼类化石残骸,这种鱼类生活在 3.75 亿年前。(Daeschler et al. 2006)"提克塔利克"表明了动物由水栖向陆栖的过渡:它的骨骼形态介于有鳍鱼类和拥有四肢的脊椎动物之间,使人联想到浅水生物。但是,这样的缺失环节的发现能在与智慧设计的对抗中起多大作用呢? 问题在于智慧设计假说告诉我们物种是被特别创造的。今天的一些智慧设计理论家——最显著的是迈克尔·贝赫——不否认进化。他们的立场类似于一种混合的观点:物种实际上来源于共同的祖先,但是,智慧设计是造成物种的复杂适应的原因。生命树假设的预言的成功不能对抗这种形式的智慧设计论,因为这种智慧设计论与生命树假设是不相冲突的。

不过,我们还是来试试弄清智慧设计假设的这种形式能做出什么样的预言。其中一个问题是除非我们对设计者喜欢的东西和他/她所具备的能力有一定的概念，否则我们不知道设计者将创造怎样的结构。然而智慧设计的支持者们在论及设计者的特征方面几乎从不冒险。第二个问题是我们考虑的假设的独特性。认为尽管物种在系谱上相关联，但却是因为智能的监督才使它们的结构出现适应的观点是没有逻辑矛盾的。确实，许多物种都要将它们结构的某些部位归功于人类饲养者（如黑白花牛的乳房）。但是，想必智慧设计假设不是说天上有一个无形的饲养者，通过人工选择来改变生物世系。归根结底，如果智慧设计理论家认为自然选择无法解释鞭毛这点是对的，那么，人工选择的标准操作也无法解释鞭毛。不管智慧设计者具备什么样的力量，这些力量受限的方式与自然选择受限的方式不同。那么，它们是受到怎样的限制呢？除非阐明这个问题，否则我们无法得知智慧设计假设能做出怎样的预言。

也许我们可以利用我们对智慧设计一般工作模式的了解来得到一些预言。当我们在设计系统时，我们一部分一部分地来做。与其在每次需要产生旋转运动的时候去制作一个新的设备，倒不如重复使用一个最初为了某个特殊的目的而设计的标准部件。实际上，重复使用一个设计而不是使用单独发明的功能相同的设计意味着我们经常会在截然不同的制品中发现特殊的特征；例如，同一个制造商的名称出现在不同的工具和器械内部的电动机上。如果自然选择是造成生物适应的原因，那么，尽管类似的功能要求可能会使联系不紧密的物种中出现大体上类似的结构，我们还是期望这些类似的结构的附属特征会有显著的差异，就像单独发明的发动机负有不同的制造商的名称。但是，如果智慧设计是造成生物适应的原因，我们应该会发现当功能的要求类似时，结构也会类似，即使是以偏执的方式。这样看来，智慧设计就像是动物饲养员，擅长运用遗传工程学，将有价值的性状从一个物种直接转移到另一个物种身上,不论这个性状是习性还是其他,即使这两个物种完全没有任何关系。因此,智慧设计似乎会预言所有的翅膀都是按照一个标准设计制作的,不管我们是在审视恐龙、哺乳动物或是鸟类。

事实是,鸟、蝙蝠还是翼龙目动物的翅膀在结构上是有相当大的差异的,即使它们都是用来飞行的。哺乳动物、鱿鱼和昆虫的眼睛也是如此。当然,智慧设计理论家也许会以一种使智慧设计与这些观察数据兼容的方式来回应:也许设计者像我们一样认为使用同样的设计达到同样的目的无聊了;也许设计者的天赋足以按照不同物种的功能要求的差异来制作不同的结构。也许有几个设计者在同时工作,每个设计者负责制定的不同的物种群。但是,确保智慧设计与观察数据之间不冲突不等于从智慧设计产生预言;相对地,这是在否定智慧设计能预言人们认为它也许能预言的,同时是在拒绝就它能做出什么预言发表看法。

如果前面的论证都是正确的,那么,智慧设计假说的主要问题在于几乎没有证据支撑。它不能提出成功的预言,它不能联合不同类别的现象,它不能收集任何证据支持设计者或设计者们的所谓的特征和能力。这就与解释房顶上出现的连续而有节奏的声响是由于精灵跳 Disco 的假设是一样的。这让我开始质疑登布斯基对科学精神做出的评论:

> 科学应该给予一系列可能的解释以公平的机会去获得成功。这不是说任何解释都有效;而是说任何解释都可能有效。尤其是,科学也许不会因为先验许可就排除逻辑可能性。进化生物学通过将自己限制在专门研究客观机制上,已经预先解决了以下问题:脱离实验数据的话,还有哪些生物学解释是正确的。
> (Dembski 2004:329)

精灵假设使得连续而有节奏的声响具有可能性,但是,如果尽管如此,我们仍是拒绝认真对待这个假说呢?这是不是"经过先验许可"将它排除了呢?不。我们将它排除不完全是先验性的,因为排除它的理由是我们没有证据支持这个假设,即使跳舞的精灵为我们的观察数据提供了一个可能的解释。科学反对精灵假设是基于实验数据的。类似地,科学拒绝智慧设计是因为支撑智慧设计假设是产生鞭毛结构的原因的证据少得可以忽略不计。科学不应该像登布斯基似乎想建议的那样公平。

9. 达尔文与宗教

假设生物适应由一个设计智能创造是没有价值的。智慧设计是一个无望的理论。这就是为什么它不应该在学校生物课堂讲授的原因:如果讲授智慧设计,我们同样要要求学校的地理老师在讲授像雨这样的标准气象知识的同时涵盖跳舞精灵的假设。

暴露智慧设计的缺陷并不能由此证明达尔文是无神论者。想想牛顿定律的例子。为什么物体会往地面掉?一方面,我们可能会引用万有引力。另一方面,我们可能会引用一个智能创造者的意愿。如果学校的物理课堂不得不给这两个理论同等待遇,事情就荒唐了。即使如此,我们也许还是坚持有某种形式的智慧设计能够解释牛顿定律本身。也许一个智慧设计者规定宇宙遵循牛顿揭露的这种规律性。至少有一段时间,这是达尔文本人关于上帝的概念:不是一个粗鲁的转盘手,不断地干涉世俗事物,这里创造一个物种,那里调整一个适应,而是设置少数精细的法则,通过这些法则本身的作用创造我们周围的所有现象。智慧设计假设中摆弄细菌组成部位的创造者形象在达尔文看来"让上帝的高贵降格了,上帝应该是说要有光就有了光的形象——"(*Notebook D*, quoted in Barrett et al. 1987）

达尔文正确地拒绝了将个体的生物适应归于神性设计者的论点。有段时间,他更热衷于将富有规律和创造力的法则归于一个设计智能。这个论点本身的问题与将适应归于智能的论点中遇到的问题类似。我们有什么理由来支持一个智能作用者的存在呢,除了智能设计者存在的事实能够解释宇宙的法则性？为什么认为自然的法则需要解释呢？是因为如果没有一个设计者,宇宙的法则就极其不可能存在吗？在此谈论概率有任何意义吗？我本人的观点是,这些问题削弱了将法则归于设计的论证。但是,这些问题和山陵一样古老。它们不涉及达尔文和宗教之间的特有关系。

小 结

达尔文构建《物种起源》论点的方式符合约翰·赫歇尔认为一个受人尊崇的科学理论应该满足"真正原因"的标准。当一个理论只能解释一组有限的观察数据时,这个标准能够识别出它不可靠的证据支持。错误的理论与正确的理论一样都能很好地解释一组有限的数据。这就意味着理论和数据之间不仅要具备解释契合度,还需要满足更多的条件才能让我们坚定地相信这个理论。赫歇尔本人提出了一些合理的条件来迎合这个挑战：也许一个理论需要解释各种不同的现象；也许我们需要有某种"直接"的证据来说明假设这个理论的原因；也许我们需要能够"直接感知"理论所设想的原因。达尔文试图满足这所有的标准。他说明他的理论如何能够解释不同领域的现象,如胚胎学、分类、地球上物种的分布、不同物种的解剖结构等等。他争论我们有直接的证据支持自然选择所要求的变异和遗传的存在。他还认为我们能直接体验到类似于自然选择的力量,即人类饲养者的人工选择形式。达尔文充分意识到我们要认真对待一个解释理论时必须清除的障碍。像达尔文一样,现代智慧设计理论家也认为我们应该因为一个假设的解释力而相信它。但是,现代智慧设计理论却很不幸,没能像达尔文的理论一样说清楚需要什么样的额外证据才能让我们认真对待一个解释理论。这并不代表达尔文主义与宗教之间没有调和的空间。但是,这确实表明了智慧设计不是一个可靠的科学理论。

拓展阅读

通过阅读《物种起源》最后一章即第十四章可以很好地领悟到达尔文用来支持进化的实例的普遍效力。

关于达尔文、赫歇尔和休厄尔的有用文章包括:
Ruse, M. (1975) "Darwin's Debt to Philosophy: An Examination of the Influence of the Philosophical Ideas of John F. W. Herschel and William Whewell on the Development of Charles Darwin's Theory of Evolution", *Studies in History and Philosophy of Science*, 6: 159 – 181.

Hodge, M. J. S. (1977) "The Structure and Strategy of Darwin's 'Long Argument'", *British Journal for the History of Science*, 10: 237 – 246.

Waters, K. (2003) "The Arguments in the Origin of Species", in J. Hodge and G. Radick (eds) *The Cambridge Companion to Darwin*, Cambridge: Cambridge University Press.

关于达尔文泛生论的介绍和解释,请参考:
Endersby, J. (2003) "Darwin on Generation, Pangenesis and Sexual Selection", in J. Hodge and G. Radick (eds) *The Cambridge*

Companion to Darwin, Cambridge: Cambridge University Press.

关于最佳解释推理的总体考察,请参考:
Lipton, P. (2004) *Inference to the Best Explanation*, second edition, London: Routledge.

本书作者关于现代设计论点的评论深受埃利奥特·索伯的影响。索伯在这些问题上的立场概述可以在最近的一本关于设计的文集中找到(同样在这个文集中,读者可以通过阅读登布斯基和贝赫的撰稿很好地领悟他们的观点):
Sober, E. (2004) "The Design Argument", in W. Dembski and M. Ruse (eds) *Debating Design: From Darwin to DNA*, Cambridge: Cambridge University Press.

关于达尔文与宗教的综述,读者可参考:
Brooke, J. (2003) "Darwin and Victorian Christianity", in J. Hodge and G. Radick (eds) The Cambridge Companion to Darwin, Cambridge: Cambridge University Press.
Ruse, M. (2000b) *Can a Darwinian be a Christian? The Relationship between Science and Religion*, Cambridge: Cambridge University Press.

本书中没有囊括的话题是宗教本身的进化问题。关于宗教观的起源和普及的进化论解释可参考:
Wilson, D. S. (2002) *Darwin's Cathedral: Evolution, Religion and the Nature of Society*, Chicago: University of Chicago Press.
Dennett, D. C. (2006) *Breaking the Spell: Religion as a Natural Phenomenon*, London: Allen Lane.

第五章 思维方式

1. 浪费的财富？

生物学家迈克尔·盖斯林在1969年写道,他为大多数达尔文同时代的人不能在思维方式上采用达尔文式的观点感到惋惜。同时,他又担心如果大家的注意力真的出现转移,最后的结果可能会令人失望,尤其是与达尔文本人在这个领域的成就相比:

不难发现一个试图使自己的数据具有进化意义的心理学家倾向于使用的思维方式与达尔文的思维方式有很大差异。这种天然的倾向只会过于简单地从进化角度合理化观察数据。

(Ghiselin 1969:210)

至今约四十年,在"进化心理学"领域从不缺乏作品。史蒂文·品克(Steven Pinker)决定使用"思维怎样运转"作为从商业上成功普及这个领域的名目,喊出了许多人从进化论立场看见的希望(Pinker 1997)。但是,最近十五年来,进化心理学遭受了强烈的反对,大多数是在重复20世纪70和80年代由E·O·威尔逊(E. O. Wilson) 1975年的著作《生物社会学》(Sociobiology)的出版引发的辩论。这种对抗不能简单解释为争地盘。确实,人类学家、社会学家和社会心理学家经常认为进化心理过于简化地体现了人类个体和人类社会。但是,生物学家有时也会反对进化心理学,原因正是盖斯林所预料的。有时,他们甚至毫无顾忌地表达对这个学科的轻视。杰里·科因(Jerry Coyne)是芝加哥大学生态与进化系的一位教授,他曾评论道:"如果进化生物学是一门软科学,那么,进化心理学就是它肥胖的下腹。"(Coyne 2000)对于科因和其他一些人来说,这门被大卫·巴斯(David Buss 1999)狂热地称为"思维的新科学"的学科根本就不是科学。

对于将进化知识应用到人类和其他动物的思维上的完全反对似乎是不恰当的。如果人类是脊椎动物、哺乳动物和灵长目动物的事实和人类与这些动物拥有共同的祖先的事实不能产生关于人类思想和人类情感的任何知识,就太奇怪了。但是,盖斯林在1969年的时候就担心心理学家提炼这种知识的时候会不如达尔文巧妙;科因确信心理学家们在这项工作上是失败的。达尔文在他最有名的书籍之一《人类的由来》中对于人类心理着墨颇多。我们将在第六章和第八章中详细考察《人类的由来》一书中关于道德伦理和政治的内容。在此,我的做法稍有些不同,将集中在《人类与动物的情感表达》(以下简称为《表达》)一书上。一部分原因是因为新颖,更主要的原因是情感的话题为我们提供了检验达尔文遗产的丰富机会。本章的目标是展开《表达》的主题,检视今天的进化心理学是否真的与达尔文设下的标准相差甚远。

2. 情感表达三原则

达尔文最初打算将与情感表达相关的成果放在《人类的由来》中,但最后决定将它保存下来留待出版,这本关于情感表达的著作在 1872 年面世。当盖斯林在 1969 年评价《表达》一书时,科学家们对此书的关注还相对较少;而现在情况有所改变,这主要得力于保罗·埃克曼,他将他的事业专注在透彻地阐述与达尔文类似的观点并为之辩护上,并且最近重新编辑出版了《表达》,使这本书在市面上很容易买到(价格也不算昂贵)。现代达尔文主义者现在习惯性地推崇这本书——理查德·道金斯(Richard Dawkins)的书的封底对埃克曼版本的《表达》的推荐广告是一个典型的盲目拥护的例子:"《表达》完成于弗洛伊德之前,但是,在弗洛伊德完全失去人们的信任很长一段时间后,《表达》将仍然启发人类心理学。"然而,令人好奇的是,如果我们只是在理解了道金斯本人的观点之后再去定义今天达尔文主义者的意义的话,会发现这本书有多么非达尔文主义。《表达》几乎一次也没有提到自然选择,并且主要是依靠拉马克的遗传模式来解释情感的模式是如何从亲代传递给子代的。现在让我们开始揭示这本书最重要的主旨,去了解为什么在这本书的理论也许与现代进化思想对立的情况下,像道金斯一样的人还能对它如此赞誉有加。

达尔文使用三个原则来解释情感的表达,分别是有用的关联性习惯原则、对立原则和直接作用原则。第一个原则的基本要点很容易抓住。一些情感的表达始于对外界刺激的有用的反应,这些情感表达方式不论是否依旧有用都不断被继承并在特有的刺激下有所体现。达尔文使用这个原则来解释人类对恐惧的表达。他认为,最初人类的某个早期动物祖先在面对敌人时,可能习惯将毛发或羽毛竖起来,由此让自己显得体积更大,更具有威胁。达尔文理论中的拉马克元素体现在他求助于"应用遗传"。达尔文相信一个总是采取某种行动的生物将最终习惯性地自动产生同样的行为。最后,这个行为模式被传递给这个生物的子代,成为子代的一种本能。一个试图竖起羽毛来使自己显得更大的鸟类群体最终产生的后代会自动以这种模式对敌人做出反应。达尔文将人类害怕时毛发竖起的这个事实看做是应用遗传的产物,即使他认为这样的反应对我们不再是一个有用的功能,因为我们的毛发没有明显的可感知的效果。达尔文还说,随着时间的推移,最初有用的恐惧反应(竖起毛发或羽毛)不仅可以由一个敌人触发,也可能只要联想到危险就会出现这种反应。

达尔文认为人类对恐惧的表达的功能性具有不确定性。他相信某些情感表达——如惊讶——对人类仍然是有用的。当我们感到惊讶时,我们睁大眼睛让自己更轻松地观看意料之外的物体或事件。(*Expression*: 280 - 81)在另外的例子中,达尔文认为我们的情感表达在当时是致命的。在试图理解一个吓得要死的人的行为模式时,达尔文特别指出,逃离一个可怕的敌人或与这个敌人殊死搏斗都是一种常见的功能性反应。他接着说:

> 这些行为往往会持续到最后一秒,最终的结果是身体极度衰竭、苍白、出汗、浑身颤抖或彻底松懈。现在,只要感到强烈的恐惧,尽管这种恐惧可能不会导致任何行动,同样的结果也可能通过遗传和联想的影响重现。

(ibid.: 308 - 309)

这就是为什么在害怕时我们也许会跌倒在地上浑身颤抖,即使这是在面临巨大危险时最糟糕的事情。

在这点上,稍微值得替赫伯特·斯宾赛辩护一下。斯宾赛有时被指为明智之敌,这种指责尤以达尔文为首。进化生物学中,明智的部分主要应感谢达尔文;其中愚蠢的部分则应归咎于斯宾赛对达尔文体系的曲解。但是,这样的说法忽视了斯宾赛可能对达尔文思想产生的影响。在《表达》的开头部分,达尔文说道,斯宾赛的理论"对于大多数的情感来说是正确的;但是,这个话题最大的趣味和困难在于将极其复杂的结果探究到底"。(ibid.:16)达尔文接着正面地引用了斯宾赛更早期的作品(1855 年的《心理学原理》):"当恐惧的感觉很强烈时,表达的方式是哭喊,试图躲避或逃离,心悸和颤抖;这些只是会伴随着真正遇到令人恐惧的坏人时表现出来的……"(ibid.)任何现代读者如果对达尔文的有用关联性原则印象深刻,就不应该小气得对斯宾赛毫无信任;如果读者的印象平平,那么,也自然不应该由斯宾赛来担所有的指责。

达尔文的第二个原则——对立原则,比第一个原则理解起来更难。他在讨论狗表达喜爱时用到这个原则。达尔文先开始概述狗在"凶猛或怀有敌意"时的神态。狗:

> 走得笔直,身体僵硬;头部微微抬起,或稍稍压低;尾巴直立不弯;毛发竖起,尤其是颈部和背部的毛发;竖起的耳朵向前,眼睛死瞪着不动。
>
> (ibid.:55 – 56)

达尔文认为这种行为可以通过第一个原则来解释,因为它们可以被理解成攻击意图的功能性伴随反应。但是,想象一下,当这条狗意识到这个疑似的敌人：

> ……不是一个陌生人，而是它的主人；让我们观察一下它整个举止的转变有多么彻底和突然。挺直地行走变成了身体向下沉或者是屈腿蹲下，左右摇摆；尾巴从笔直变成放低，并开始摇摆；毛发马上变回平滑；耳朵塌下来向后耷拉，但没有靠到脑袋上；唇部松垂。
>
> （ibid.：56）

达尔文不能理解这些表达是如何可能成为喜爱的功能性伴随物的，转而提议这些表达与喜爱的联系只在于它们体现的是与喜爱相反的情绪表达方式的对立面。

达尔文意识到他的第二个原则是不完整的。为什么动物设置的方式是喜爱导致的一套表达性肌肉反应与敌意导致的反应相反？怎样解释对立的情感与对立的反应之间的联系？在此，达尔文运用的是人和动物对客观世界的日常体验。他先指出，我们已经习惯于通过用相反的肌肉使用方式作用于客观物体以产生相反的效果。我们需要对一个物体施加推力才能使它远离，施加拉力才能使它向我们移动。随着时间的推移，达尔文认为这种意图相反使肌肉效果也相反的练习变成一种习惯与本能。他声称，对于动物来说情况也是一样的。这就是为什么当狗想要表达喜爱的时候，它会自动产生一套与怀有敌意时的肌肉反应相反的反应。（ibid.：66 – 67）

在详细阐述以上对对立原则的解释过程中，达尔文又考虑到另一种解释。他指出：

> 由于相互交流的能力对于很多动物来说无疑是非常有用

的,所以,明显与表达某种情感的手势相反的手势应该最初是在相反的情感状态影响下自发使用的,这种假设并不是先验不可能的。

(ibid.: 63)

如果一条狗想要向主人传达它的喜爱,那么,如果传达的方式与表达敌意的方式截然相反的话,就不会产生任何歧义地达成目的。达尔文反对这个解释是因为他认为这个解释要求狗本身具有难以令人置信的自觉意识。他认为狗不仅需要有向主人表达友好的意图,还要有选择一套与怀有敌意时相反的行为模式来传达这种友好的意图。尽管达尔文不反对相信狗有第一种意图(并且这种意图也包括在他最终支持的对立原则的解释里了),但是,他不相信狗具备形成第二种复杂的交流意图的能力。(ibid.: 66)

一些现代的达尔文拥护者太过热衷于将他影射成我们最好的观点的先驱。苏珊娜·谢瓦利埃－斯克尼科夫(Suzanne Chevalier-Skolnikoff 1973: 20)写道:"所有近来的面部表情调查者或间接或直接地同意达尔文的观点,认为这些表情的功能是交际的,而这些交际又调节社会行为。"《表达》一书确实具有重要意义,但是,如我们所见,达尔文对交际功能是持怀疑态度的。他在考虑对立原则的时候反对交际功能,并且只在《表达》的某些部分才非常简短地再次提到它。

达尔文的第三个原则——直接作用原则——与本章的关系不大,但是,很值得一提,因为它又一次证明了达尔文并不总是试图为他感兴趣的行为寻找功能性解释。这个原则是纯力学的。达尔文接受今天有时被称为"液压式"的思维观。"神经力"被看做一种液体,从大脑流出,经过神经系统,到达肌肉。任何剧烈的兴奋都会扰乱神经力的流动,产生肌肉活动。这就足以解释为什么最充满活力的情感——无比的恐惧、愤怒与欢喜——都会致使受害者发抖。就像引擎振动的作用是不言而喻的,我们也不应该指望能给出一个关于害怕的人会发抖的功能性解释。一般来说,一个极度兴奋的意图将不可避免地让生物产生某种程度的颤抖。

为什么达尔文在展开这三个情感表达原则的时候只是时不时地提到自然选择呢?总的来说,他不反对引用自然选择来解释心理特征。在《人类的由来》和《物种起源》中,他辩道,自然选择能够解释本能。达尔文在《表达》中明确表明,一些情感表达曾经是有用的。可能当时它们对于生存之争有利。自然,他也同意子代会继承亲代的情感表达。这些条件足以让我们宣称自然选择能够解释情感表达吗?达尔文认为它们不够,这个事实说明他对自然选择的理解与现代生物学家倾向的理解方式不同。《表达》中的三个原则没有一个是必须求助于连续的细微的变异才能解释情感表达的出现。直接作用的原则将发抖解释为一个兴奋意图必然产生的力学副作用。有用关联性原则用鸟类故意竖起羽毛来解释为什么这种反应与恐惧相关。对立原则使用狗在表达相反的意图时反转肌肉活动的习惯性趋向来解释它对喜爱的表达。

对于达尔文来说,逐渐变异,包括但不限于第二章中提到的"可遗传的适合度变异",是决定求助于自然选择是否恰当的关键。在《人类的由来》中,达尔文描写了少数行为,这些行为由于最初有意识的表现成为一种本能,后来又随着它们变成习惯性行为得以遗传。因此,达尔文邀我们赞同他的观点,"通过自然去选择更加简单的本能行为的变异,似乎就能以一种完全不同的方式获得更多更复杂的本能"。(*Descent*: 88)这就是为什么他在讨论有用关联性习惯原则的时候还为自然选择的使用腾出空间:

> 另外，值得注意的是，反射动作很有可能受到细小变异的影响，就像所有的身体结构和本能都受其影响一样；并且任何有利的变异和足够重要的变异都趋向于被保留和遗传……尽管一些本能仅仅是通过长期坚持的应用和遗传的习惯发展而来的，但其他高度复杂的本能却是通过保留业已存在的本能所发生的变异，即通过自然选择，发展而来的。
>
> (*Expression*: 47)

之后，他以类似的方式指出，自然选择也许能解释与恐惧和愤怒相关联的竖起毛发和羽毛的反应，尽管只是在一个长章节部分中一带而过。在这个章节中，达尔文主要关心的是证明动物是如何有意识地做出处于恐惧中的面部表情：

> 我们也一定不能忽视了变异和自然选择可能扮演的角色；如果雄性不具有压倒性的力量，而是成功通过使自己给竞争对手或其他敌人呈现最可怕的形象，平均来说都能比其他雄性留下更多的后代来继承它们特有的特征，不管是什么样的特征，也不管这些特征最初是怎样获得的。
>
> (ibid.: 107)

在这里，达尔文是在提醒我们，即使他认为我们的祖先在遭遇敌人时总是竖起它们的羽毛或毛发的猜测是错误的，自然选择也许能够解释这种表达方式。

3. 共同祖先

如果达尔文的基本观点与现代达尔文主义者的观点看起来相差那么大，有人可能就会疑惑为什么达尔文的作品能给他们留下如此深刻的印象。当我们考虑到达尔文撰写《表达》的两大主要目标时,这个问题的答案可能最容易领会。第一,达尔文热衷于攻击查尔斯·贝尔(Charles Bell)(在今天可能最主要是作为《手》和《布里奇沃特专著》的作者而闻名),贝尔的《情感分析与情感哲学》所辩护的观点是人类拥有专门为情感表达创造的面部肌肉。与之相反,达尔文则认为实际上人类和动物拥有一样的表达情感的肌肉和肌肉表达模式。在这个涉及多个物种的研究领域,重视细节仍然是比较解剖学的研究模式。(Chevalier – Skolnikoff 1973)

达尔文指出的人类与动物共有的肌肉组织本身并不能破坏贝尔的立场。类似的适用于情感表达的肌肉在不同的物种中,包括人类,可能都是为了专门的目的构建的。但是,这并不能解释人类情感表达的明显任意性。被激怒的狗用牙齿咬人。被激怒的人也会咬人,虽然很少见,但是,二者都一样露出了牙齿。(*Expression*: 240)为什么人类拥有为了这样一个没价值的用途而专门创造的肌肉?我们最容易将我们在生气时露出牙齿的倾向理解成对更早的祖先的继承(人和狗共同的祖先),这个祖先当时确实是使用牙齿来打架的。达尔文的论点和他用来支持我们从一个遥远的祖先那里继承情感表达的证据能够打动那些不赞同他的关于表达方式最初是怎样出现又是怎样遗传的拉马克式主张的人。

达尔文此书的第二个目标是建立起不同的人类种族之间的紧密生物学联系。达尔文认为,性选择使得人类种族以不同的方式相互之间产生差异,但是,他相信人类都是一个单一物种的成员,并且所有种族的共同的祖先与现代的人类类似。他试图通过证明来自世界各地的人类的情感表达方式具有共同点来证明这个观点,并由此提出:

……一个支持几个不同的种族都来源于同一个亲代血统

的新的论点,这个亲代血统在种族开始出现差异之前在身体结构上几乎与人类一模一样,在思维上也与人类有很大程度的相似性。

(ibid.:355)

达尔文试图证实的是,不管文化背景如何,人类在表达自己时在很多方面都具有相似性。他通过向国际上一大群通信者寄出问卷来获得证据,这些人的答复增加了他相信很多情感表达具有普遍性的信心:

这些问题的答案来自欧洲人、印度人、印度的山区部族、马来西亚人、密克罗尼西亚人、埃塞俄比亚人、阿拉伯人、黑人、北美的印度人尤其是澳大利亚人——这些当地人中许多都几乎与欧洲人毫无交往,它们足以表明,耸肩——有时也伴随着其他特有姿势——是全人类天生就用的一个姿势。

(ibid,P269)

这种来自与欧洲人几乎没有交往的文化的证据具有重要的意义,因为它不利于人类文化中情感表达的相似性是由于近来的相互学习,而不是来自于对一个可辨别的古代人类祖先的继承的假说。达尔文在《表达》中最后一次提到自然选择时不再将它作为他试图建立的跨文化相似性的原因:

毫无疑问,适合于同一个目的的相似的结构通常是不同的物种经过变异和自然选择独立获得的;但是,这个观点不能解释不同的物种在大量次要细节方面的高度相似性。

(ibid.:355)

又一次,达尔文证明情感普遍性的证据给现代的读者留下联想,他推断共同祖先是造成这种普遍性的原因,这种推断与人们所坚信的遗传理论无关。

4. 情感表达的普遍性

在我看来,今天的心理学家认为达尔文证明情感表达的普遍性是能引起联想的;然而,他们不认为达尔文的证据是毫无漏洞的。埃克曼试图用更多的实证工作来支持达尔文的主张,也许《表达》就是在这点上产生了最多的积极结果。(Ekman 1973)就像我所强调的,达尔文认为撰写《表达》的任务之一是:

> 弄清楚同样的情感表达和姿势是否在大多数情况下如许多证据所证实的一样普遍存在于所有的人类种族中,尤其是那些与欧洲人几乎没有联系的种族。每当几个截然不同的人类种族使用具有同样特征的动作或身体语言来表达同样的情感的时候,我们会推断这些情感表达很有可能是真实的表达——也就是说天生的或本能的。每个人早年获得的习惯性表达或姿势可能在不同的种族中有差异,就像他们的语言具有差异一样。
>
> (*Expression*: 22)

假设情感表达是习得的习惯,我们可能就会期待它们具有文化差异,就像在不同的文化中习惯用来表示树的单词有所不同(英语中是 tree,德语中是 Baum,法语中是 arbre),所以,如果我们发现不同的文化用同样的方式表达情感,这就不利于假设情感表达是早期习得的习惯的证据。

据埃尔曼分析,达尔文收集数据的方法存在一个问题,即达尔文使用的问卷的主要问题。在《表达》的开头,达尔文给出了一个带有编号的问题清单,他将这些问题寄往世界各地的通信者。其中包括:

(1)惊讶的时候是不是张大眼睛和嘴,眉毛上扬?……
(2)当一个人感到愤怒或表示挑衅时,是不是会皱眉,挺直身体和头部,肩膀放平,拳头紧握?

(*Expression*:22)

达尔文想从这些问题中得到什么样的答案是显而易见的("肯定的答案"),而那些来自达尔文线人("他们中有些是传教士,还有些是土著居民保护者"[ibid.:24])的答复可能是想要取悦达尔文,或者只是他们对与自己生活在一起的人们的情感表达方式的欧洲式先入为主的反映。

埃克曼的研究最初只限于日本、巴西、中国、阿根廷和美国的留学生。他给这些学生看一系列图片,这些图片上展示的是埃克曼确定为六种不同情感(高兴、悲伤、愤怒、恐惧、惊讶和厌恶)的典型的表达方式。学生们还会用自己语言中的词语去匹配不同的情感,然后按要求将这些词语与图片匹配。埃克曼发现,例如日本的学生用日语中最能诠释"恐惧"的词配对的图片与美国学生挑出来表示恐惧的图片是同一张,他对这两组学生分别测试了这六种情感,得到的结果都是一样的,并且测试其他组的学生得到的结果也是一样的。

这个实验本身并不能排除一种可能性,那就是同样的情感用同样的方式表达是因为每组学生都接触到共同的习得体验。也许全球性的电影和电视播放使得全世界的观众都能知道杰克·尼科尔森(Jack Nicholson)高兴时的表情与保罗·加斯科因(Paul Gascoigne)悲伤时的表情。埃克曼像达尔文一样,将注意力转移到与西方人几乎没有联系的文化上。他研究了新几内亚的前端(the Fore of New Guinea)。他早期的实验方法问题在于新几内亚的前端没有书面语言。埃克曼于是制作了三种不同的面部表情的照片,他将这些照片展示给研究对象。用研究对象的口头语言讲一个故事。下面是其中的一个故事范例:

> 她一个人坐在屋子里,村庄里也没有其他人;房子里也没有刀、斧头、弓或箭。一头野猪堵在房门口,女人看着猪,感到非常害怕。猪站在房门口已经有一会儿了,女人看上去非常恐惧;猪看上去不会离开,女人害怕猪会咬她。
>
> (Ekman 1973: 211)

在给研究对象讲这个故事之后,他们会按要求回答那张图片表明的故事中女人的情感。总的来说,他们都倾向于挑选与埃克曼的美国研究对象在听完英语版的故事之后选出的同一张图片。埃克曼总结,基于这个实验以及其他实验,达尔文总体上来说是正确的。归纳起来,"相同的面部表情是与相同的情感联系在一起的,不论文化或语言背景如何"。(ibid.: 219)

5. 文化与进化研究方法

以达尔文和埃克曼为例,研究情感的进化论方法,是不是忽视了文化差异和文化影响的重要性呢?这种方法是不是在某种程度上看轻了文化的重要性,或是说明了文化不如我们所认为的那么重要呢?

首先要注意的是，不论是达尔文还是埃克曼所认为的情感表达的普遍性都不等于世界上的每一个人都以同样的方式表达情感。举个明显的例子，在每种文化中，都存在拥有异常的面部肌肉组织的人，或是不能很好地控制他们的面部肌肉的人，这些人表达情感的方式就与大多数人不一样。相反，达尔文和埃克曼都认为情感表达是泛文化的：即几乎在每种文化中都确实能找到相同的情感表达模式。

第二个值得注意的点是达尔文对情感表达的描述与埃克曼的描述之间的区别。达尔文起码间接赞同情感本身(恐惧,喜悦)和情感外在表现(发抖、发笑)之间存在很大的区别。而埃克曼将情感视为所谓的"情绪反应程序"；埃克曼不去划分恐惧与其表达模式之间的区别，而是认为恐惧就是一套反应，包括由感知到危险所带来的刺激触发的面部反应。

达尔文用来反驳贝尔的论点和他用来支持自己提出的人类种族关联性观点的论点都只要求某些面部肌肉活动模式为不同的人类文化和非人类物种所共有。这不一定意味着情感本身是普遍的。但是，埃克曼相信恐惧只不过是一套反应，并且证明了特定的面部表情普遍与特定种类的刺激相关联。所以，与达尔文不同，埃克曼明确主张情感本身(或至少他认为的六种"基本情感"，高兴、悲伤、愤怒、恐惧、惊讶和厌恶)是普遍的。

埃克曼关于情感普遍性的看法(情感被理解成情绪反应程序)有没有否认文化差异的事实呢？没有否认，其中原因有很多。首先，埃克曼没有断言所有的文化对相同刺激的反应都是一样的。确实如此，他认为所有的文化都倾向于对危险刺激做出同样的反应，但是，这并不妨碍不同的文化所认为的危险物截然不同。

我们可以将一个"情绪反应程序"看做一个惯常的程序,这个程序会接收具有某种特征的刺激(例如,恐惧的话,就是危险事物的刺激),并且会生成特有的情感作为产出。如上所述,埃克曼承认文化上特有的因素可能会确定每个程序需要哪个种类的现象——比如说,什么样的事件会被描述为危险事件。埃克曼也承认存在能够决定情绪反应程序产出的文化上特有的因素,他称之为"展示规则,即关于面部表情的期望管理的规范"。(Ekman 1973: 176)

要理解什么是埃克曼提到的展示规则,可以考虑情感表达普遍性的明显反例:当日本武士阶级的女人知道她们的丈夫或儿子死在战场上的时候,她们显示出来的情感在欧洲人看来是喜悦的象征。实际上,其实没有什么反例,因为埃克曼注意到,日本的文化中并不是笑表示悲痛,而是和我们的文化一样,笑就表示喜悦。但是,与我们的文化不同的是,在日本,悲痛应该被期望得到压抑,转而以喜悦示人。(还有另外一种解释:即当她们所爱的人死于战场的时候,日本武士阶级的女人是真的高兴。如果是这个情况的话,反例还是不存在的,因为笑并不是悲痛的标志。)

有人也许会担心使用展示规则只是一个专门的动作,用来保卫理论不受任何潜在的问题数据的影响。这样的担忧是多余的。在另一个实验中,埃克曼熟练操作这些文化展示规则;他通过先后给一群日本学生和美国学生放映其中有令人厌恶的镜头的电影来实现这种操作。学生们被单独留在放映厅里,录像是秘密进行的,埃克曼发现两组学生都露出了与厌恶相关的典型面部表情。然后,两组学生观看一部其中有来自各自文化的实验者的电影,看完后按要求描述他们观看电影时的感觉。在这个环节,美国学生仍然显示出强烈的厌恶反应,但是,日本学生的情绪表达要积极得多。后来,埃克曼使用一个慢速摄像机录像,他发现在看到实验者的时候,日本学生也会开始形成厌恶的典型表达,但是,随后又变成了更加中性的表情。这样的数据显示的是,在文化特有的展示规则的影响下一个普遍的厌恶情绪反应程序预示的东西。

我们要怎样调节埃克曼似乎证实了情绪反应程序的普遍性的研究,使之与人类学家主张的许多情感的文化特殊性相协调呢?我想挪用马伦和斯蒂克(Mallon and Stich)写的一篇有用文章中的一个好例子来集中我们的讨论,这个例子来自人类学家凯瑟琳·卢茨(Catherine Lutz)关于密克罗尼西亚卡罗琳群岛(the Caroline Islands)上 Ifaluk 人的著作。据卢茨所说,Ifaluk 人认可一种他们称之为 song 的情绪。(Lutz 1988) Song 在某种程度上类似于愤怒,但是,与愤怒不同的是,song 必须源自一个在道德上合理的理由。弗雷德是否生气这点完全由与弗雷德相关的事实来决定。但是,除非弗雷德真正受到了不公正待遇,否则他不能 song。从这个方面来看,song 有一点像知识。你也许非常确定你知道塔林是拉脱维亚的首都,但是,除非塔林真的是拉脱维亚的首都,否则你并不能得到这个知识。类似地,你也许确认你 song,但是,除非你的愤怒在道德上是合理的,你就不能 song,不论你有多激动。

有人也许会这样推理。人类学家的文化特殊性主张与文化普遍性的进化主张之间存在严重的冲突。卢茨的例子表明,song 不存在于欧洲文化,而"愤怒"不存在于 Ifaluk 文化。同时,埃克曼坚信的观点似乎是包括 Ifaluk 人在内,愤怒存在于所有的文化中。

实际上,如斯蒂克和马伦所认为的,我们能够接受埃克曼和卢茨的大部分内容。埃克曼认为一小部分情绪反应程序是普遍的。这就要求 Ifaluk 人拥有愤怒的情绪反应程序,但是,这不意味着 Ifaluk 人拥有任何关于愤怒情绪反应程序的概念,也不意味着承认愤怒情绪反应程序会对他们的社会互动产生任何作用。埃克曼的观点能够与卢茨的观点调和,如果我们假设 Ifaluk 人拥有以特定方式触发的情绪反应程序的概念的话。这样来看,song 就类似于是被一个道德上合理的理由触发的愤怒情绪反应程序。

埃克曼的观点与像卢茨一样的人类学家的观点之间不存在冲突。埃克曼认为情绪反应程序是普遍的;人类学家则认为特定的文化有其特有的情感概念,这些概念将心理状态分类的方法与欧洲截然不同,这些方法的使用在本文化中起到独特的重要意义,并且因为文化特殊性,它们在被转化成欧洲语言时会有所扭曲。埃克曼在描述一些实验时,确实在关于情感概念的普遍性方面有陷入与卢茨发生真正冲突的危险:"在我们研究的每一个文化中,都会给到观察者们各自语言中表达这些情感【恐惧、愤怒、高兴等】的词语,然后,要求他们为每张图片选出一个词语。"(Ekman 1973:198)这似乎会导致他轻率地断言每种文化都有关于愤怒的概念,否则实验者如何能给到来自所有文化的研究对象"他们各自语言中"表达愤怒或高兴的"词语"?但是,如果埃克曼关于愤怒情绪反应程序的普遍存在的研究要站得住脚的话,他没必要为任何愤怒概念的普遍性主张辩护。(类似地,一个认知心理学家也许会认为短期记忆是人类大脑普遍存在的元素,而不需要声称所有的文化都有短期记忆的概念。)

有时,对进化心理学的敌意源自一种怀疑,这种怀疑认为我们通过文化而接受为普遍的东西应该具有弱独特性,从而尽少地给那些对研究人类有兴趣的人提供资源。人类学家克利福德·格尔茨(Clifford Geertz)有力地陈述了这个观点:

> 在主张比方说"宗教"、"婚姻"或"财产"是经过证实的普遍存在与赋予它们特有的内容之间存在逻辑上的矛盾;因为认

为它们是经过证实的普遍存在就是在说它们拥有相同的内容，这就与它们的内容实际上不相同这个不可否认的事实相悖。

(Geertz 1973: 39-40)

如果埃克曼确实证实了文化上普遍存在的情绪反应程序的存在，并且证据十分充足，那么，就不应该夸大普遍特征的弱独特性。但是，也许我们应该以另一种方式诠释格尔茨的控诉：真正令人担忧的不是只有独特性弱，心理特征才能具有普遍性，而是只有独特性弱，人类使用的概念才能具有普遍性。假设埃克曼是对的，英国人和 Ifaluk 人都拥有愤怒情绪反应程序。但是，要断言英国的愤怒概念与 Ifaluk 人的 song 概念是一样的，就忽视了 "song" 的大多数最主要的特征。

人类学家通常感兴趣的是证明不同文化所拥有的不同概念如何导致截然不同的行为和互动模式。进化心理学家关于众多特征的普遍性的主张让他们感到很挫败。一个人类学家可能会说，"如果 Ifaluk 人拥有愤怒情绪反应程序那又怎样？这不是什么了不起的事，因为 Ifaluk 人自己并不能意识到这个情绪反应程序。比如说，如果我们要理解 Ifaluk 人的生活，我们需要去理解他们怎样使用 song 这个独特的文化概念。我们需要询问什么样的原因被视为道德上合理的原因；也就是说，什么样的原因能让一个人 song。我们需要询问一个 song 的人会被允许如何对待他人（包括 song 这种情绪所针对的人）。我们需要仔细审查关于谁 song 谁不 song 以及一个不 song 的人以 song 的方式行动会受到什么惩罚的讨论。因此，理解 song 的文化特殊内容会带来对 Ifaluk 文化的深刻见解。即使一个 song 的人的面部表情确实如埃克曼所说明的那样，song 在 Ifaluk 社会中所涉及的更广泛的关系却在很大程度上未被论及。"

我们应该对这种挫败感作何回应呢？进化论观点有多少价值这个问题至少在一定程度上取决于我们问的问题。在 song 这个例子中，一个社会人类学家可能会问关于 song 在 Ifaluk 社会中的角色问题，这些问题可能无法用进化研究说明。但是，这并没有降低埃克曼研究结果的重要性——所有文化中的人共享具有恰当独特性的情绪反应程序这个观点既非显而易见，但也似乎不是错的。人类学家对这个结果不感兴趣的事实并不能使进化角度的研究对每个人来说都没有价值。这个角度暗示了情感表达是否是习得习惯的问题，也暗示了这些情感表达源自于所有人类文化的某个共同祖先。

6. 圣·巴巴拉学派

到目前为止，我都在集中讨论达尔文本人的心理学成果和受《表达》启发的情感研究的近期成果。埃克曼的研究只是从进化角度看待思维的一种方式，并且它无疑不是最有名的。在哲学和通俗文化圈，讨论得更多的是主要由约翰·托比（John Tooby）和勒达·科斯米德斯（Leda Cosmides）(1992) 提出、由史蒂芬·品克普及以及由大卫·巴斯以课本的形式教给学生的方法论立场。许多人提到"进化心理学"的时候，他们脑海中出现的是遵循科斯米德斯和托比制定的传统得到的成果。我将这项传统称为圣·巴巴拉学派，以科斯米德斯和托比的雇主加利福尼亚大学圣·巴巴拉分校的名字命名。这个群体坚信一些主张，但是，以下三个主张对我们的目的来说是最重要的（see also Gray et al. 2003）：

- 单一人类本质：所有非病态的人类思维都拥有同样的由自然选择造成的适应集合。

● 启发式适应：对过去人类进化时所处环境的要求的思考能帮助我们理解我们今天的思维是怎样运转的。

● 大规模模块性：人类的思维就像一把瑞士军刀。它不是一个通用型思考机器；相对地，它由许多不同的工具或"模块"组成，每个模块应付一种特定的认知问题。这些模块是天生的。

关于现实、普遍性和人类本质特征的主张有时对道德伦理和政治哲学有很大的作用。圣·巴巴拉学派关于人类本质的统一性的观点因此引起了相当大的哲学兴趣，因为也许它将可能为某一个或另外一个哲学阵营提供强有力的实证支持。本章剩下的内容将考察人类本质的统一性和启发式适应。关于男女思维之间所谓的差异将留到第八章"政治"进行讨论。关于大规模模块性将留到第七章"知识"进行讨论。

7. 单一人类本质？

圣·巴巴拉学派认为人类思维由自然选择引起的适应组成。但是，如果我们接受这个说法，我们是不是也应该赞同人类思维包含同样的适应？

我们在第三章中发现，自然选择在很多物种中保留了多态性。几个差异非常大的形态可能共存，通常是因为当它们的数量稀少时，它们的适合度就会上升，因此当它们罕见时，它们在一个总体中出现的频率就可能上升；反之，当它们常见时，频率就会下降。最终的结果就是一个混合的总体。这就是我们从"鹰鸽"模型中学到的。我们还讨论了生物学家大卫·斯隆·威尔逊的尝试性主张：人类的内向性和外向性可能是自然选择保留下来的可供选择的适应。

（Wilson 1994）圣·巴巴拉学派反对主张人类思维呈现适应多态性。但是，如果适应多态性在动植物界普遍存在，那么，为什么要认为构成人类思维的适应必须是统一的呢？

在考察这个问题之前，应该先弄清圣·巴巴拉学派的立场（这里我再次感谢布勒2005年的书中的论点）。圣·巴巴拉学派的单一人类本质的主张很容易被误解。比如，他们并没有坚决否认有些人是内向的，另一些人是外向的。他们相信我们所有人共享同样的认知适应，但是，他们声称这些适应是"兼性的"。兼性适应的组成具有灵活性。它们被理解成发育"程序"的具体表现，根据一个发育中的人的发育环境的偶然特征，来指定怎样的心理特征是这个人需要习得的。夸张地描述这个立场的话，这些程序也许象征着这个人的制约规则，"如果在一个具有侵略性的群体中长大，就会变成内向的人；如果在一个容易控制的群体中长大，就会变成外向的人"。这样来看，我们成人的思维就不是完全一样的，但是，我们确实享有同样的认知适应，即发育程序。圣·巴巴拉学派所声称的单一人类本质想要表达的是这点。

为什么圣·巴巴拉学派主张我们共享同样的兼性适应呢？自然选择能不能导致许多不同的认知适应（兼性的或其他的）在人类群体中共存呢？科斯米德斯和托比认为，我们有关遗传学的知识告诉我们这是几乎不可能发生的。他们的论点（Tooby and Cosmides 1990）如下：复杂的适应——眼睛、翅膀以及认知适应——是由许多不同基因共同作用而成的。如果人类群体中有人拥有可供选择的复杂适应，那么，也就是说有人拥有构建这些复杂适应所需的可供选择的基因组。但是，假设两个拥有可供选择的复杂适应的个体进行繁殖，他们的后代将拥有其中一个适应的一半基因和另外一个适应的一半基因，这种搭配不当的基因组最后不会产生任何适应。科斯米德斯和托比的描述是,如果将一辆本田汽车的一半部件和一辆丰田汽车的一半部件混合到一起,最终组合起来的车很有可能无法发动。所以,人类发育能够正常运转的唯一途径就是每个人拥有确定相同适应的基因。这就是为什么人类本质必须是全体共有的:"人类的心灵统一性,即一个普遍存在的统一的人类本质,是必需的,并且必需到我们的心理特征是复杂适应的集合的程度。"(Tooby and Cosmides 1992:79)

至此,我们可以接着讨论圣·巴巴拉学派立场的另一个复杂原理。原则上,他们认为兼性适应不一定需要采用以下形式:"在环境一中,发育心理特征 A;在环境二中,发育心理特征 B。"适应还可以根据基因差异进行调整,因此可以采取以下形式:"拥有基因一时,发育心理特征 A;拥有基因二时,发育心理特征 B。"这就是为什么他们相信一些可能看上去相互矛盾的东西,即人类本质是普遍的而男女心理特征是迥异的。他们的说法是,男女心理特征是两性共享的单一发育程序的可供选择的发育结果。这些可供选择的发育结果由 Y 染色体上的一个"基因开关"的存在或缺失触发。

这也有助于回答关于圣·巴巴拉学派立场的另一个问题。科斯米德斯和托比提出人类群体中适应的混合组合是不可能的,这个论点没有任何明确的人类思维的细节依据。如果他们的论点真的是想说明只有一个总体中的所有成员享有同样的适应,这个总体中才能存在复杂适应,那么,这个论点就是在说没有物种能包含适应多态性,至少在涉及复杂特征的时候。但是,生物学家认为适应多态性是普遍存在的。所以,要么是大多数生物学家弄错了,要么是科斯米德斯和托比的论点出错了,要么就是两方都说过头了。

事实证明,当科斯米德斯和托比认为人类本质是普遍存在的时候,他们的理由不能让人信服的,因为这个观点与基因上截然不同的人的存在是不冲突的,人拥有不同的心理特征是因为他们的基因存在差异。科斯米德斯和托比认为男人和女人就是这样两种在基因上截然不同的人。尽管如此,他们仍声称所有的人类都拥有共同的性质,这种主张在很大程度上是他们决定将指定发育方向的可供选择的基因看做指引统一适应的外部开关而非可供选择的适应的内部要素的人工产物。所以,他们实际上没有否认由基因控制的适应多态性存在的可能性。即便如此,他们相信这种多态性——这种由基因开关而不是环境指示控制的多态性——也可能是非常罕见的。这是因为一个基因开关在生物的生命之初就决定了它发育的特定形式(比方说,要么是男性结构,要么是女性结构)。科斯米德斯和托比认为"等着看发展"的策略允许一个生物的发育由环境的实际要求指引,这个策略通常更有效力。但是,将一套普遍的兼性适应的存在建立在这样的理论论证上太过投机了。毕竟,人类在性别的决定上使用的不是"等着看"的策略。人类的性别是由基因决定的,根据 X 或 Y 染色体的存在。但是,并不是所有的物种都是如此。有些海龟、鳄鱼和蜥蜴物种是没有性染色体的,更确切地说,这些物种的性别是由其胚胎发育关键时刻的局部温度决定的。此外,关于依靠温度决定性别在适应方面的重要性的辩论仍在继续,因此,很难敲定一套简单的关于多态性是不是可能由基因开关决定的规则。(see Charnov and Bull 1977;Warner and Shine 2005)在涉及人类物种时,这些要考虑的问题就变得更加复杂了,因为有时人类能够选择他们消耗时间的环境,从他们的基因赋予他们的心理特征中获益。如果是这种情况,"等着看"策略的优势就要被削弱了。(Wilson 1994)那么,基因开关在自然界中是不是罕见的也就很难确定了。简而言之,科斯米德斯和托比的不足之处在于他们不能坚定地证实单一人类本质的存在。

8. 启发式适应

圣·巴巴拉学派有着大胆的抱负,想要揭示人类心理的结构和运转模式,用科斯米德斯和托比的话说,就是"思维的大脑结构"。进化论思考如何帮助我们达成这个目标呢?行为生态学家约翰·克雷布斯(John Krebs)和尼克·戴维斯(John Krebs)从总体上介绍了我们如何揭露生物机制:

> 来自另一个星球的参观者会更容易发现一个人工物体,如汽车,是怎样运转的,如果他一开始知道它是用来干什么的;同样地,只要心理学家能够理解自然选择给行为功能造成的压力,就能更好地分析行为背后的机制。
> (Krebs and Davies 1997:15)

科斯米德斯、托比和巴路(Barkow)试图将同样的思考形式应用到人类思维:

> 通过理解我们的人类祖先所面对的自然选择压力——理解他们不得不解决的适应问题,我们应该能够领悟为了解决这些问题而进化的信息处理机制设计。
> (Cosmides et al. 1992:9)

换句话说,如果我们想要理解今天的思维是如何工作的,就有必要回想我们祖先所面对的造就我们思维的问题。但是,它们是什么问题呢?根据圣·巴巴拉学派的观点,人类物种认知进化最重要的阶段处于更新世(从一千八百万年前到一万年前)的漫长时期,那时,我们的祖先生活在非洲的无树大草原,以打猎和采集为生。我们思维的形成是为了适应打猎和采集生活方式面临的任务,从这个时期结束到现在,进化进行的时间还不足以改变我们的认知适应。结果就是"我们的现代颅骨里装着一个石器时代的大脑"。(Cosmides and Tooby 1997a: 85)

在这个部分,我想提出使用启发式适应所面临的两个问题。第一个是关于我们应该期望对过去的自然选择要求的思考能在多大程度上帮助我们揭示我们现在的认知才能。第二个问题是关于我们的思维是否真的冻结在石器时代。

先从第一个问题开始。哈佛大学生物学家史蒂芬·古尔德(Stephen Gould)在《纽约书评》杂志上发表了一篇短文,抱怨我们对我们进化史中的生态环境所知甚少,他总结道,我们没有足够的数据预测人类物种可能是怎样对过去的环境做出回应的。科斯米德斯和托比针对古尔德的观点做出了有力的回应,提醒我们古尔德低估了我们了解的相关知识的量:

> 我们的祖先会照料孩子,有两性之分,打猎,采集,选择伴侣,使用工具,有色觉,受伤会流血,他们也有祖先,容易受细菌感染,会因受伤丧失能力,携带有害隐性基因(因此,如果他们与兄弟姐妹成为伴侣,就会产生近交衰退),相互争斗,生存在一个存在猫科动物【猫】、蛇和植物毒素的生物环境中,等等。
> (Cosmides and Tooby 1997b)

我们如何将以上对我们祖先的描述转变成他们面临的一系列适应问题呢?考虑一下人类生活在拥有植物毒素的环境中的事实。有几种适应方式让人类对此做出回应。他们可能获取能够中和毒素的肠道细菌;他们可能避开毒性大的植物,只吃毒性小的植物;他们可能发明能够清除毒素的烹饪方法等等。采用哪一种方法不仅取决于人类生存的环境,也取决于人类的心理和生理(还包括存在的细菌的性质)能够为自然选择提供的回应范围。因此,如果我们要以一种方便我们产生新的预测的精细的方式描述我们祖先所面临的环境问题——不是植物毒素的问题,而是,比如说获取肠道细菌排出毒素的问题,那么,我们需要关于人类本质的数据作为启发式适应的输入数据。所以,这些数据必须以一种不同的方式产生,最有可能是通过直接考察人类心理、生理等方面或考察我们近亲的心理和生理来获取。

这表明我们不应该对启发式适应主张的价值太有信心。一个物种在一个环境中使用的结构、生理、心理和行为特征都会影响这个物种可能进化的方向。除非我们有关于一个物种的结构、生理、心理和社会组织结构的丰富数据,我们就不太可能预测这个物种对过去环境的进化反应。这就意味着从传统人类科学收集的信息将仍然在弄清"思维工作模式'的进化论尝试中起主导作用。(Sterelny and Griffiths 1999)

那么,第二个问题呢?我们思维的构成从石器时代开始就没有改变过吗?在第七章中,我将谈论到这个问题引发的一个议题:如果石器时代本身就是一个适应问题发生转变的时代,那么,也许我们不是通过获得一套死板的适应而是通过获得以专门的方法回应出现的新问题的能力来对适应问题做出反应。也许我们的思维依然具有这样的可延展性。既然现代生活提出的问题与石器时代提出的问题截然不同,我们应该期望一个可延展的思维以与石器时代全然不同的方式进行延伸。暂且把这点放在一边,过去一万年的时间是否都不足以让自然选择显著地改变我们的思维呢?

进化发生的速度可能会非常之快。非洲的维多利亚湖包含超过500个不同的淡水鱼物种。但是,似乎在大约一万五千年前,维多利亚湖曾经彻底枯竭。如果这是真的,那么,说明这500个物种,包括它们对湖中不同的生态位的各自适应,就是在这短短的一万五千年间形成的。(Johnson et al. 1996)但是,鱼归鱼,鱼类繁殖的速度要比人类快得多。况且,对约翰森等人的主张的解读也存在争议。尽管如此,人类畜牧业实践在相对近期内的变化——尤其是牛的驯化和乳制品食用的增加——导致了人类乳糖耐受性(一种基因遗传适应)的大大提升。(Richerson and Boyd 2005: 191-92)这是一个石器时代之后环境发生改变即家养奶牛的形成发生改变的例子,这个例子对人类物种由基因控制的适应有冲击效应。当然,乳制品畜牧业的发明只是自更新世以来我们的环境发生的许多变化中的一个。现在,我们许多人生活在城市,打猎不再是我们必须做的事情,医疗技术有所进步,因此,也就没有理由排除我们的认知适应会适应这些环境的改变而产生大的变化的可能性。

9. 达尔文和圣·巴巴拉学派

达尔文的进化心理学与圣·巴巴拉学派的进化心理学在很多方面都有差异。他并没有怎么使用启发式适应,而是时不时地运用现在所谓的"逆向工程"。在此,我不试图在过去的环境的基础上预测现在生物构成的一个未知方面,而是在牢固掌握现在的生物构成的某个方面的基础上尝试得出关于这个方面的进化史解读。同样,在《表达》中,有一个达尔文观察狗的好例子:

当狗想在地毯或其他坚硬表面睡觉时,通常会团团转,用前爪无意义地刨地,似乎是想把草破坏并挖出一个洞,这很有可能就是它们的野生父母生活在旷野或森林中时所做的。

(*Expression*: 49)

关于人类情感的表达，达尔文解释了很多，但是，他不是通过预测在石器时代哪些情感表达法对我们有用来解释的。相反，他先证实人类文化和非人类物种在表达情感时存在结构上和行为上的相似性（人和狗在生气时都会露出牙齿）。他接着推断人类和其他物种情感表达上的相似性来源于一个共同的祖先。用生物学术语来说，就是人的恐惧和狗的恐惧是同源的，就像人的前臂和狗的前肢是同源的一样。这跟鸟类和蝙蝠的翅膀还不一样——它们的翅膀是同功的，人类和狗的恐惧或前臂与前肢之间的相似性不能用独立进化来解释。达尔文假设这些情感表达方式可能是作为过去所面临问题的解决方案出现的（露出牙齿通过逆向工程就被解释为准备攻击），因此，告诉我们如何理解人类情感表达中明显没有意义的方面。

达尔文说明人类情感表达的方法依靠的是对可供调查选择的物种的微妙挑选。比如说，一旦一个关于愤怒的构成和愤怒在人和狗的共同祖先身上得以体现的历史假说得以建立，将会促使我们询问我们是不是有可能与狗共享其他许多因为现已功能失效而未被怀疑的特征。这种对相关物种的聚焦使达尔文的方法有可能揭示关于人类思维运转的许多未知事实。将达尔文的方法与进化心理学家桑希尔（Thornhill）和帕尔默（Palmer）关于强奸的近期作品（Thornhill Mind 155 and Palmer 2000）进行对比。他们认为强奸倾向可能是人类男性的一个适应。他们频繁提到对蝎蛾的"强迫交尾"行为的适应优势的研究来进行补充说明，但是，没有任何细微迹象表明人类的强奸和蝎蛾的强迫交尾是从一个共同祖先处继承而来。只有当强奸和强迫交尾同源的时候，我们才应该期望二者之间有更多深层的相似性；而它们非同源的事实强调了将对蝎蛾的研究应用到对强奸这个复杂的人类现象的研究上是具有明显局限性的。

达尔文对跨物种比较的重要性的评估之所以重要还有第二个

原因。应用"逆向工程"的时候要像启发性适应一样小心。很容易就能想出大量可供选择的过去的进化脚本来解释我们今天所见的特征,包括我们人类的认知特征。(Gould and Lewontin 1979)达尔文用秃鹫的例子突出强调了这个问题。秃鹫吃腐肉,如果秃鹫的头顶长了羽毛的话,作为食物的腐肉就可能粘在毛上,滋生寄生物和感染。我们也许会匆匆得出结论,自然选择为了让秃鹫"能在腐肉中打滚"将它的头部设计成秃顶。(*Origin*: 226)但是,达尔文指出"我们在得出任何这样的推论时应该格外小心,因为饮食习惯清洁的雄性火鸡头部的皮肤也是秃的"。(ibid.)这个事实削弱了我们的草率结论,不仅仅是因为它削弱了秃顶与在腐肉中打滚之间的相互联系,它促使我们调查秃鹫和火鸡的秃头是否都来源于一个共同的秃头祖先。如果是,并且如果这个祖先像火鸡一样饮食清洁,我们就可以得出,自然选择可能并没有改变秃鹫的头部让它能够在腐肉中打滚。这就是选择恰当的相关物种之间的比较如何帮助我们进行逆向工程。这样的比较也许还能帮助我们测试有关情感表达的进化环境的历史假说。达尔文对跨物种比较的明智使用意味着他的研究成果仍是进化心理学的模范。

小 结

大约在过去三十年间,出现了大量将进化理论应用到人类思维的作品。达尔文本人的出版物中体现了这类作品的产生和发展:他将进化观点应用到动物行为、动物本能和人类思维上。但是,达尔文关于思维的研究和现代主流进化心理学之间的差异很大。尽管达尔文在讨论情感时采用的是进化的角度,但是,在研究中自然选择并没有处在很突出的位置。另外,他没有试图从人类情感表达的直接进化功能方面解释人类的情感表达,而是通过论及对我们人类与其他物种共有祖先的继承来解释它们的特征。尽管存在这些差异,达尔文对情感的研究还是具有影响力的。他提出的一些主要主张都被随后的研究证实,尤其是他关于情感表达的普遍性的宣言得到保罗·埃克曼近期研究的支持。然而,最著名的进化心理学研究不是埃克曼的研究,而是由我们这里称之为进化心理学的圣·巴巴拉学派进行的研究。这个学派的成员倾向于认为我们通过思考更新世提出的问题如何形成人类心理特征可以最好地理解人类思维的工作模式。他们还认为存在一个一元的人类本质:一个单一的普遍心理,存在于人类物种的每个成员。我们已经讨论了怀疑这两个主张的原因。

拓展阅读

《表达》中详细地讨论了情感,但是,达尔文在《物种起源》的第七章,特别是《人类的由来》的第三、四、五章讨论了心理学相关的问题。自然选择在《表达》中所占的分量远不如在《物种起源》和《人类的由来》中多。

罗伯特·理查兹写过一本关于达尔文思维观的重要历史研究作品:

Richards, R. (1987) *Darwin and the Emergence of Evolutionary Theories of Mind and Behavior*, Chicago: University of Chicago Press.

有关达尔文主义思想与当代思维哲学的相关性的宽泛综述,请参考:

Sterelny, K. (2003b) "Darwinian Concepts in the Philosophy of Mind", in J. Hodge and G. Radick (eds) *The Cambridge Companion to Darwin*, Cambridge: Cambridge University Press.

保罗·格里菲斯最近关于情感的哲学研究著作运用了大量的资源,也包含很多关于埃克曼研究的内容:

Griffiths, P. (1997) *What Emotions Really Are: The Problem of Psychological Categories*, Chicago: University of Chicago Press.

对于情感类别普遍性的研究的评论,请参考:

Russell, J. (1991) "Culture and the Categorization of Emotions", *Psychological Bulletin*, 110: 426–450.

关于进化论观点与社会人类学观点之间的明显冲突,请参考马伦和斯蒂奇的文章:

Mallon, R. and Stich, S. (2000) "The Odd Couple: The Compatibility of Social Construction and Evolutionary Psychology", *Philosophy of Science*, 67: 133–154.

讨论进化心理学的著作有很多,大多数都是具有倾向性的。关于这个领域的整体而平衡的介绍和"圣·巴巴拉学派"这个标签的来源,请参考:

Laland, K. and Brown, G. (2002) *Sense and Nonsense: Evolutionary Perspectives on Human Behaviour*, Oxford: Oxford University Press.

下面的文章集锦构成了圣·巴巴拉学派立场的基础:

Barkow, J., Cosmides, L. and Tooby, J. (1992) *The Adapted Mind: Evolutionary Psychology and the Generation of Culture*, Oxford: Oxford University Press.

最后,哲学家大卫·布勒(David Buller)不久前敏锐地攻击了圣·巴巴拉学派：

Buller, D. (2005) *Adapting Minds: Evolutionary Psychology and the Persistent Quest for Human Nature*, Cambridge, MA: MIT Press.

第六章　道德伦理

1. 从自然史角度看道德伦理

在《人类的由来》第四章的开头,达尔文评价道,具有"完美能力"的哲学家在我们的是非观方面从来不缺话说。达尔文将这种能力称为"道德理性","并将其归纳为一个简短而跋扈的富含高义的词'应该'"。(*Descent*:120)他着手考察道德理性,部分是因为这是一个重要而有趣的人类特征,还因为据他所知,"还没有人专门从自然史角度对其进行研究"。(ibid.)

在《由来》第一次出版之后104年,哈佛生物学家E·O·威尔逊请求他的读者考虑一些更有力的东西,也就是"将道德伦理暂时从哲学家手中移除并将其生物化的时机可能已经到来"。(Wilson 1975:562) 将道德伦理变成生物学的或是从自然史角度着手研究道德伦理意味着什么呢?

哲学家埃利奥特·索伯(1994a)和菲利普·凯切尔(Philip Kitcher 1993)概述了这样的课题可能采取的形式。最适中的形式可能是揭示导致我们做出现在的道德评价的进化过程。一个好的例子也许是用自然选择解释为什么我们倾向于在自己的后代身上比对陌生人的后代倾注更多的关心。这是一个相对适中的方案,因为自然选择这样的历史解释告诉我们为什么我们会有这种倾向,但是,这个方案仍然没有谈到我们拥有这个倾向是好是坏。

第二个方案则更加雄心勃勃,它运用进化心理学的方式也不一样。如我们在上一章所见,进化心理学有可能证明"思维的运转模式"。考虑一个道德上令人担忧的问题,比如监狱人满为患。如果我们认为我们应该减少监狱的数量,一个好的方法就是减少犯罪。如果我们能够理解人类思维的运转模式,那么,我们也许能够理解导致人们犯罪的条件,然后我们可以运用这项知识尽可能地减少犯罪。尽管这个方案很有野心,但是,它没有试图用进化论思想来告诉我们应该以什么样的结果为目标。相对地,一旦我们决定我们的目标是减少监狱的人口密度,那么,启发性适应就有可能显示我们怎样才能最好地达到目标。我之前已经表达了对启发性适应的一些怀疑。在第八章的时候,我会进一步讨论这种使用启发性适应的特殊方法。

本章绝大部分内容将会集中考察另外两种将道德伦理生物化的更加有野心的途径。用标准的专门术语的话,就是"进化规范伦理"和"进化元伦理"。规范伦理和元伦理之间的区别需要加以说明。规范伦理也许是大多数在哲学课上学习道德伦理的人想象伦理研究的特征时脑海里出现的学科。规范伦理研究我们应该做什么,什么样的做法是对的或错的,哪些结果是好的,哪些又是不好的。这些研究问题从非常具体变得越来越笼统。我们是否应该允许父母选择孩子的基因组成?是否社会上的每个成员财富均等、福利均等、机会均等会更好?是不是只有当一个行为能给最多的人带来最大的幸福时,这个行为才是对的?所有这些都是规范伦理研究的问题,而元伦理研究的是伦理语篇和伦理主题。元伦理研究的问题包括:伦理表述是否有正误之分?如果它们有时是对的,为什么是对的?存不存在一个伦理真相的范围?这些真相可能是哪种东西?伦理言论是不是更像情感表达,如果是,当人们在伦理问题上发生冲突时会发生什么?

有时,规范伦理和元伦理的相互独立程度让人吃惊。比如,假设我们做的一些元伦理研究使我们得出结论,确实存在某个关于堕胎是错误的伦理真相。这并不能解决规范伦理中堕胎的对错问题,就像是海德公园有多少片草叶的真相告诉我们海德公园草叶的数量一样没有意义。反过来说,在关于是否存在伦理真相的问题上意见不一致的两个人,可能仍然会争论堕胎是否应该被允许的规范伦理问题。其中一人可能会说服另外一人改变对这个规范伦理问题的看法(通过提到这个堕胎的女人所受的心理创伤,或者是未出生的孩子的权利,等等),尽管他们之间的元伦理差异还是没有解决。

进化规范伦理认为,通过研究进化,我们将会了解哪些伦理原则是对的,哪些是错的。也就是说,研究进化可能导致我们的是非观被修正。进化规范伦理面临的是一项艰难而耗时的任务,因为它需要找到一种能将性状如何提高生殖成功率的主张与什么是好什么是坏的主张联系起来的方法。这是一件棘手的工作,如果我们通过宣称自然选择推动的任何趋势和信仰本身都是好的来将上面两个领域联系起来,无疑是非常愚蠢的做法。比如,假设桑希尔和帕尔默(2000)认为强奸是人类男性的一种适应的看法是对的。这样的发现简直就是凸显自然选择偏好的就一定是好的这个推断所犯的错误。

进化元伦理认为通过研究进化我们将会了解伦理陈述和伦理主题的一般特性。比如说,进化元伦理的支持者可能会认为,进化研究会表明自然选择能在事实上不存在伦理真相的时候使我们相信它们存在,或者他们也许会认为,伦理真相是存在的,这些真相是什么在某种程度上取决于人类物种的进化特性。

那么,本章从概述达尔文对道德理性起源的解释开始。然后,先考虑进化规范伦理,接着讨论进化元伦理。达尔文在他的进化论解释中引用群选择机制,然后,在本章末尾,我会尝试减轻一些人对这个机制的恰当性的怀疑。最后,我将回答进化有没有使我们变得自私的问题。

2. 道德理性的起源

在《由来》中,达尔文大多数情况下避开了进化规范伦理和进化元伦理,坚持提供一个关于道德伦理起源的解释。他的解释显然受到了大卫·休谟和亚当·斯密的哲学著作的影响。广义上说,达尔文先解释由"社会本能"驱动的初级道德行为是如何在人类和动物中确立的。达尔文认为这些本能依靠同感行为并通过自然选择在群体层面起作用而被规定。他接着考虑记忆、智慧的思考和语言是如何与这些本能相互作用,产生更加复杂的道德理性的。

总的来说，解释分成四个主要阶段。(R. Richards 1987)首先，达尔文提出理由证明动物中社会本能的存在。这些本能会引导动物为同伴"履行不同的服务"。(*Descent*：121)在达尔文理解这些社会本能和一般意义上的道德的过程中，同感起到主要作用。达尔文认为，各种不同的动物在其他生物感到痛苦或哀伤的时候会产生同感；也就是说，一个动物的痛苦由另一个动物的痛苦引起。因此，同感就是引起一个动物驱除另一个动物的痛苦源并由此消除自己的同感痛苦的动力刺激。达尔文认为，动物之间的同感通常只限于来自"同一个集体"的成员——也就是，同一个群体或家族。(ibid.)他通过在群体层面起作用的自然选择形式来解释这些同感的广泛存在："……那些拥有最多具有最高同感的成员的群体将会变得最繁荣，并且养育最大数量的后代。"(ibid.：130)

达尔文在解释这种道德行为的同时还补充说明了良心的起源。他认为，除了社会本能，动物还有为个体生存服务的本能。有时，这两种本能会发生冲突。他给出的例子是，鸟的迁徙本能会驱使它在寒冷的天气中保障自己的生存，它的社会本能则会驱使它留在原地照顾它的新生儿，这是保障其他生物的生存。达尔文认为自然选择赋予社会本能的持久性要多于生存本能。比如，他提醒我们，人类通常会无休止地费力去考虑别人对自己的看法，相比较而言，饥饿感一旦得到满足很快就会消失，并且一旦消失很难再清楚地回想起来。这就意味着社会本能会在很长一段时间内困扰一个生物。鸟可能确实会自己迁徙，留下它的孩子自生自灭。但是，对拥有记忆和想象力的智能生物而言，这种生存本能压倒社会本能的情况将会滋生非常强烈的负面情感，因为智能生物会想象或感知到它的行为所造成的负面社会效果，于是，这种被触发的同感就激发了持久性的社会本能：

> 到达旅途的终点时，迁徙的本能停止起作用，如果这只鸟拥有丰富的心理活动的话，它不能阻止它的孩子在阴冷的北方死于饥饿和寒冷的画面不断在它的脑海中出现，那它会感到无比的后悔和痛苦。
>
> （ibid.：137）

达尔文认为这就是良心：一个有良心的动物就是会因为联想到由社会本能未得到满足的后果而同感痛苦的动物。

富有心理活动的鸟的例子表明当社会本能和更加急迫的临时驱动发生冲突时，结果通常是长时间持续的痛苦。达尔文认为，为了消除这种痛苦，最终会产生一种自我控制。在这点上，他运用的是对《表达》产生重大影响的拉马克的遗传机制。具有想象力的个体能够预感良心上的痛苦将带来的悲痛，于是，它们就学会压抑可能会破坏社会德行的急迫本能：

> 受良心刺激的人由于长期的习惯将养成完美的自我控制，因此他的欲望和激情最后会立刻并且毫无挣扎地让位于社会同感和本能，包括由他的同伴对他的判断引发的情感。这样，尽管这个人仍然饥饿，仍然深藏仇恨，他也不会想到偷窃食物或实施复仇行动。
>
> （ibid.：139）

自我控制的习惯能够传递给后代，结果就是，"最终通过习得或遗传的习惯，人会开始觉得，对于他来说，最好的做法就是遵从他更加持久的冲动"。（ibid.：140）

我们已经从第一阶段，即社会善行是由社会本能引发的，前进到第二阶段,即良心和习惯相互作用来确保社会本能很少被服务于自我的本能压倒。道德理性起源的第三阶段标志着从自然选择最初规定的社会本能的部分偏离。语言开始出场,并与物种的智能合作发展。达尔文认为,语言,加上智能,使得构想和传播一个关于个体应该如何"为了公众的利益"而行动的明确的普遍观点成为可能。(ibid.: 122)"特殊本能"——引导社会性动物做出具体的善行的本能——的作用在这个阶段为了支持习得的规则而被减弱,这些规则促使我们遵守关于有道德的行为的普遍意见。

在这个阶段,本能并没有被学习完全抹去。达尔文认为我们在很大程度上受到"我们的同伴对我们的认可和非难"的驱使。(ibid.)根据我们的行为符合已经被公众制定和支持的规则的程度,别人会对我们做出赞同或不赞同的判断。因此,我们行动的目的是提高公众利益,因为我们高度重视别人的意见。在这里,同感仍然起到重要的作用:达尔文的观点是,不能同感的人不会太在意他的行为是否会遭到别人的非难;如果旁观者的非难要真正起到改变一个人行为的作用,那么,这个人必须与旁观者享有同样的感情。因此,"同感和出于对同伴的本能的爱"仍然处于人的道德动机的中心地位,即使公众制定的行为规则得到了发展。(ibid.: 132 - 133)

达尔文并没有说所有由公众制定的规则都能成功提高公众利益:

> 群体的判断一般由长期来看对于所有成员有利的原始体验引导;但是,通常因为无知和脆弱的推理能力,这种判断经常出错。因此,全世界范围内都存在无比奇怪的习俗和迷信行为无所不能的现象,而这些习俗和迷信与人类的真正福利和幸福

完全相对。

(ibid.: 146)

他引用了一些他认为不合理但受公众支持的行为规则:礼节规则、印度的种姓规则以及其他。(ibid.)

道德进化在这个阶段的另一个标志是同感会延伸到家族和群体之外。这个过渡是由基本推理而不是自然选择引发的:

> 当人类发展到文明的阶段,只要最简单的理性就会告诉每个人他应该将他的社会本能和同感延伸到同一个民族的所有成员身上,尽管他个人并不认识这些人。一旦到达这个程度,就只有人为设置障碍才能阻止他的同感延伸到所有民族和种族的成员。

(ibid.: 147)

达尔文并没有阐明理性是如何促成这个结果的。也许他认为理性规定我们应该延伸我们的同感,因为我们意识到人类物种的生存依靠的是全世界所有人的幸福。这个解读又似乎不太可能,因为这很难与达尔文的主张相一致:最先进的文明向低等的动物延伸同感。更有可能的是,达尔文要么在心里意识到我们向自己所处群体的成员延伸同感而不向与我们没有显著区别的群体成员延伸同感的现象是任意的,要么是意识到要使最大数量的人获取最大的幸福就必需延伸我们的同感。

当我们的思维能力和经验阅历增加,我们能够更加详细地确定我们行为的后果,并且这样的认知和我们延伸的同感一起起作用使得最终培养出最高尚的习惯时,道德理性发展的最后阶段就开始了。达尔文认为这样的高尚习惯一旦通过理性和经验获得,再通过经常练习,后代就可能遗传而不需要重新学习。实际上,这是从应用遗传的方面来解释复杂的、非习得的直觉的存在。达尔文在这里详尽地引用了赫伯特·斯宾赛的作品:

> 我认为由过去 N 代人类种族组织并加以巩固的实用经验已经发生了相应的改变,这些改变通过传播和累积已经在我们身上形成了某些道德直觉能力——某些与是非行为相对应的情感,而这些情感又与个人的实用经验没有任何明显的联系。
>
> (摘自斯宾赛给密尔的一封信, quoted in *Descent*: 148)

达尔文的故事与斯宾赛的一样,讲述了道德的发展,并且在这个过程中,自然选择随着时间的推移起到的作用越来越小。群体的自然选择产生具有社会本能的生物,这些生物受到对群体内成员的同感的驱使。随着时间的推移,理性和经验使我们将同感的范围延伸到"所有种族的人、低能者、残疾者和其他对社会无用的成员,最后延伸到低等动物身上"。(ibid.;149)理性和经验还使我们更好地了解到,一般来说,哪些行为对整个人类的福利和幸福起促进作用。我们学会习惯性地履行这些行为,最终它们会自动出现在我们本能高尚的后代身上。

3. 达尔文的规范伦理

达尔文对于道德进程的讲述是为了说明自然选择以及随后的理性和经验是如何随着时间的推移而引起道德行为的提升的。这就预设了一个关于好的或不好的道德行为是什么。关于这点,达尔文的说明相对很少。他称自己为"功利主义者",尽管不是一个标准的功利主义者。功利主义是结果主义的一种特殊形式。结果主义者认为一个行为的对与错完全取决于它产生的结果,而经典的功利主义认为重要的结果才是一个作用于幸福的行为的实际结果。经典功利主义认为正确的行为会让最大数量的人获取最大的幸福。

达尔文从哪方面认为进化研究清楚地显示了功利主义的合理性还未可知。因此,也就很难评价达尔文是否支持进化规范伦理的形式。我们能够通过达尔文对经典功利主义提出的两点简短修改建议来体会这些困难。首先,他反对将功利主义看做"行为的动机",尽管他支持将其视为行为的"标准"。(*Descent*:144)换句话说,功利主义能够正确地诊断一个行为是对是错,但是,我们不应该认为人们的动机都是要将幸福最大化。其次,达尔文提倡将最大幸福原则这个行为标准用"总体利益"原则来代替。(ibid.:145)他先提出一个合理的建议,这个建议给出了他对最大幸福原则作为行为动机的怀疑的进化论逻辑依据。如果动物的社会本能是通过自然选择作用于群体层面形成的,那么,这些本能可能不是为了提升这个群体成员的全面幸福,而是为了提升它们的健康和力量。因为当群体之间相互争斗时,各自成员的健康状况和力量可能要比欢快的性格来得更有价值。更确切来说,达尔文认为社会本能是为了将"总体利益"最大化。他将"总体利益"定义为"在个体生存的环境中,培养最大数量的充满力量和完美技巧的健康个体"。(ibid.:145)现在,达尔文步向一个规范性结论:

> 人和低等动物的社会本能无疑是通过几乎一样的步骤培养出来的,那么,在可行的前提下,对二者使用同样的定义并且将群体的总体利益或福利而非总体幸福作为道德标准则是可取的。
>
> (ibid.:145)

在这里,达尔文似乎毫无根据地从一个描述性主张——自然选择产生倾向于促进群体健康和力量的社会本能——跳跃到一个规范性主张——群体的健康和力量应该是判断我们行为好坏的标准。这是很奇怪的现象,因为达尔文一般没有认为只要是自然选择赋予我们的就是对的习惯。他认为未开化的人将同感的范围只限于自己部落成员并且认为杀死敌人没什么大不了的行为是错的,即使作用于群体的自然选择也许倾向于促进这些行为。

我们不清楚达尔文将道德标准定义为最大化"总体利益"并为之辩护的愿望有多认真,因为他马上补充了隐秘的附加说明,"在描述政治伦理时,可能要增加一些限制"。(ibid.:145)我们也只能推测达尔文在这里暗指的内容,也许他只是在做姿态,担心个人利益与群体利益发生冲突时,个人利益要牺牲到什么程度。严格意义上的结果主义坚持"培养最大数量的充满力量和完美技巧的健康个体",这种结果主义有可能提倡消除不完美的样品,或是强迫社会中最强壮的个体生育,或是处决有传染病的人,也许达尔文感觉到他的定义需要再进行调整以防出现这些结果。

当我们注意到达尔文有时似乎完全疏远结果主义时,我们就感到更加困惑了。在第四章末尾,他总结了他自己所证实的:

> 我直到最近才证明社会本能——人类道德组成的最重要的原则——在积极的思维能力和习惯的作用下,自然而然地得出一个金律,"己所欲,施于人",这条金律是道德的基础。
>
> (ibid.:151)

达尔文似乎不仅认为进化导致人类遵循金律,还认为这条"作为道德基础"的金律是我们应该遵循的正确规则。这与他的结果主义主张——道德标准是"培养最大数量的充满力量和完美技巧的健康个体"相一致吗？这两个原则所提出的要求似乎完全不同。遵循结果主义的道德标准似乎是己所不欲而施于人，比如说，因为人虚弱就不让他生育。也许达尔文认为这种表现是不切实际的，而最好的满足道德标准的办法是所有人都遵守金律。也就是说，也许他认为如果己所欲施于人的话，就能培养出最大数量的充满力量的健康个体。达尔文在《表达》中没有对此进行论证。然而，这个论点是进化博弈论的研究者们近年来着手调查的。粗略地讲，进化博弈论这门进化和经济科学研究的问题是，在一个生物相互作用的进化群体中可能出现怎样的对待他人的行为倾向组合。这种类型的研究与伦理是相关的，不仅因为它使我们询问从进化角度来看一个所有成员都遵守金律的社会是不是可能存在，或是不是稳定的，还因为它可能证明众多伦理和政治主张的经验主义假设——"没有强大的领导者，社会不可能正常运转"，"如果每个人都能自由地追求自己的利益，那么，社会福利将会最大化"——有没有充分的依据。

现在，让我总结一些我理解的达尔文的总体道德观。他认为，正确的行为是能够提高"总体利益"的行为。达尔文强调这是行为标准，而非动机。但是，达尔文认为，总的来说，个体的行为确实提高了总体利益。达尔文的进化论解释最具有建设性的特征之一是它帮助我们做到了原本办不到的事：它让我们能够解释为什么一个由个体组成的群体能够确实地为了提高总体利益而行动，不论他们自觉动机的性质是什么。最开始是因为自然选择让我们拥有同感和社会本能，促使我们做出对群体有利的行为。后来，在人类物种的进化过程中，理性和经验导致同感的范围扩大，使我们更能体会什么类型的行为可能带来更大的好处。达尔文将人描述成一种其思维活动使之能够意识到自然最初赋予的社会本能的道德缺陷的动物。令人惊讶的是，拥有如此休谟式直觉的达尔文在这样的情况下得出的却是康德式的结论：

> 随着爱、同感和自我控制通过习惯得到加强，随着推理的影响变得越来越明显，人能够合理地评价同伴对他的判断，在短暂的快乐或痛苦之后，他会觉得自己被迫使按照某些行为准则行动。他也许会因此声明——不是以任何野蛮人或未开化的人所想的方式——自己是自身行为的最高评判员，用康德的话说，就是我本人绝不会亵渎人性的高贵。
> （*Descent*：133）

4. 进化规范伦理

反对进化规范伦理主要是因为它犯了认为伦理结论来自进化史主张的错误。这个反对通常被改述为几种方式：有时是进化规范伦理忽视了事实和价值之间的区别，有时是它犯了从一个"是"中得到一个"应该"的错误，有时是它犯了自然主义错误。这些对这个常备异议的表达似乎会让我们陷入对"应该"，"是"，事实/价值的区别的单调评估和超出评价进化规范伦理要求的自然主义错误之中。两个针对这些所谓的错误和区别的快速观察结果就足够了。首先，大家普遍认为从"是"得出"应该"的错误与自然主义错误是一回事。许多人认为后者只是前者的一个别致的专业术语。但是，从"是"得出"应该"的错误受到关注主要是因为大卫·休谟，而自然主义错误是由 G·E·摩尔（G. E. Moore）在他较晚的著作《伦理学原理》（*Principia Ethica*）（Moore 1903）中进行命名和判断的。这两个哲学家所担心的问题完全不同。摩尔的论点要比休谟的矫揉造作得多，似乎是要证明任何关于"有道德"的定义都是不恰当的，不论是从自然还是非自然性质上来说。

第二，许多从"是"到"应该"的关于推论性缺陷的专业问题对我们目前的讨论来说都是可以忽略的。这个问题已经有很多哲学家进行过一场热烈的讨论，有些哲学家认为这个缺陷有时是可以填补的。比如，有人建议，我们可以只从我说的事实"我承诺在你过生日的时候给你50欧元"就能推断出我在你生日的时候应该给你50欧元。但是，即使我们能接受"应该"有时能从"是"中得出，这也不能保证让我们赞同能从进化的"是"得到道德的"应该"。认为说出承诺的事实能够让人们产生对承诺对象的责任是一回事。认为在过去是什么提高了繁殖能力的事实能够产生关于我们应该做什么的结论完全是另外一回事。与其陷入关于"应该"和"是"的术语讨论，我在本节中提议不如直接审查一些被认为也许能将进化事实与规范结论联系到一起的论点。

我先概述通过进化研究可能导致我们修正一些规范主张的一种途径。我们经常赞扬一些美德，因为它们会产生某种影响。也许我们认为宽容很重要，因为它使人们可以自由交流思想并由此激励社会中的创新和进步。重视宽容的原因是我们坚信宽容确实有这些效果。当进化研究试图阐明各种美德扩散的原因时，会对以上这些主张进行考察。比如说，假设进化研究得出宽容的传播不是因为它促进了创新，而是因为拥有宽容者的群体更容易被有感召力的领导带领和鼓动，因此，更容易在战争中打败其他群体，而这样的结果可能导致我们重新评估宽容。注意，进化史与规范评估之间的这种联系相对脆弱。这提醒我们，进化史与规范评估之间的某些组合是相互支撑的，尽管另外的组合中二者的关系是紧张的。类似的考虑也需要在进化博弈论的基础上提出的主张的背景下放在心里，这些主张包括一些社会构成形式应该被排除，因为这些形式会随着时间的推移变得不稳定。即使理论家证明这种社会系统是不稳定的，这也只是在我们已经坚信社会稳定的伦理重要性的情况下拒绝这个系统的一个原因。既然我们大多数人都坚信于此——因为没有具有未来稳定性的前景，为明天制定计划就没有什么意义，而没有计划的生活几乎不能称之为生活，那么，进化博弈论的研究就确实与伦理结论有关。但是，这也不能说明规范评估就完全是由进化事实决定的。

历史学家和哲学家罗伯特·理查兹支持的是另一种形式的进化规范伦理。(R. Richards 1987: Appendix II)他先观察到，当我们提出基本的伦理原则时，我们通常期望为这些原则提供正当理由。记得达尔文说过，我们的基本目标应该是将"总体利益"最大化。这对他来说意味着"在个体生存的环境中，培养最大数量的充满力量和完美技巧的健康个体"。(*Descent*: 145)这个主张的真实性并非不证自明的，但是，我们应该怎样着手证明它或其他假定的基本伦理原则呢？许多哲学家认为我们可以通过证明这些基本原则的结果如何与我们判断具体事例的对与错的本能相匹配来证明。根据这种伦理证明的局面，我们可以通过证明我们本能上看做是可怕的事物——比如说饥荒或战争——在达尔文看来也是可怕的，我们本能上看做是美好的事物——比如说一个人人尊重对方的和谐社会——在达尔文看来也算是美好的，由此证明达尔文的观点。如果我们想要削弱达尔文的观点，我们可能就会证明他的观点产生的结果与我们本能的是非观是相冲突的。比如说，我们可能会试图表明达尔文的观点告诉我们应该阻止病人生育。

理查兹认为，证明一个关于伦理目标和原则的系统与强烈的本能的匹配程度是我们所了解的证明一个伦理系统的最好方法。但是，他补充道，我们普遍持有的伦理本能是进化的产物。道德理性的进化赋予人类共有的道德本能，而这些共享的道德本能是测试一个基本道德原则系统的依据。这就意味着一个伦理系统确实能够凭借一套进化史事实来证明。理查兹的论点没有表明我们能够直接使用进化事实作为理由——比如说,我们不能通过证明自然选择反对与动物发生性关系的人来判断嗜兽癖有罪。相对地,逻辑应该是这样,自然选择导致产生对与动物性交行为的强烈的本能反感,这种反感让那些想要证明嗜兽癖不对的人能够利用这种本能为自己辩护。

我先谈谈我认为理查兹哪些地方是对的。当两个人在争论的时候,他们的分歧很难被解决,除非他们拥有能够使用的起码的共同信念。很有可能进化通过赋予我们许多共同的关于是非观的坚定信仰,为我们在参与有创造性的伦理论证时,以及为了在关于一般伦理原则和具体伦理行为的问题上说服对方时提供共有的参考点。

我对理查兹提出的第一个问题相对来说有点吹毛求疵。在哪种意义上,我们应该将我们共有的伦理信仰和本能归于进化?我们知道,达尔文认为,理性和经验让人类社会能够制定公开陈述的道德规则。如果达尔文的叙述有对的地方,那么,就并不是我们所有共有的伦理信仰和本能都能够由自然选择来解释——有些可以通过理性、经验和学习来解释。当然,有人可能会回答理性、经验和学习行为都是进化进程的组成部分。我们是可以这样认为,但是,如果每个关于我们共有本能的历史解释都被看做进化解释的话,"进化伦理学"的重要性就被降低了。

理查兹的观点——进化不仅使我们能够提出具有说服力的道德论点,它还让我们能够证明我们的道德原则——存在一个更大的隐忧。但是,坚信一个观点与合理持有该观点是一样的吗?从科学的情况来类推的话,不是一样的。如果一群科学家——比如说智慧设计理论家——共享一套关于好证据如何构成了愚蠢原则,那么,我也许能够利用他们的原则来说服这群拥有不切实际的信仰的科学家。他们的信仰是不合理的,因为尽管他们的原则是共享的,但是,这些原则是错的。所以,即使进化使人类形成能够说服其他人的伦理论点,这也不等于进化使我们的伦理论点变得合理。

理查兹在总结自己关于伦理解释的立场时,暗示了对上述问题的一个可能回应。他认为"结构、结构的推理原则以及结构的原则通常是从直觉上清楚的情况来证明的——也就是说,通过事实来证明的"。(Richards 1987:617)将"直觉上清楚的情况"与"事实"等同起来是会引起歧义的。也许理查兹是想说明任何我们直觉上觉得清晰的事情就是事实。我们有很强烈的直觉认为谋杀是错的;因此谋杀是错的就是一个事实。强烈的伦理直觉应该被看做是伦理理论的原则应该试图系统化的伦理知识点,即数据点。理查兹对伦理解释和科学解释所做的类比导致了对他的观点的此种理解。但是,与科学的类比提醒我们,通常不应该支持将多数人直觉相信的事物与事实等同起来。当然,理查兹也许是想说明我们误解了他的话。他只想说明我们拥有许多共有的伦理直觉这点是事实。但是,问题又一次回到了我们如何用共有的直觉证明一个伦理理论的合理性上。自然选择有没有可能赋予我们错误的道德直觉?达尔文主张良好的理性告诉我们应该超出自然选择对我们的规定,扩大同感的范围时,他似乎是接受这种可能性的。当然,伦理可能从根本上就与科学不同;也许在伦理领域,一个事实也只不过就是多数人直觉相信的东西。但是,这点需要论证,而这样的论证将我们带到元伦理的话题上。

5. **进化元伦理**

如果达尔文对于道德理性进化的历史解释是对的,那么,另一个历史解释——即上帝将道德理性植入我们心中——就是错的。艾玛·达尔文似乎担心这样做会破坏道德的权威性。她曾告诉儿子弗朗西斯,"你父亲认为所有的道德都是通过进化逐渐形成的,这让我感到痛苦"。(quoted by Brooke 2003: 202)道德的进化史也是一段无足轻重的历史吗?如果我们可能做出有道德的行为的唯一动力是认为上帝将道德理性植入我们头脑中,那么,事情就糟糕了。但是,如我们所见,在达尔文的故事构架中,是进化给人类美德带来了进步。那会不会有人认为进化使我们更加了解道德法则呢?

生物学家 E·O·威尔逊和哲学家迈克尔·鲁斯(Michael Ruse)一致认为,达尔文的研究应该促使我们形成对道德的怀疑。(Ruse and Wilson 1993)他们主张,自然选择能够解释为什么人类倾向于相信客观道德事实领域的存在。比如说,自然选择解释了为什么人类倾向于相信谋杀是错的是一个事实。一旦我们领会了自然选择解释我们的道德信仰的能力,我们就不再有理由假设一个道德事实领域的存在是这些共有的道德信仰的原因。鲁斯和威尔逊认为,进化研究告诉我们"如果人类因受他们的基因欺骗,认为他们身上存在一个公正无私的客观道德束缚,所有人都应该遵循这种道德束缚,那么,他们就能更好地发挥作用"。(ibid.:425)他们表明,我们之所以能够"有道德地思考是因为我们受到恰当的外成规则的影响",这些规则"给道德蒙上一层客观的假象"。(ibid.:426 - 27)因此,鲁斯和威尔逊认为,进化使人类错误地坚信客观的道德的存在。这个章节的任务是考虑进化研究是否真的拥有如此强烈的元伦理蕴涵。比如说,相信客观上谋杀是错误行为的人是不是真的是被自然选择欺骗了?

鲁斯和威尔逊的描述因为他们的结束语变得更加复杂,在结束语中,他们暗示只有通过研究进化,"我们才能领会我们的短期道德见解如何忽视了我们的长期需求，以及我们如何应用纠正错误的方法来制定更加持久的代码"。(ibid.：436)这与认为道德是假象的观点是一致的，但是，它暗示了不是所有的道德假象都是一样的。他们认为，研究进化可以告诉我们，从长远角度来看，什么样的假象对人类物种是最好的。鲁斯和威尔逊对道德相对论的支持为他们的观点增添了额外的难度：

> 没有存在于单个物种的特殊性质之外的抽象的道德原则。因此，认为伦理法则能够通过遗传进化发生最根本的改变是完全正确的。这就明显与道德作为一组客观而永恒的真理的概念是不相一致的。道德完全植根于可能存在的人类本质之中。
>
> (ibid.：431)

在此，我们再一次让这个观点与他们的其他观点相一致。道德的全部都是假象，但是，关于一个物种采用哪些假象最好这个问题取决于该物种的本质。

我想集中讨论鲁斯和威尔逊的基本主张——"客观的道德"是假象。对客观道德事实的怀疑在哲学中有悠久的传统，原因不难理解。道德事实应该是怎样的东西呢？更确切地说，它们会产生怎样的影响呢？也许我们在解决关于我们应该做什么的论点时能够用到它们。但是，一个杀人狂可能仍然会说，"即使你已经说服我相信谋杀是错的是一个事实，这样的事实对我来说无关紧要。我还是会选择杀人"。事实似乎没有产生能够帮助我们说服一个道德恶人改变的动力。哲学家 J·L·麦凯(J. L. Mackie)有一个很有名的说法，如果道德事实存在的话，它们可能会是相当"古怪"的东西，古怪得我们可能根本不应该承认它们的存在。许多哲学家跟随大卫·休谟，将道德评估描述成人类思维在一个没有道德事实的世界中的投影。因此，我们在提问时需要小心谨慎。问题不在于客观的道德是不是假象，而在于进化研究是否能够提供相信道德事实是假象的新的原因。

让我们先承认鲁斯和威尔逊的主张，即自然选择能够解释为什么我们会拥有许多信仰，不论是道德的还是其他的。这个主张本身不能表明我们的任何信仰都是错误的。也许，自然选择能够解释为什么我们坚定地认为蛇是危险的。但是，我们不应该因为这样就认为这个信仰是错的。

那么，为什么认为如果我们能够表明伦理信仰拥有进化史，就能由此证明它们是错的呢？也许鲁斯和威尔逊认为，问题的答案在于认为蛇是危险的和认为偷窃是错误的之间有很大的区别。我们能够讲述一个进化史故事，在这个故事中，蛇是危险的这个事实解释了为什么认为蛇是危险的这个信仰会进化。不相信蛇很危险的人会被蛇咬，然后死去；相信蛇很危险的人则避免了死亡。但是，要怎样讲述一个关于伦理信仰的类似故事还不清楚。一个这样的故事需要表明偷窃是错的这个事实如何解释为什么相信偷窃是错误行为的人的生存和繁殖几率要比不相信的人高。

那么，这是不是意味着进化表明伦理主张是错的？不是的。我们很难讲述一个进化史故事来表明偷窃是错的这个事实如何为相信这个事实的人产生繁殖优势的。但是，需要注意的第一点是，这个问题不是新出现的；它只是反映了传统哲学对道德事实是何物以及它们是如何与我们互动的思考。（Sober 1994a；Kitcher 1993）

第二，即使我们不会与道德事实之间进行因果互动，它们还是有可能存在的，自然选择也仍然可能确实地导致我们相信它们的存在。假设明天会下雨是一个事实,现在,我们不是通过与明天的雨进行因果互动来相信它,而是通过参考我们有权使用的与我们有因果关系的各种事实,只要这些事实与明天的天气之间的相互关系是切合实际的(气压表的读数、天气预报等等)。类似地,如果存在非道德事实,这些非道德事实与我们之间有因果相互关系,又与道德事实之间有某种相互联系,那么,自然选择就有可能导致我们相信道德事实。

第三,鲁斯和威尔逊的论点似乎有表明数学像道德一样是假象的危险。我们倾向于认为 2 加 2 等于 4 是一个客观真相。而且,我们也许能够为一些更基本的数学信仰提供进化解释。也许基本的加法能力能够帮助生存和繁殖。然而,2 加 2 等于 4 是怎样的事实还不清楚,它能产生什么影响呢?它能使相信这个事实的人比不相信的人具有更高的繁殖成功率吗?如果不能,自然选择可能会怎样解释我们是如何忠实地相信它呢?委婉一点说,从我们给出一个这样的进化解释面临的困难直接跳跃到数学是我们的基因强加于我们的假象这样的结论太过于草率了。如果在数学方面我们不应该草率地得出这样的结论的话,我们也不应该在道德方面草率地得出结论。

第四,也是最后一点,我们不应该马上就排除构建一个将道德事实和道德信仰联系起来的自然选择解释的可能性,这都取决于道德事实究竟是何物。比如说,假设道德事实是关于什么对群体有利的事实。如果群选择是有效的,那么,随着时间的推移,人们可能倾向于按能够提高群体凝聚力和活力的方式行动。就像个体选择按照蛇的危险的真实性来调整人们的信仰,群选择也按照群体的真正利益来调整人们的信仰。哲学家彼得·雷尔顿(Peter Railton)使用一个类似的论点来证明将自然选择看做一个反馈机制是有理的。

(Railton 1986)

鲁斯和威尔逊认为一个关于我们道德信仰的进化解释"使客观的道德变得多余，因为即使不存在外部的伦理前提，我们也能以我们现在的方式对是非进行考虑"。(Ruse and Wilson 1993：431)然而，如果客观的道德事实是关于群体利益的事实，那么，这些事实归根结底就不是多余的了。如果道德事实不同，群体的利益也会随之变化，群选择就会调整我们的道德理性来反映变化。当然，有人会回答说我没有给出任何理由来将道德事实看做是关于什么对群体有利的事实。确实如此，但是，我提出这个论点不是为了说明道德实在论——认为存在客观的道德事实的观点——是正确的立场，而是为了建议一种道德实在论为进化腾出空间的方法。

6. 群选择

达尔文叙述道德理性的历史运用的是被现在的一些生物学家怀疑的一种选择形式。这是在群体层面的自然选择，或者像现在称之为——"群选择"。达尔文使用群选择来解决在解释社会本能和同感时碰到的一个问题。这个问题是普遍的利他主义问题的一个特例。用一个例子来理解这个问题是最简单的。有时，动物会巡视它们的地盘，并在捕食者靠近时示警。这种巡视行为会让这个群体中的其他个体受益，但是，巡视者付出的代价要比其他成员高，它们冒着被捕食者第一个捉住吃掉的危险。巡视是利他行为的一个例子，因为巡视行为使得自私的不付出任何代价而获益的非巡视者的适合度比巡视者要高。总的来说，利他行为就是和其他生物相比，减少行为者个体适合度的行为。我们的定义要求利他的个体的适合度总是比自私的个体要低，这也暗示了自然选择总是支持自私行为的。达尔文在同感这个具体背景下非常明确地承认了这个问题：

在同一个部落范围内,怎样才会出现大量的拥有这些社会和道德品质的成员呢……？更加富有同情心和仁慈心或是对自己的同伴最忠诚的双亲培育的后代数目是否比同一个部落中自私而又不忠的双亲培育的后代要多这一点是绝对值得怀疑的。时刻准备像许多野蛮人一样牺牲自己而不是背叛伙伴的成员通常不能留下任何后代来继承他的高贵品质。最勇敢的人总是愿意冲在战场的前线,随意为他人牺牲自己的生命,平均来说,他们死亡的数目要比其他人大。

(*Descent*: 155 - 156)

如果同感和仁慈最终总是让个体付出适合度的代价,那么,这些品质要怎么进化呢？达尔文对这个问题的回答是证明自然选择能够在个体以上的层面起作用。因此,尽管具有同情心、帮助他人等品质的利他个体在部落内的适合度要比自私的个体低,但是,拥有更多自私个体的部落最终会灭亡在拥有大量利他主义者的部落手上:

不要忘了,尽管高道德标准只能让个体或其后代比同部落的其他人稍微有或几乎没有优势,但是,拥有好品质的成员数目的增加和道德标准的提升无疑会使一个部落远远优越于另一个部落。

(ibid.: 157)

这样的群选择不是没可能的,但是,一些现代生物学家提出,"内部颠覆"的问题使得群选择实际上没有效力。(Williams 1966)再看看巡视行为的例子。假设存在两种类型的生物:"巡视者"和"游手好闲者"。巡视者比例高的群体的后代数量要比游手好闲者比例高的群体多。但是,从群体内部来看,不论是哪种群体,我们都会发现游手好闲者要比巡视者有竞争力。那么,即使是一个巡视者比例高的群体也会随着时间的推移变得充斥游手好闲者,这个群体似乎有可能被"从内部颠覆"。

现在还不是详细探索有关群选择的文献资料的时候,但是,稍微值得一提的是达尔文关于道德理性起源的观点在多大程度上因为许多人对群选择的怀疑而受损。第一件要注意的事是并不是今天所有的生物学思想家都那么抗拒达尔文的观点。有些理论家——最典型的是埃利奥特·索伯和大卫·斯隆·威尔逊(Sober and Wilson 1998)——在个体选择是否总是会淹没群选择上有争议。他们没有说服所有的评论家,但是,他们的论点是很有力的,值得给予最认真的关注。

现在总会听到这样的观点,认为解释利他行为进化的正确方法不是上升到群体层面,而是往小到基因层面。乍看之下,这是一个有趣的主张。如果群选择的问题在于较低的个体生物层面的破坏性颠覆,那么,个体选择应该同样面临着来自更低层面的颠覆带来的麻烦——即基因层面。如果自然选择是在基因层面进行的,那么,确实,适应良好的生物个体会因为它们的构成基因之间的相互竞争而弄得四分五裂,就像适应良好的群体会因为组成个体之间的竞争而分裂。

结果,当谈到通过转移到基因层面来解决利他主义的问题时,就会出现具有相当误导性的东西。基因层面与个体层面之间的关系实际上不可比拟成个体层面与群体层面之间的关系。群体有被颠覆的危险是因为特定群体内的生物个体留下的后代数目不一样。如果组成单个生物的基因个体的后代数目也不一样,那么,这个生物也有被颠覆的危险。当我们考虑通过审查基因层面来解释利他主义的时候,是不是要考虑这个意义上的基因之间的竞争呢?

让我们看看基因选择的观点是怎样解释巡视行为的进化的。为了论证,设想一个生物总体的成员进行无性生殖。假设这些生物拥有两种基因中的一种。基因 P 产生巡视行为,基因 L 产生游手好闲行为。群体一是一个族群,大多数成员拥有基因 P,很少数成员拥有基因 L;群体二是另一个族群,大多数成员拥有基因 L,很少数成员拥有基因 P。由于群体一很幸运拥有如此多的巡视者,它的成员留下的后代就会比群体二多,群体二的成员更易受到捕食者的侵害。并且,大多数群体一的后代也会是巡视者。在群体一内部,每个拥有基因 L 的个体都比每个有基因 P 的个体留下的后代多。群体二内部也是如此。但是,当我们将两个族群联合起来查看的时候,发现基因 P 出现的频率升高,于是巡视行为的频率也就增加了。这是因为群体二中的游手好闲者因为受到捕食行为的严重危害,不能生育足够的游手好闲的后代来抵偿受到良好保护的群体一生产的巡视者的数目。

假设我们从这个故事中得到的寓意是我们应该通过指出基因 P 比基因 L 的适合度高来解释巡视行为的进化,那么,我们在此表达的是什么呢?我们不是在主张一个单个生物的体内的基因个体存在不同的生殖率,相对地,我们是在主张当我们来回看这两个群体时,基因 P 的巡视效果使得这类基因的产出比例要比基因 L 高。个体选择有颠覆群选择的危险是因为单个群体内,不同类型的个体繁殖的后代数目不一样。基因选择不会有颠覆个体选择或群选择的危险,因为当人们谈到用基因选择来解释利他主义时,不是在主张一个个体内不同的基因繁殖的后代不一样。

这些都是为了用事实证明索伯和威尔逊提出的一个显然很令人震惊的主张。他们在解释利他主义时非常重视群选择的效力。这是不是说明他们认为基因层面的选择不重要呢?他们的回答是利他主义进化的基因层面模型实际上是伪装的群选择模型。(e. g. Sober and Wilson 1998：77)我们能够理解他们为什么会这么说。我们之前刚看过的模型通过提到基因 P 的适合度比基因 L 高来解释巡视行为的进化,但是,在这个模型中,拥有较多巡视者的群体繁殖的后代要比巡视者少的群体多。从总体上来看,巡视行为的频率增加,即使在群体内部,巡视者个体总是比游手好闲者的适合度低。于是,归根结底,这个模型类似于群选择模型。

如果索伯和威尔逊是对的,那么,目前成功运用基因层面的选择解释利他主义实际上支撑了达尔文倡导的群选择。在这点上,不只是索伯和威尔逊,W·D·哈密尔顿(W. D. Hamilton)也是支持者。哈密尔顿发明了"家族选择",这是基因层面选择的一种,理查德·道金斯在他出版的《自私的基因》一书中推广了这个模型。道金斯的书无疑是基因层面选择的圣经,但是,哈密尔顿赞同索伯和威尔逊的观点,认为家族选择是群选择的一种形式。(Okasha 2001：25)

7. 进化使我们变得自私吗?

利己主义和利他主义的话题值得受到如今更多的关注,处理起来也要格外小心。迈克尔·盖斯林曾写道:"如果自然选择假说是必然的也是正确的,那么,一个真正公正无私或'利他主义的'行为模式就不可能进化。"(Ghiselin 1973：967)

我不认为这是达尔文的观点,我也不认为这个观点是对的。但是,要弄清楚为什么自然选择可以产生"真正公正无私的"行为,我们首先需要弄清"利他主义"的意思。

让我们先区分"心理利他主义"和"生物利他主义"。(Sober 1994b)当我们说一个人自私或无私时,我们通常是指与他们的动机相关的东西。一个自私的人只关心自己;一个无私的人关心他人。比如说,自私的人大做慈善可能只是因为这样做能让他们被邀请到奢华的宴会,在那里,他们能够非正式地游说重要的政客,然后为自己挣更多的钱。另一方面,无私的人做慈善是因为他们关心贫困挨饿的人。在这里,提出一个关于利他主义或利己主义的主张就是在提出一个心理学主张。

生物利他主义完全是另外一回事。生物学上的利他行为不是以行为的动机来分类的,而是以行为对适合度造成的影响来分类的。在我们讨论巡视行为时,已经给出了一个生物利他行为的定义。生物利他行为就是和行为接收者相比,减少行为施加者的适合度的一种行为。所以,巡视就是一种生物利他行为,即使行为者也获益了,但是,接收者不付出任何代价就获益。

生物利己行为可能是心理利他行为。一个人因为想帮助不孕不育的夫妇而向精子库捐献精液就是一个这样的例子。相反,心理利己行为也可能是生物利他行为。为了提高个人的社会地位而向慈善团体捐钱,并且社会地位的提高没有转换成繁殖成效,这样可能算是一个例子。

如果自然选择只在个体层面起作用,如我们所见,生物利他主义是不可能进化的,生物利他主义定义的一部分就是做出利他行为的个体适合度要比利己的个体低。在上一节中,我提出达尔文用群选择来解释生物利他主义的出现是值得严肃对待的,但是,即使我们接受生物利他主义的不可能性,也不意味着我们会坚决排除心理利他主义的可能性。自然选择也许会利用心理利他机制来引出生物利己行为。

想想母亲照顾孩子的例子。宠爱后代是一种生物利己行为。也许这种行为是由心理利己机制导致的。也许母亲关心的只是她们自己的幸福,因为她们知道如果孩子受伤了,她们会不高兴。关心行为也有可能是由心理利他机制引起的。也许母亲们不在乎自己的幸福和福利,而在意孩子的福利。也许她们在孩子的福利面临危险时有动机采取行动。

自然选择更可能倾向于心理利己主义还是利他主义呢?心理上利他的母亲也许实际上比心理上利己的母亲的适合度要高。人们可能会期望一个径直关心孩子福利的母亲要比一个主要关心自己福利并且只在她认为能够提高自身福利的范围内帮助孩子的母亲更有效地培育存活率高的后代。(Sober 1994b) 当然,光靠猜测是解决不了问题的,还是要靠实证调查。这是另外一个精细的进化研究能够真正对伦理产生影响的领域。我们姑且认为,达尔文的观点是自然选择赋予我们许多社会本能,这些本能促使我们做出善行,而不去提前计算这些善行带来的痛苦或快乐:

> ……许多文明人,或者甚至还是男孩……都会不顾自卫本能,一头扎进激流中抢救一个溺水的人,哪怕这是一个陌生人……这样的行为太过突然,来不及思考,当时也来不及感到快乐或痛苦。

> (*Descent*: 13)

也许有人认为像这样不经过任何思考的行为只是反射作用,而这样的行为不在道德评估范围之内。达尔文拒绝这种说法,但是,他的注释说明,他绝不认为我们从根本上来说是自私的,不论是生物上还是心理上。

小　结

达尔文在进化和伦理方面的兴趣主要集中在试图从历史的角度解释我们道德理性即是非感的出现。他讲述的是一个由群选择驱动的道德发展的故事。群体之间的生存竞争一开始偏爱的是成员之间相互同感并且成员的行为主旨是为了加强群体整体实力的群体。随着时间的推移,经验和理性导致同感的范围扩大,覆盖到其他群体的成员,甚至包括非人类动物。我们还能够制定、传播和实施由理性和经验生成的良好行为。在这些方面,达尔文对道德理性进化的描述非常类似于他对情感进化的描述:自然选择是故事的一部分,但绝不是唯一的组成部分。总的来说,达尔文非常谨慎,不去夸大道德理性起源的进化论描述的意义。这是无妨的,因为尽管有些理论家提出了进化论描述如何改变我们的道德观的强烈主张,但是,很难用事实去证明这些主张。例如,仅仅从进化史假设就试图得出我们应该做什么的结论是看不到多大希望的。我们还应该看到,关于道德理性起源的进化论描述不一定意味着我们都是自私的,也不表明道德事实不存在。

拓展阅读

达尔文在《由来》的第四章和第五章讨论了道德理性的进化。

罗伯特·理查兹详细讨论了达尔文的伦理思想:
Richards, R. (1987) *Darwin and the Emergence of Evolutionary Theories of Mind and Behavior*, Chicago: University of Chicago Press.

以下两篇文章有助于澄清关于进化与伦理之间的联系的许多问题，本章中的许多论点都来自这两篇文章：

Kitcher, P, (1994) "Four Ways of 'Biologicizing' Ethics", in E. Sober (ed.) *Conceptual Issues in Evolutionary Biology*, second edition. Cambridge, MA: MIT Press.

Sober, E. (1994a) "Prospects for an Evolutionary Ethics", in E. Sober, *From a Biological Point of View*, Cambridge: Cambridge University Press.

凯切尔和索伯的文章回应了鲁斯和 E·O·威尔逊所维护的进化伦理：

Ruse, M. and Wilson, E. O. (1993) "Moral Philosophy as Applied Science", in E. Sober (ed.) *Conceptual Issues in Evolutionary Biology*, second edition, Cambridge, MA: MIT Press.

埃利奥特·索伯在下面的文章中将进化与自私之间的关系挑出来讲：

Sober, E. (1994b) "Did Evolution make us Psychological Egoists?", in E. Sober, *From a Biological Point of View*, Cambridge: Cambridge University Press.

索伯和 D·S·威尔逊(D. S. Wilson)的重要著作为他们的群选择观点辩护，请参考：

Sober, E. and Wilson, D. S. (1998) *Unto Others: The Evolution and Psychology of Unselfish Behavior*, Cambridge MA: Harvard University Press.

进化博弈论是一个伦理著作多产的领域，在本章中只是简单地提了一下。下面是这个领域的两本涉及哲学的重要又容易买到的著作：

Skyrms, B. (1996) *Evolution of the Social Contract*, Cambridge: Cambridge University Press.

Binmore, K. (2005) *Natural Justice*, Oxford: Oxford University Press.

第七章 知　　识

1. 什么是知识？

如果说一个人"知道"某事，是什么意思呢？像这样的问题构成认识论——即知识的哲学研究——的主题。要给这个问题一个详细的答案是很棘手的，但是，有一些一般要点我们是可以相当确定的。比如说托尼。他也许会说他知道伊拉克有大规模杀伤性武器，但是，除非伊拉克确实有大规模杀伤性武器，他不会知道这点。托尼的例子说明知识需要真正的信念，但是，真正的信念又不足以构成知识。假设尼克坚信桑德兰队赢了昨天的足球赛，他们确实赢了，但是，尼克这样认为是因为他看了一眼上星期的报纸标题"强大的桑德兰队迎来胜利",却认为报纸是今天的。尼克的信念是真的,但这个信念的真相在某种程度上是一个意外,他只是很幸运罢了。所以,知识是真正的信念,并且这个信念的真相不是偶然的。

达尔文研究认识论的方法有两个。本章前半部分将考察越来越流行的将科学知识的增长视为一个进化过程的概念,讨论相互竞争的不同理论来得出更加适合的理论。这种"进化式认识论"采用的是达尔文关于生物之间的竞争的观点,并将这些观点应用到完全不同的实体上——科学理论。尽管达尔文本人并没有尝试表明科学变化是一个自然选择的过程,但是,他确实主张语言的进化是非生物选择的结果。因此,他很早就为进化过程不限于生物领域的观点辩护,这个观点得到进化知识学家的支持。在《人类的由来》中,他提出一个观点(这个观点更早在《物种起源》中提到过),变化的基本机制是一样的,不论是指语言变化还是生物变化。他赞同语言学家马克斯·穆勒(Max Müller)的言论:

> 每门语言的词与语法形式之间不断进行着生存之争。越短越好,更简单的形式总是占上风,而简单形式的胜利要归功于它们自身的继承价值。
>
> (*Descent*, P113)

达尔文补充说,"纯粹的新颖和时尚",而不是继承价值,有时也可能导致一些词被保留下来,他明确表明,语言的变化不仅与生物变化之间存在不甚严密的类比关系,而且"某些被认同的词能够在生存竞争中生存或保留下来就是自然选择的结果"。(ibid.)

达尔文的思想可以用一种更直接的方式应用到认识论上,这是本章前部分的关注点。许多科学家坚信一部分的人类知识——不论是技能知识还是事实知识——是天生的。认为一个人天生就拥有一部分知识至少表明学习不能解释知识,但是,如果学习不是拥有一个真正信念(或者是拥有某个有价值的能力)的原因,那原因是什么?柏拉图通过声称我们在出生之前就记得我们灵魂所知来解释天生知识。这样的答案不出意外是与许多达尔文主义哲学家不对昧的,他们因此怀疑天生知识的存在。达尔文提议了一个生成天生知识的更合理的机制:一个人知道的某件事不是他本身的经验能够解释的,而可以用对祖先的继承来解释。就像他在笔记本 M 中备注的:"柏拉图……在《斐多》中说我们'必然的思想'来自于先在的灵魂,是不可以通过经验得到的。——从猴子身上看看先在性。"(quoted in Barrett et al. 1987: 551)

2. 经验论

经验论——沿袭洛克(Locke)、贝克莱(Berkeley)、休谟等的传统哲学思想学派——认为经验在知识习得中起主导作用。于是,经验论者有怀疑天生知识的传统。从哲学上看,达尔文有强烈的经验论倾向:他赞赏大卫·休谟的著作,经常受挫于那些推测纯哲学问题而不将这些问题与观察证据联系到一起的人。另一方面,达尔文又热情倡导先天性,尤其是在晚年。他在自传回忆录中写道:"我倾向于赞同弗朗西斯·高尔顿的观点,认为教育和环境只对每个人的思维产生了很小的影响,我们大多数的品质都是天生的。"(*Autobiography*: 20)

似乎他的这个观点也不是一开始就有的,达尔文是在阅读了高尔顿关于智力遗传性的著作《遗传的天才》(*Hereditary Genius*)后,改变了自己的看法。他在写给表哥的祝贺信中写道:

我认为我一生中都没有读到过比这更有趣、更具独创性的东西了。你对每一个要点的陈述是多么巧妙,多么清晰!……在某种意义上,你已经成功转变了一个反对者,因为我总是认为,除了傻子,人在智力方面是没有多少区别的,只在热情和努力上会有差别……

（Darwin 1903：41）

先从简单易懂的说法开始,我们可以将这个老年达尔文持有的观点——声称我们知道的大部分事实和拥有的大部分技巧(事实知识和技巧知识)是天生的——与激进派经验论阵营持有的观点——认为所有的信念和技巧都是习得的——相比较。达尔文从两方面挑战了激进派经验论的描述。我们已经说过无数次,达尔文认为一个个体一生中习得并练习的习惯能够传递给这个个体的后代,使得后代不需要再重新学习这个习惯。这种"应用遗传"机制挑战了认为一个个体所持有的知识一定是该个体一生中通过学习获得的观点,但是,它没有挑战认为所有的知识必须是某个人或其他人一生中通过学习获得的观点:应用遗传尊重所有的知识归根结底都是通过个体学习获得的原则。

自然选择比应用遗传更加彻底地挑战了激进派经验论,因为它提议了一个可行的机制,凭借这个机制真正的信念确实能够不需要个体进行学习就获得。如果信念是遗传的,如果个体拥有的信念是有差别的,如果真正的信念在生存之争是有利的,那么,随着时间的推移,一个总体内的成员会逐渐拥有很多信念,即使不能用学习过程来解释这些信念的真相,它们的真相也不是偶然的。接着,你可以马上说,这个总体整体上通过一个从失败中找解决办法的过程进行"学习",并且,这个总体获得的知识依靠的是个体与其环境之间的相互作用,因此,那些信念与真相更接近的个体就比那些信仰错误的个体要更加成功。所以,尽管自然选择在个体学习的重要性上挑战了经验论者,但是,知识必须通过与世界的互动来获取这个更加一般化的经验论原则仍然很牢固,就像知识要求延伸意义上的学习这个原则不会被击垮一样。达尔文似乎是想让先天性成为一个能被温和一些的经验论者尊重的概念。

3. 天生的知识

让我们再稍微详细一些考察自然选择使天生知识的概念受人尊重的主张。当达尔文为"他本人的许多心理特征都是天生的"这个观点提供证据时,他不是像我们所期望的那样引用他与兄弟姐妹们之间的相似性,而是差异性:"收集的兴趣让一个人成为系统的自然学家、艺术大师,或是守财奴,这种兴趣在我身上有浓厚的体现,而且显然是天生的,因为我的姐妹或兄弟都没有这个爱好。"(Autobiography:7)

因为达尔文与兄弟姐妹们都在同一栋房子里长大,所以,他假设他们拥有大致相似的成长环境。因此,他们之间的任何差异都最有可能源于不同的天生才能。达尔文的论点表达的想法是,天生的特征就是不需要学习就拥有的技巧、性格或信念。在本节末尾,我会对这个先天性的概念提出一些质疑。暂时,先跟着达尔文假设"天生的"等于"非习得的"没有太大的问题。

两个问题马上自动浮现。第一,真相与适合度之间的关系是什么?天生的错误有没有可能比天生的知识在生存之争中更加有用?第二,先天性与适合度之间的关系是什么?我们应该期望自然选择赋予生物天生的信念还是学习的能力呢?

让我们先参考弗里德里克·尼采(Friedrich Nietzsche)来解决第一个问题。哲学家尼采对达尔文的直接评论都是负面的。尽管对达尔文有公开的敌意,尼采在评论《快乐的科学》(*The Gay Science*)中的"知识的起源"章节时却是从简明扼要地陈述达尔文主义认识论开始:

> 在漫漫时间长河里,智力创造的只有错误。这些错误中有一些被证明是有用的,能够帮助物种存留下来:那些偶然发现或继承这些错误的个体在为其自身及其后代争斗时就更加幸运。
>
> (Nietzsche 1974: section 110)

然而,对尼采来说,进化认识论是在为我们的许多错误信念辩论:

> 这些错误的信仰不停地被继承,直到它们几乎成为物种基本能力的组成部分,这些信仰包括:存在同样的事物、物质、物体;一件事就是表面呈现的那样;我们的意愿是自由的;对我好的东西它本身也是好的。
>
> (ibid.)

在这里,尼采设下了一个挑战:为什么要假设真相要比错误的适应度高呢?他后来说,"生活的条件可能就包括错误"。(ibid.: section 121)

尼采对宏大的纯哲学概念很感兴趣;自由意志、因果关系、同一性。一个更加朴实的例子可以表明,一个生物在某个环境中如何更加先天地相信什么是错误的,与学习相信什么是对的相比。(Godfrey–Smith 1996; Sober 1994c)考虑两种决定一个动物对待蛇的态度的策略。如果认为所有的蛇都是危险的,就可能太"硬接线"(hard-wired)了。另一方面,可能需要依次检查每一条蛇才能确定它是否有毒。第一种策略可能是具有高度错误倾向的。具体来说,这个倾向于被称为"错误肯定":所有危险的蛇都会被正确识别,但是,它将很多无害的蛇也分类为危险的蛇。第二种策略可能会更精确,考虑了一切因素,这可能导致的错误肯定会少得多。但是,第二种策略比第一种更倾向于"错误否定"——有时,这种策略可能导致在一条特定的蛇实际上很危险的时候认为它不危险。这个事实会使第一种策略的适合度比第二种高,因为错误肯定和错误否定的代价是不一样的。错误地相信一条蛇是不危险的而去接近它要比错误地相信一条蛇是危险的而逃离它的结果糟得多。当然,如果周围有数千条蛇,但几乎没有一条是有毒的,天生的错误信念可能实际上要比学习造成的代价更高,因为它过于频繁地引起不必要的恐慌。这些模型的详细细节是很有趣的,也非常微妙地取决于局部环境的细节情况。但是,总的来说,如果错误否定的代价很高,那么,一个错误的天生信念要比一个整体精确度更高的学习机制(但这个机制稍稍倾向于错误否定)的适合度高。所以,尽管自然选择给我们的天生信念不可能都是知识,但是,也绝不是所有的情况都是这样的。

还有许多需要额外考虑的问题,这些问题显示天生信念和学习策略的混合组合可能能够进化。学习有时是很耗时间的,也不是完全可靠,并且需要耗费大量精力。当然,也不能草率地去假设正在成熟的生物的发育过程中的"硬接线"信念需要耗费的精力就会比习得的信念耗费的精力少,或是"硬接线"信念发育的独立性要比习得的信念发育的独立性高。假设——这是一个很大的假设——"硬接线"比学习的代价低,那么,在一个变化缓慢或几乎不会变化的环境中,那些通过学习获得技巧或信念的生物与那些通过"硬接线"获得同样的技巧或信念的生物相比要处于劣势。但是,这并不意味着学习永远处于不利地位。在变化快的环境中，那些拥有"硬接线"技巧或信念的生物可能会发现它们发育出来的特征只能在旧的环境中起作用，而在现在的环境中却是一个不利因素。

人类物种是怎样适应的呢？我们的客观环境可能变化得很快，即使是在漫长的以采集和打猎为生的更新世。比如说，从一千八百万年前到一万年前的这个时期，气候条件不是一成不变的。有人可能认为这种类型的变化在很大程度上是不相干的，因为人类面临的最紧迫的问题中，许多都是与克服社会环境而不是客观环境相关的。通过大致分析可以发现，我们祖先面临的很多社会问题基本上非常稳定。也许击退敌人的进攻总是好的，也许雌性挑选适合度最高的雄性作为伴侣总是好的，但是，这些问题如果从更加详细的细节来看，就失去了其稳定性。（Buller 2005：99）如果敌人发明了新的具有杀伤力的办法，那么，拥有防御上一代空手道掌刀的天生技巧就没有用了。如果雄性擅长伪装他们的适合度，那么，如果一个女孩使用不再能去芜存菁的先天规定标准就注定了失望。从这种更加精细的角度分析，我们的社会环境也是有可能快速变化的。因此，再一次说明，尽管自然选择有可能为一个物种构建天生信念，也有理由去怀疑这些信念是不是总是最好的适应策略，也有理由认为天生信念并不是应对我们的祖先所面临的许多问题的最好策略。（Sterelny 2003a）

现在让我将这些考虑简单地与圣·巴巴拉学派的原则之一联系起来，这个原则也是在第五章中悬而未决的。圣·巴巴拉学派的进化心理学家认为思维是"大规模模块化"的。他们表明，思维由许多专门的认知机制构成，每个机制通过进化来解决某个专门的进化问题，比如说评估可能的伴侣，或者侦查社会中的"免费搭车者"。总的来说，专门的机制通常能比一般的机制更好地解决问题。这就是问什么在你的厨房中有各种不同的器具,而不是用勺又去铰柠檬,又去挖瓜,又去打蛋,又去碎蒜。圣·巴巴拉学派主张,由许多由专门用途的模块组成的思维因此也就比由许多一般用途的模块组成的思维要更适合,但是,他们认为模块也是天生的。

到目前为止,我们讨论过的论点表明让圣·巴巴拉学派对先天性的热情与传统经验论者对天生知识的怀疑对立起来是一个错误。圣·巴巴拉学派主要是主张我们获得和处理信息的认知能力是天生的。他们几乎没有主张过信念——即一条一条的信息本身——是天生的。在主张天生模块存在的同时,圣·巴巴拉学派并不否认我们的很多信念都是习得的,但是,他们认为我们有许多不同的先天规定的认知结构,这些结构影响我们怎样学习和处理信息。相对地,那些认为学习是一切知识的来源的人——经验论传统中的"白板说"——也不一定声称思维就没有天生结构,而是声称没有天生知识。

实际上,有人可能会认为思维必须要有某个天生结构。因为每个人都会认为学习的能力必须是通过某种方式在胚胎中形成的。此外,每个人也会同意学习能力是不能习得的,因为一个发育中的人要如何使用被假设是不存在的能力来进行学习的呢?所以,如果我们将"天生的"理解成"非习得的",每个人都必须同意至少我们的认知能力之一——也就是学习的能力本身——是天生的。

这个论点实际上并没有证实天生认知结构的必要性,而是强调了我们将"天生的"定义为"非习得的"的不足之处。如果我们是在争论信念是如何获得的,那么,使用"天生的"去表示"非习得的"可能是能够令人满意的。即使在这个背景下,这个定义都还是有问题的,因为学习本身也有不同的定义方式,根据我们定义的要求,我们可能将非常多或非常少的信念看做是天生的。但是,一旦我们转移到调查特征的先天性,这时,学习根本不是候选的习得模式之一,就需要一个"天生的"的新定义来使我们的问题讲得通。我的疤痕不是通过学习的过程出现的,但是,它也不是天生的。学习能力不能习得(至少如果我们每次提到"学习"的时候都指的是同一件事情的话,学习能力是不能习得的)的事实只能表明,我们在此仍然需要一个更好的关于先天性的定义来理解学习能力是否是天生的问题。

在尝试给出一个合适的定义时会出现一些困难,这些困难导致一些哲学家建议将"天生"这个术语从科学中完全淘汰。(e. g. Griffiths 2002;Mameli and Bateson 2006)要体会一下这些困难,可以考虑一下,如果有人主张一个天生的特征在出生时就已经确实存在,那么,说一个人天生很高就没有意义了。有人可能会说一个天生的特征是由基因决定的,但是,没有特征是由基因单独决定的——所有的特征都需要环境输入。有人可能试图通过将一个天生特征定义为由基因"规定"或由基因"编码"来解决这个问题,但是,这样的定义只能产生一个新的问题,就是将基因组的哪些效力算作"规定的"或"编码的"的效力。最有希望的定义是将先天性与发育的坚固性或"渠管化"等同看待。(Ariew 1999)这样看来,一个天生的特征就是其发育不受环境条件变化影响的特征——在某种程度上改变发育环境,这个特征仍然以同样的方式发育。这样的定义也不是没有困难的——例如在确定一个特征是不是天生的时候,我们怎样规定我们应该考虑的环境变化的范围,但是,在一堆不怎么好的定义中,这似乎是最好的了。

有了这个先天性的新定义,我们就能够再访圣·巴巴拉学派的关于模块是天生的主张。哲学家大卫·布勒通过引用人类大脑高度"可塑"的事实来使人对这个主张产生怀疑。(Buller 2005:141)我们的神经结构不仅是在婴儿期和儿童时代而且在晚年也会受到环境引起的变化的影响。一个针对一群伦敦出租车司机所做的研究成果被广泛引用,这个研究表明在完成"知识训练"后,这些司机的大脑发生了可观的变化——在"知识训练"过程中,这些司机学会怎样在城市街道驾驶。(Maguire et al. 2000)布勒提到很多研究,这些研究表明专门的神经回路通过环境与可塑的神经结构之间的相互作用得以建立。这些回路的形成容易受到发育环境的变化的影响——在不同的环境中,发育出不同的回路。如果模块是通过环境作用于可塑神经结构而构建的专门神经回路,那么,模块就不是天生的了。

4. 进化认识论:詹姆斯和波普

让我们继续讨论第二个话题,即进化认识论。最早将自然选择应用于科学知识增长的是美国哲学家威廉·詹姆斯。第二章中谈到的詹姆斯写于 1880 年的论文中,他指出:

> 一方面是社会进化的事实和种族的心理成长,另一方面是达尔文先生论述的动物进化,这两方面之间存在着惊人的类似,而这种类似在我看来从来没有被注意到。
>
> (James 1880: 441)

詹姆斯论文的主要目的是使用他所认为的对达尔文主义解释的恰当理解来削弱"赫伯特·斯宾赛先生所谓的进化哲学"。(ibid.: 422)詹姆斯认为一个恰当的达尔文主义者会将人类社会中的社会变化看做是进化自身的一种形式,在人类社会中,个人提出不同的想法,根据其与社会环境的适合程度导致这些想法被成功实现或失败:

> 社会进化是因两个截然不同的因素之间的相互作用而发

生的：一个是个体，个体通过生理和前社会力量的作用获得特有的天赋，但是，自己手中掌握所有的主动性和原创性；另一个是社会环境，社会的力量是采纳或拒绝这个个体以及他的天赋。两个因素对于变化都是必不可少的。群体缺少了个体的推动力就会停滞不前。而没有群体的同感，个体的推动力也会逐渐消失。

(ibid.：448)

詹姆斯将个人天赋看做是无法解释的东西，但是，这些天赋通过确定可供社会选择起作用的变异来促进社会进化的进程，"伟大的人产生的原因存在于一个社会哲学家完全不可及的领域。社会哲学家也只能将天赋视为数据来接受，就像达尔文接受他自身的自然变异一样。"(ibid.：445)我们记得，达尔文认为变异的原因在我们的理解能力范围之外。环境决定哪些变化会存活下来，哪些将会消失。詹姆斯将个人天赋看做另一个无法理解的变化源，个人的想法有可能被社会环境接受或拒绝。

詹姆斯是在主张，一个恰当的达尔文主义社会进化观会承认个人天赋的重要地位。在这方面，他反对斯宾塞对"伟人"在科学史上的重要性的怀疑。詹姆斯还暗示，有可能提出一个关于天赋本身的达尔文主义解释。詹姆斯认为，思维易受不同的干扰的影响——即想法大体上是随机出现的，因此，"根据个人的特有气质，闪出的想法就有不同的特征"。(ibid.)因此，科学发现就来源于一种内部选择的过程，在这个过程中，随机的想法出现，然后不是由社会而是由个人对世界的体验来进行筛选：

善于发现的天赋完全取决于调查者脑海里出现的随机的想法和猜测的数目。善于猜想是第一个必要条件，在发现猜想与经验相矛盾时,愿意将猜想抛弃是第二个必要条件。

(ibid.:456-57)

詹姆斯的观点在很多方面都与五十年后科学哲学家卡尔·波普(Karl Popper)在其著作《科学发现的逻辑》中的观点接近。(Popper 1935)与詹姆斯一样,波普将科学的增长看做是新的建议源与对这些建议进行排除或保留的过滤器之间相互作用的结果。更明确地说,波普认为科学是一个"猜想和驳斥"的过程(ibid.)——科学家提议大胆的假设或猜想,这些假设或猜想要么被驳斥,要么被保留,取决于它们与经验之间是如何协调的。在达尔文和詹姆斯之后,波普也坦然承认自己对于变化的原因的无知——确实,波普承认他对变化的原因缺乏兴趣。在科学的背景下,变化的原因也就是解释科学家提出的各种猜想的心理过程。

类比通常是双向的。波普将知识的增长看做观念进化的一种形式,他也将自然选择导致的生物进化,即使是非常初级的生物发生的进化,看做是反复试验学习的一种形式:

反复试验找到解决办法的方法当然与科学的或批判性的途径,即猜测与驳斥的方法,是不一样的。反复试验的方法不仅爱因斯坦使用过,变形虫也以一种更加教条的方式使用过。

(Popper 1962:68)

变形虫猜测一些东西是有营养的;如果它是对的,那么,变形虫就存活下来了,这个猜测也存活下来了。如果它是错的,那么,变形虫就会死亡,这个猜测也就随着它一起消亡。爱因斯坦体现的是变形虫的改良版,因为爱因斯坦的知识是通过类似的方法获得的,但是,排除了死亡的必要性:

批判性的态度可能被看做是有意识地尝试让我们的理论或猜测替我们在适者生存的斗争中受折磨的结果。它给了我们在清除一个不适当的假说时幸存下来的机会——如果一个比它更加教条的态度想要通过清除我们来清除这个假说的话……因此,我们通过清除那些适合度低的理论来获得我们可触及范围内的最适合的理论。

(ibid.:68 – 69)

接着,波普在括号中补充了一个评论,但波普没有针对这个评论进行辩护,这在后来给他造成了很大的麻烦,"(这里所说的'适合度'的意思不仅仅是'有用'还有真相……)"

总结一下波普的观点:他主张,科学逐渐靠近真理的办法与一个物种日益适应其环境的方法是一样的。假设被用来与观察数据相比较,如果假设的某个预言与数据相矛盾,假设就会"消失"。如果假设与数据相协调,那么,它将存活下来。但是,为什么认为假设与数据的相容性标志着真相呢?

波普从进化到真理的论证部分依靠的是"适合"这个词的内涵意义,这个意义既富有吸引力但又具有误导性。如果一个理论是适合的,那么,它就适合这个世界。如果它适合这个世界,那么,这个理论的结构就与这个世界的结构相一致。如果理论和世界相一致,那么,这个理论就是真实的。然而,自然选择最多能确保就是根据周围的问题进行适应——一个理论的"适合度"就是与我们能够收集到的任何数据相一致。错误的理论与正确的理论一样,通常都能产生成功的预言。因此,一个理论可能在不与世界相一致的情况下与一组数据相一致。

波普的进化认识论缺少的是一个能将理论的适合度与其真实性联系起来的论点。波普其他更宽泛的哲学观点没有提供多少帮助我们形成这样一个观点的希望。他主张,当一个猜测与我们的数据不一致时,我们可以拒绝它,在这样的情况下,这个猜测就"被证明是错的"。但是,他否认我们有好的理由去相信一个没有被证明错误的猜测就是正确的。确实,他拒绝从一个理论过去成功避免被证明是错的推断出它将来有可能成功通过经验的裁决。波普对科学的描述由于他进一步主张数据表达和理论假设都有猜测的情况存在而变得更加复杂。既然所有的猜测(对于波普来说)都是完全尝试性的,如果一个理论没有被证明是错的就意味着一个猜测——假设——与另一组尝试性猜测——数据——是一致的。那么,对于波普来说,科学就是一个过程,在这个过程中,一组尝试性猜测适应于另一组尝试性猜测。至于为什么这样的适应状态与任何一组陈述的真实性相关,波普没有给出令人信服的论点。

5. 文化基因

近年来,来自不同学科的理论家都提议了科学的进化模型,采用的是波普将科学与自然选择进行的大致类比,并使这个类比与现代进化生物学的原理在形式上更加一致。这样的模型来源于心理学家 D·T·坎贝尔(D. T. Campbell)的著作,他将知识的增长看做是他所谓的"对盲目的变化有选择性地保留"的过程。(Campbell 1974)这些模型还应该在很大程度上归功于理查德·道金斯在《自私的基因》(*The Selfish Gene*)(1976)末尾对于非基因进化的可能性的评论,以及生物哲学家大卫·赫尔对于科学变化的开创性研究。(Hull 1988)

为了检查这些科学进化的形式模型,我们需要先谈谈赫尔对于复制因子和交互因子的区分。(ibid.；408)这与道金斯对复制因子和传播载体的区分是紧密相关的。当我们在第二章介绍自然选择时,我们提出的被广泛接受的自然选择的定义是,一个作用于具有不同适合度的实体并使繁殖的结果是子代肖似亲代的过程。这些条件的陈述都很抽象,于是,任何实体,不论是生物、电脑病毒、想法还是艺术作品,都可能被认为要经历自然选择,只要它们繁殖,并且子代肖似亲代。我电脑中的病毒是传染源电脑中病毒的"子代";我对上帝是否存在的怀疑是大卫·休谟的无神论的"子代",他的《关于自然宗教的对话》(*Dialogues Concerning Natural Religion*)改变了我的信仰;我画的画是莫奈(the Monet)的画的"子代",我是照着他的画临摹的。

赫尔主张所有的选择过程——包括标准的生物进化——都要求实体发挥两个不同的作用,大体上相当于以下两个要求:子代肖似亲代,以及亲代的繁殖力不同。复制因子是能够自我复制的实体,因此确保了跨代相似性。基因通常被认为是生物进化中的复制因子:子代肖似亲代,之所以会这样是因为基因有能力自我复制。交互因子是通过与环境的互动导致复制因子在子代中以不同的程度体现的实体。奔跑速度快的狼能够更有效地抓鹿,因此,它们的基因被复制的比例要比奔跑速度慢的狼的基因大。在这个具体的例子中,狼是交互因子,而狼的基因是复制因子;赫尔的观点允许在某种情况下,某个单一类型的实体(比如说一个无性繁殖的细菌)可能既担当复制因子又担当交互因子。

复制因子和交互因子的区别引出了很多有趣的问题,在此不加以赘述。我们应该怎样精确地定义这些术语呢?(Griffiths and Gray 1994)基因是不是生物进化中唯一的复制因子呢?(Sterelny et al. 1996)没有复制因子的话自然选择有没有可能发生呢?(Godfrey-

Smith 2000)如果不能,自然选择如何解释本身显然是复杂实体的复制因子最初是如何出现的呢?我们不会从细节上去审视这些问题,而是评判赫尔将复制因子/交互因子的区别应用于科学进化。他认为科学在时间上的稳定性——不论是连续数代的科学家相信的理论所具有的稳定性,还是科学文献产生方式的稳定性,还是实验室使用的技能的稳定性——应该通过引用确实被复制的复制因子的传递来解释。但是,这些复制因子不是基因,"科学传递的方式不是遗传的而是文化的,最关键的是语言的传递。自身相对频率的变化构成科学或其他观念的变化的事物就是'文化基因',而不是基因……。"(Hull 2001:98)

文化基因是文化复制因子。理查德·道金斯创造了这个术语,给出了一张典型的文化基因的清单,包括"曲调、想法、警句、服饰时尚、制作罐壶或建造拱门的方式"。(Dawkins 1976:206)让我们先集中讨论曲调的例子。曲调确实是文化中特别容易记住的部分,通常是经过人际传播。一个朋友在某天早晨哼唱《雨中曲》。我听到了这个调子,发现自己后来居然吹口哨吹的是这个曲调。到了晚上,有五到六个同事要么在脑海里有了这个曲调,要么嘴上在哼着这个调子。因此,复制因子复制的是事物本身,声音和人类大脑之间的各种互动导致了事物的传播。道金斯认为,《雨中曲》的曲调就是一个文化基因。赫尔认为,科学理论也是文化基因,它们也能自我复制,从一个大脑跳跃到另一个大脑,它们的传播速度取决于不同的交互因子——书、文章、对话、工具——对科学环境产生的效果。科学家们在评估一个理论的价值时,有意识或无意识地使用的标准构成了一套重要的文化基因的选择环境的特征。

文化基因的概念引来了大量怀有敌意的评论,即使是文化进化观的支持者通常都认为,使用文化基因来使文化进化具有一定的形式是有误导性的。在准确找出什么是影响模因论的最严重的问题之前,我先简单回顾一下三个针对文化基因/基因类比的出现频率相当高的控告。

"基因组是离散的颗粒;文化不是由离散的单元组成"

批评家们有时会认为将一个概念看做是类似基因的单元是毫无意义的,因为基因组是能够被独立分析的,而概念是成套出现的相互联系的系统——比如说上帝的概念只有在理解了与之相关的其他概念之后才能够被理解。根据我们讨论的宗教不同,可能会有跟父权、母权、恩泽、知识、爱、报复心等等相关的概念,这也意味着不能将所有对神的信仰都当做同样的文化基因来对待。如果对上帝的信仰只有在其起主导作用的系统中才有意义,那么,一个宗教对"上帝的信仰"只在表面上与另一个宗教对"上帝的信仰"相似。人类学家亚当·库珀(Adam Kuper)总结道:"与基因不同,文化特征不是粒子的。在一个特定的宗教中,一个关于上帝的概念不能与其他与之有不可分割的联系的概念分离开来。"(Kuper 2000:180)

模因论者可能会接受的是概念的理解需要有一定的背景,并不是每个对神的信仰都是同一种类型的信仰。但是,她有可能会补充道,基因在上述方面与概念是一样的。她可能会指出基因的效果取决于与生物体内其他基因的互动。她可能补充道,由 DNA 序列确定的表面上相似的基因在不同的物种中有非常不同的角色,因此,为了进化分析的目的将它们看做是同类型的实例是没有什么意义的。基因不拥有与其他基因的特定关系网之外的自己的生命,概念也没有。即便如此,一旦我们指定了某个特定的物种,甚至是某个特定的总体,就可以在这个背景下分离基因的作用。接着,她可能会表明,同样的情形也适用于文化基因。一旦我们为了调查而指定一个特定的社会背景,概念就可以被赋予单独的作用。

"基因组可以自我复制；而文化单元不可以"

文化基因应该是复制因子，它们应该能够自我复制。现在能肯定正确的是，概念是通过人群传播的，但是，它们的传播是否是通过自我复制这点却不是很清晰。人类学家丹·斯波伯（Dan Sperber）抱怨道：

> ……大多数文化项被再创造的意思就是一遍又一遍地创造——当然，所有的产物之间有因果联系——但不是从相互复制的意义上来讲的……因此，它们不是文化基因，即使它们是各自的非常接近的"复制品"（当然，是不精确意义上的"复制品"）。
>
> （Sperber 2000：164 - 165）

回想一下哼唱《雨中曲》的例子。我吹这个曲调是因为我早上听到别人哼这个调子。从某种意义上讲，这就完成了曲调的一次再创造。但是，尽管我的曲调与之前听到的曲调相似，我的曲调是不是之前曲调的复制品呢？也许是的：也许我听得非常仔细，努力把它记住，然后自己吹出来。更有可能的是我只听了曲调的一部分，然后想起来"啊哈，那个家伙在哼《雨中曲》！这个真不错！"这个曲调是我所熟悉的，我没有必要听得非常仔细就能自己吹出来。在第二种情况下，要说我吹的曲调版本是我听到版本的复制品就有点牵强了。似乎更恰当的说法是，我听到这个曲调引起我哼唱已存在于我能表演的曲目库中的一首。斯波伯理解的复制是强硬意义上的复制，而不是触发一个类似的表现。他接着表明，最典型的文化再创造是触发类型的，而不是复制类型的。这样来看，复制相对来说比较少见，类似文化基因的再创造的例子要比一眼看上去以为的要少。精确地阐明复制与触发之间的区别可能有困难，但是，斯波伯提醒我们是对的，同样的概念或同样的行为或同样的曲调在一个总体中"被再创造"的方法有很多种。此外,如果生物进化理论的成功是可以遵循的,那么,只要我们能够用细节描述再创造的方式,进化理论就是具有启发作用的。这就是为什么孟德尔的遗传法则很重要的原因:孟德尔的法则告诉我们关于亲代/子代关系的一般模式的内容,因此帮助我们解释了一个总体连续数代的组成。如果我们的文化进化理论要具有启发作用,就不止要求文化要包含再创造速度不同的各种各样的概念。从这个意义上讲,仅仅主张文化会进化是不足以让文化进化理论发挥作用的。这些理论还需要足够丰富的词汇来描述文化再创造的不同方式,它们需要调查这些文化再造的方式如何影响连续的文化时代的构成。

"基因形成世系;文化单元不形成世系"

一个与斯波伯的担忧类似的烦恼利用了以下事实:当个体之间相互学习时,概念确实通过人群进行传播,但是,这些概念并不总是能像基因一样形成世系。(Boyd and Richerson 2000)原则上来说,我可以调查自己的基因组,然后说明(至少对于大多数的基因而言)哪些来自父亲,哪些来自母亲。每一个基因来自于一个单独的个体,因此,我们可能从时间上往回追溯世系。对于文化事物我们也可以这样做吗?不一定。想想我们对《雨中曲》这个曲调的了解,这种了解不太可能源自一个单独的来源。比如说,不太可能只因为另一个人哼了这个调子我就学会了。我很有可能是随着时间的推移,受到父母、朋友、各种电影放映等等的影响无意识地学会的。关于像《雨中曲》的曲调这样的知识通过人群传播,可能有各种事实使它传播得比其他曲调快。但是,把《雨中曲》称作文化基因是有误导性的,因为不像基因,知道《雨中曲》这个曲调的人很少是从一个人那里继承来的。什么样的事实可能让一个曲调比其他曲调传播得更快呢?当然,在某种程度上,我们可以指出是能让知道这个曲调的人更有可能哼唱的事实,也可以指出是能让听过这个曲调的人更有可能记住它的事实。但是,一个曲调可能在这些特征上不占优势,却仍可以比它的竞争者传播得更快,只因为它无处不在。如果一个唱片公司确保一首歌能在所有可用的广播和电视网络上播放,那么,即使是一个不太容易记住的曲调也能很快被数百万人知晓。这就强调了模因论的一个重要限制。在生物进化中,某个变异在一个总体中的快速传播基本上标志着这个变异会赋予变异携带者高繁殖成功率。在文化层面,事情要复杂得多。我们不能从一个曲调在一个总体中的快速传播推断出这个曲调拥有能让它可能从一个思维跃到另一个思维的特征。这个曲调可能并不是特别"有感染力"或"容易记住";这个曲调的制造商可能只是有足够的势力让它无处不在,因此它就比更容易记住但却缺乏资金的竞争者更有可能被学会。再次提醒,重要的是,我们的文化进化理论要足够丰富以记载为什么一个概念得以传播的各种原因,而模因论通过将生物进化与文化进化进行精确的类比,存在使有感染力的传播和由势力支持的传播之间的重大区别变得模糊的危险。

6. 没有文化基因的文化进化

马丁·加德纳(Martin Gardner)(quoted in Aunger 2000:2)抱怨道:"模因论只不过是把谁都知道的事情用一个笨重的术语来表达,而这些事情用枯燥的信息转换术语本可以表达得更好的。"即使模因论者认为文化会进化的观点是对的,如果他们不能用某种方法阐明文化进化的细节也是没有帮助的。模因论者可能会用一个案例研究来应对。假设我们尝试解释为什么更多的人会去购买 Mini 车而不是甲壳虫车。我们可以通过表明一个文化基因——购买新 Mini 车的倾向要比另一个文化基因——购买甲壳虫车的倾向——的适合度要高来解释这个现象。为什么一个文化基因的适合度要高于另外一个呢?也许 Mini 车看起来要比甲壳虫酷,或者也许它们跑得更快，或者它们价格更便宜。结果就是购买 Mini 车这个文化基因的复制品要比购买甲壳虫这个文化基因的复制品多，而这两种文化基因导致其携带者产生不同的购买行为。如果这样的案例研究是我们能想出的最好的，那么，加德纳的反对就反而得到了加强。这种模因论解释只是对一个经济学家或心理学家可能讲述的关于问什么更多的人会去购买 Mini 车而不是甲壳虫的故事进行了表面改装。

认为文化的变化可以从解释导致不同观点的成功和失败的各种因素来理解是几乎没有意义的。一个有用的文化进化理论需要提供关于哪些因素来解释一个概念总体的构成变化的深刻见解，而且这些因素应该不太可能被更传统的学科，如经济学或心理学的学生注意到。模因论尤其不可能产生这样一种信息性的文化进化理论。模因论的支持者们似乎认为，因为进化的基因模型在生物领域中很大程度上是成功的，那么，类似的模型也一定是文化领域应该使用的最好模型。基因被理解为能够被忠实复制的离散颗粒；于是，文化基因就被理解为能够被忠实复制的离散颗粒。也许，模因论者认为现代进化理论的先驱——如 R·A·费舍——表明，只有在遗传是"粒子的"的时候，自然选择才能起作用。记得我们在第二章检验过的问题，也就是弗利明·詹金针对自然选择提出的问题。如果子代在性状上总是介于两个亲代之间，那么，詹金认为似乎有利的变异不会被自然选择累加和保留，相反，而是会随着时间的推移由于"混合遗传"而变淡。费舍主张，只有当遗传是建立在离散颗粒的传递（而不是亲代性状的总体融合）的基础上时，自然选择才能起作用，但这并没有解决上面的问题。相对地，费舍认为只有在一个变异的比率非常高——肯定要比观察到的基因突变比率高——的"混合"遗传系统中，自然选择才有可能产生累积性的适应。费舍的成就在于证明一个粒子的遗传系统会使自然选择即使在低基因突变率的情况下也能有效发挥作用。

费舍的研究直接引出了一系列关于文化进化的问题。"文化突变的比率"是什么意思？我们怎样进行估量？文化突变的比率是不是比基因突变的比率要高？文化突变的比率是不是高到足以让自然选择在没有文化"颗粒"的忠实复制的情况下也能够有效发挥作用？每个生物个体的每一个文化特征是不是实际上都是一种由各种不同的影响（如父母、兄弟姐妹和权威人物）组合而成的混合物？文化继承怎样影响生物的自然选择，比如说，能够不受时间影响保留社会群体特征的文化继承怎样影响自然选择在群体层面发挥作用？所有这些问题通过使用严密的统计学模型加上详细的实证调查可以得到最好的回答——这正是现代综合法的先驱们用来使自然选择成为能够被理解和证实的生物进化解释的技巧。模因论的观点趋向于模糊这些问题的重要性，这就是为什么文化进化理论方面最有建树的研究都是对文化基因持怀疑态度的人所做的——如进化人类学家罗伯特·博伊德和彼得·理查德森，他们试图回答的正是这些问题。(Richerson and Boyd 2005)

要想稍微了解博伊德和理查德森的研究方法为文化的理解带来的希望，可以看看他们对技术创新的讨论。(ibid.: 52 – 54)他们先讲述一个现代船舰上的指南针的发展故事。这是一个复杂的故事，始于发现自然界存在能够指明方向的磁石，进一步的精细改良跨越了几个世纪和大陆。这些改良包括制作能够浮在水面上的磁针，在一个垂直的销轴承上安装一个磁针，加上铁球来抵消钢铁船身导致的失真效果，完善各种系统来减弱指南针对船身摇晃的感应。

这种描述坚决采用达尔文式的渐变主义形式，这点可以被看做是进化的，但却不太可能让任何技术历史学家大吃一惊。创新经常通过许多小的步骤的累积而进行,而这些小步骤的发生所要求的时间和空间跨度都相当可观,这是很容易理解的。当博伊德和理查德森开始询问比较性问题的时候,事情变得更加有趣了。欧洲的帝国创立者成功侵入了美洲大陆,而美洲人没有侵占欧洲。为什么事情是以这种方式发生的呢?他们沿用贾里德·戴蒙德(Jared Diamond 1996)的观点,将其归因于欧洲社会比美洲社会更加快速的技术创新。在第二章中,我们注意到达尔文承认——纯粹从统计学的角度——一个社会群体的大小能够影响这个群体中产生有用的技术发明的几率。博伊德和理查德森提供了一个形式类似的解释来说明这两个大陆在创新步伐上的区别,引用的还是戴蒙德的研究。他们将创新看做一个发生比率接近于文化突变发生比率,也接近于有利文化突变一旦产生频率就会增加的概率的功能。他们指出:

> ……欧亚大陆的面积很大,加上它的东西走向,意味着它每个单位时间里创造的总创新数目要比面积小的大陆多,也意味着这些创新能够轻松地在生态上类似的狭长东西向带状地域上传播。
>
> (Richerson and Boyd 2005:54)

像这样的建议无疑是具有猜测性的,但是,它们表明了新颖地使用进化研究方法解释文化的潜力。

小 结

达尔文的研究主要从两个方面影响了认识论。一个是直接的。在达尔文之前,哲学家们长期在是否存在天生知识的问题上有分歧。一方面,对于很多人来说,似乎我们知道一些我们从来没有学过的东西。但是,如果学习不能解释我们为什么会拥有一个真正信念,那么,什么能够解释呢? 达尔文的进化理论直接提出了一个可能解释这个问题的可行机制——也就是,自然选择——他的研究也因此提供了让天生知识变得有地位的可能性。达尔文的研究还以一种间接的方式影响了认识论。自然选择可以用一种抽象的方式表述,这就使得我们可以将实体而非生物看做是自然选择过程起作用的对象。任何类型的实体只要会发生变化,会繁殖,并且子代肖似亲代,都可以被说成受自然选择的影响发生进化。所谓的"进化认识论"主张科学理论应该满足上面这些条件,因此,进化认识论将科学变化当做一个进化过程来研究。近年来,进化知识学家广泛运用文化基因的概念,将科学理论和一般意义上的概念都看做是文化基因。文化基因应该是基因的文化类似物,它们是复制因子——也就是能够进行自我复制的实体——并且它们构成文化继承的基础。本章中,我们发现怀疑文化基因/基因的类比是有原因的,所有的概念是不是都是复制因子还远没有弄清楚(尽管一些可能是),概念也不太可能总是形成世系(尽管有时是这样)。更重要的是,即使模因论的辩护者们认为文化会进化以及文化进化由不同文化基因的区别性传播组成是对的,也还弄不清楚这个观点所带来的见解中有多少是不能通过使用心理学或经济学模型得到的。这并不是说所有的文化进化理论都没有价值,而是说这样的理论需要考察这些概念是如何被再创造的,它们是怎样突变的,一个概念总体的结构如何影响这个总体的前景等等。这些问题是在达尔文的自然选择理论被详细应用到生物进化之前应该回答的,同样的问题在文化领域也应该回答。

拓展阅读

埃利奥特·索伯清楚地讨论了有关容易受错误影响的信念形成机制和更加精确的信念形成机制的相对进化意义问题,以及与学习相比天生信念的意义问题：

Sober, E. (1994c) "The Adaptive Advantages of Learning and A Priori Prejudice", in E. Sober, *From a Biological Point of View*, Cambridge: Cambridge University Press.

关于波普的进化认识论，请参考：

Popper, K. (1962) "Conjectures and Refutations" in K. Popper, *Conjectures and Refutations*, London: Routledge.

关于坎贝尔的进化认识论的延伸陈述，请参考：

Campbell, D. T. (1974) "Evolutionary Epistemology", in P. Schilpp (ed.) *The Philosophy of Karl Popper*, LaSalle, IL: Open Court.

几年前，出版了一个有用的关于文化基因的论文集，有些论文是敌意的，有些论文是友好的：

Aunger, R. (2000) *Darwinizing Culture*, Oxford: Oxford University Press.

在丹尼尔·丹尼特关于达尔文主义的著作结尾，他也以一种平衡而极其生动的方式讨论了文化基因的概念：

Dennett, D. (1995) *Darwin's Dangerous Idea: Evolution and the Meanings of Life*, London: Allen Lane.

关于现代文化进化理论的精妙概述，请参考：

Richerson, P. and Boyd, R. (2005) *Not by Genes Alone: How Culture Transformed Human Evolution*, Chicago: University of Chicago Press.

第八章 政　　治

1. 达尔文与右派

作为一个维多利亚时期的人,达尔文的政治观不容易融入我们今天所使用的范畴。拿种族来举例,如我们所见,达尔文认为所有的人类种族都是彼此紧密相连的,他通过指出种族之间只能找出最细微的区别来支持这个观点。他强烈反对奴隶制,反对将不同种族的构成进行无差别一般化,但是,他又不是种族平等主义者。他认为种族心理学也存在好的经验原则:"他们的心理特征也是截然不同的……每个有机会将它们进行比较的人都会惊讶于沉默寡言甚至是闷闷不乐的南美洲土著人

与轻松愉快又健谈的黑人之间的差异。"(Descent：198)

更中肯地说,达尔文乐于用高等或低等之类的措辞来描述种族,将低等人类种族比作高等猿类并没有给他什么不安。他认为白种人是最高等的种族,例如,在达尔文从进化角度解释为什么现在人类与其现存的最近的亲属之间的发展差距迟早会变得更大时,就用过这样的描述:

> 在未来某个时期,不会相隔世纪之久,人类的文明种族将几乎消灭并取代全世界未开化的种族。同时,人形猿类,就如沙夫豪森教授所言,将无疑会被消灭。人类与其最近的同盟之间的裂缝将会更大,因为这个裂缝将变得像我们所期望的比高加索人文明程度更高的人类与像狒狒一样低等的猿类之间的差距一样大,而不是像现在的黑人或澳大利亚人与大猩猩之间的距离。
>
> (ibid.：183-184)

正如我们所看到的,要给达尔文的种族观点分类不是易事,要固定住达尔文的理论与一般的政治思想之间的关系也有同样的难度。也许将自然选择引起的进化与强硬右派联系起来这种想法是很诱人的。达尔文的理论有时被用来证明一个严酷的观点的必要性:社会进步最理想的实现方式是个体之间的斗争,在斗争中,如果群体要兴盛,软弱的个体就必须消失。达尔文意识到这种对他的理论的解读,并且疏远它。在《起源》出版后几个星期,他就给莱尔写了一封信:"曼彻斯特的一份报纸对我好一番狂轰滥炸,认为我证明了'力量就是真理'。因此,拿破仑是对的,每个骗人的商人也是对的。"(Darwin 1905：56-57)

达尔文有时也会被用来支持一个相当不同的右翼思想流,破坏经常与左派联系在一起的关于社会改革消除不平等的能力的乐观主义。如果达尔文是对的,右翼观点就是有效的,那么,一些不平等现象(也许是性别不平等)应该直接归因于有关人类本质的深刻事实,而这是任何程度的社会改革都改变不了的。本章的目的是评估达尔文的观点支持任一政治立场——左派或右派——的程度。

2. 退化的社会

达尔文认为支配人类物种的扭曲的自然选择形式"是文明国家中上等阶级的人的数目增加的最大障碍……"(*Descent*:163)他担心品德高尚的人的地位是不稳固的,因为那些趋于不道德的人可能会超越他们,由此降低文明的高度。达尔文引用威廉姆·格雷格(William Greg)(一个工厂主,与达尔文同时在爱丁堡大学就读)来详细说明这个问题,并且表示高度赞同:

> 因此,鲁莽的、退化的、多数情况下邪恶的社会成员增加的速度可能会快于有远见的、大体上道德高尚的成员增长的速度。或者用格雷格先生的话说:"草率的、邋遢的、没有抱负的爱尔兰人繁殖得像兔子一样快;节俭的、有远见的、自重的、有抱负的苏格兰人对自己道德要求严格,有精神信仰,有精明而受过训练的智慧,却将最好的年华付与斗争与独身,结婚晚,留下的后代少。假设一片土地上最初的人口是一千撒克逊人和一千凯尔特人——经过几代的繁衍后,六分之五的人口将可能是凯尔特人,但是,六分之五的财富、权力和知识分子则有可能属于剩下的那六分之一的撒克逊人。在永恒的'生存之争'中,低等的、不受偏爱的种族会占优势,凭借的不是好的品质,而是其缺陷。"
>
> (ibid.:164)

换句话说,高标准的道德在今天的人类群体中是一个脆弱的特征。达尔文早期对道德理性的出现的进化描述(第六章中讨论过)中,自然选择偏爱的是美德,上面的特征怎样与这个描述相协调呢? 他认为,这个描述只限于解释"人类从半人状态提升到现代野蛮人"的道德进程。自然选择在文明社会不再具有同样的特征,结果就是这个进程的反转会成为直接的危险。(ibid.:158)这种向下的趋势在我们观察心理和身体健康的维持时最明显:

> 对于野蛮人来说,身体或思维弱的很快就被淘汰了;而那些能存活下来的往往呈现的是精力充沛的健康状态。另一方面,我们文明人尽我们最大的努力来抑制这个淘汰的进程。我们为低能者、残疾者和病者建造避难所;我们为穷人制定法律;我们的医疗人员尽他们最大的努力拯救每个人的生命直到最后一秒……因此,文明社会的弱势成员增殖。有过处理家养动物繁殖经验的人都会怀疑这样一定会严重损害人类种族。令人惊讶的是缺乏照顾或照顾不当导致的家养种族的恶化速度之快;但是,除了人类物种的情况之外,几乎没有人会无知到让他最差的动物进行繁殖。(ibid.:159)

接下来,我会评估达尔文对人类退化的各种担心的回应。首先,我们应该注意到这些引用的文字显示了达尔文的自然选择概念与我们的概念有着又一个不同之处。达尔文似乎认为自然选择要么是在文明人身上发生了功能故障,要么是根本不起作用。从现代的角度来看,适合度是与繁殖成功率直接挂钩的。如果格雷格认为因为爱尔兰人的繁殖比率要比苏格兰人的繁殖比率高导致爱尔兰人很快超过苏格兰人的观点是对的,那么,也就是说爱尔兰人比苏格兰人的适合度高,进而表明自然选择偏爱爱尔兰人。对于一个充满爱尔兰人的世界是否比一个充满苏格兰人的世界更适合这点我们可能会有看法,但是,这些看法都不是由进化考虑规定的。因此,现代概念认为自然选择出现功能障碍是讲不通的,因为自然选择会偏爱繁殖适合度高的变种,而不管我们可能怎样评价这个更适合的形态的道德。

相比之外,达尔文在展示自然选择时经常强调,他认为"自然选择起作用的唯一方式和目的是每个生物的利益",并且有证据显示他打算从道德意义上来解读这个"利益"。为了支持这个猜测,可以仔细考虑达尔文为支持自然选择而总结的论点。我们在第二章详细评判过这段文字,但是,重要的是,要注意到现代自然选择概念可能只认识到一个论证步骤,而达尔文认识到两个步骤。这段文字的关键语句如下:

> 我认为,如果生物没有像人类那样出现诸多有用变异就太奇怪了。但是,如果生物确实发生了任何有利的变异,那么,毫无疑问,变异了的个体将最有可能在生存之争中被保留下来;然后,根据稳固的遗传原理,这些个体倾向于产生拥有类似变异特征的后代。

(*Origin*: 169 – 70)

今天,我们满足于指出,如果出现能够提高一个生物生存和繁殖能力的变异,那么,考虑到遗传原理,这样的变异也将会在子代中出现。但是,达尔文补充了一个中间步骤,从现代角度来看,这个步骤是分散注意力的。他表明,首先,我们应该期望对每个生物自身的福利有用的某些变异出现;第二,这种变异应该倾向于为生物在生存之争中提供被保留下来的最大几率。自然选择和能够提升个体福利的事物之间的概念联系使得达尔文和格雷格暗示,当被保留下来的变异对福利有害时(如保留病者的例子),自然选择的功能发挥就出现了失常。这种自然选择的道德化解读让我们能够理解达尔文对自然界生存之争的最终结果不抱乐观态度的原因：

> 当我们思考这种竞争时，我们可能通过完全相信自然的战争是有止歇的、恐惧是感觉不到的、死亡一般是会准时到达的以及精力充沛的、健康的、快乐的个体会存活下来并进行繁殖来安慰自己。
>
> （ibid.：129）

3. 社会达尔文主义

扼要重述一下，达尔文担心我们拒绝让不健康的个体（不论是身体上还是心理上）消失有可能会导致这个物种的退化。他没有匆忙下结论断言我们应该让社会中的弱势成员死亡。他认为我们给予不健康个体的支持会对物种的整体利益造成不利后果，但是，他否认这些后果是撤销那些支持的合理理由。达尔文表明，是"我们本质中最高尚的部分"促使我们同情需要他人帮助的人，如果我们冷眼旁观他人的痛苦，将会导致那部分高贵特性的退化。那么，社会退化最明显需要治疗的问题就比疾病要糟糕得多。相反，我们应该希望，由于给予弱势成员的帮助而产生的一些疾病可以通过弱势成员不生育得以缓和，要么因为弱势成员成婚困难，要么因为他们选择不生育：

> 外科医生在做手术的时候可能会让自己变坚强，因为他知道他的行为是为了病人好；但是，如果我们故意忽略病弱的需要帮助的人，那就只能是用现行的无比罪恶去换取可能的好处。因此，我们必须承受弱者存活和繁殖必定会带来的负面效应；但是，似乎应该至少有一个稳定的抑制措施，也就是社会弱

势成员和低等成员不能像健康人一样自由结婚,而这个限制可能会被克制自己不结婚的身心不健康的人无限增强,尽管预期效果达不到希望得到的效果。

(*Descent*: 159 – 160)

达尔文与十九、二十世纪的优生学家也不是毫无联系的。达尔文似乎同优生学家一样愿意承认社会退化威胁的存在,并且将这种退化归咎于所谓的个体之间的遗传缺陷。所有人都担心如果不对人类繁殖加以控制,尤其是在国家提供的照顾能够延长穷人的寿命的背景下,可能最终会导致人类群体的活力下降。但是,达尔文反对就此得出推论,认为这不能成为粗暴干预并积极限制人类繁殖的正当理由。达尔文将希望寄托在自愿计划生育和繁殖的自然调节上,因此,他的观点与20世纪最臭名昭著的打着优生旗号的罪犯的观点是相差甚远的。

达尔文还疏远了社会达尔文主义的最极端的表达形式,他们认为生存之争(不管是个体之间还是社会群体之间的)是人类进步的合理而有效的手段。当然,达尔文确实认为,在过去,自然选择——尤其是促进了同感并为道德理性奠基的群体之间的斗争——产生了许多有价值的人类特征。但是,这并不能得出我们现在应该继续加强社会斗争的强度的结论。达尔文表明"高度文明的国家……不会像野蛮人部落一样排挤和消灭另一个国家"。(ibid.;168 – 169)一般我们无疑会将此解读为一个道德论点:达尔文不知在主张比如说一个欧洲国家绝不会去消灭另一个欧洲国家;相对地,他是在表达他认为真正的文明排除了那种行为的可能性。但是,达尔文补充道,一旦自然选择将同感和智慧等特征放在恰当的位置,就没有理由认为自然选择的斗争将继续作为确保进步的最有效的方式:

引起进步的更高效的原因似乎包括在年轻期间大脑易受影响时接受良好的教育,也包括设置关于杰出的高标准,而教育和杰出标准由最有才干的、最优越的人灌输,体现在国家的法律、习俗和传统中,并由公众舆论实施。

(ibid.：169)

这种达尔文本身的社会达尔文主义拒绝将斗争看做进步的正确方式,倡导教育和强烈的角色模范作用作为文明社会进步的主要手段,这与达尔文作为将社会进步的希望寄托在教育系统上的改革者的政治敌人形象不相一致。

最后,值得一提的是达尔文不赞同的一个反对优生学的现代观点。达尔文否认受限制的生育计划的道德合理性,但是,却不否认这个计划的效力。今天,我们经常会读到,现代遗传学——达尔文对此无从得知——告诉我们受限制的生育计划将永远不能有效地消除遗传疾病。

我们确实应该怀疑优生计划的效力。我们现在所知道的许多遗传疾病不可能通过让感染了疾病的人绝育或确保他们不生育来将其从一个总体中消除。这是因为我们的基因是成对的,许多遗传疾病只有当拥有疾病基因的两个副本时才会发病。任何总体都包括许多绝对健康但却拥有疾病基因的一个副本的人,当两个这样的人进行繁殖时,他们的后代就有四分之一的几率会拥有疾病基因的两个副本,因此他们就会患病。这就意味着让所有患病者绝育并不能根绝许多遗传疾病:我们应该以某种方式控制所有携带疾病基因的健康个体的生育。

那么,有效的生育控制计划就确实是一项浩大的工程,不仅侵扰了患者的生活,也侵扰了健康人的生活。即便如此,也有人在意识到这个事实之后仍然支持优生学。历史学家黛安·保罗(Diane Paul)认为 20 世纪早期的优生学家都意识到了这点。他们所犯的不是简单的事实性错误:"到了 20 世纪 20 年代,他们很好地了解到绝大部分导致精神缺陷的基因都会隐藏在明显正常的携带者身上。对于大多数遗传学者来说,这似乎是一个更好的扩大而非放弃优生尝试的理由。"(Paul and Spencer 2001: 112)

我们现代对优生计划的反对不只是因为我们估计的构建有效生育计划的难度在某种程度上和达尔文反对的原因一样,还因为我们认为,想要提高一个群体的整体健康状况并不能直接证明彻底地忽略患病个体的生命或将对患病个体生活的干涉贬值是正当有理的。

4. 政治与人类特性

现在很少看到达尔文主义者支持使用自然选择的力量提升人类物种,但是,这并不意味着达尔文主义思想被认为不再具有政治影响力。今天,认为达尔文的思想具有政治关联的人通常都是先指出一个恰当的人类本质的描述对于有效的政策干预的重要性。一个良好的对人类心理的描述能够影响我们要执行的政策选择。譬如,一个政府可能怎样做来激励民众为他们的退休生活储存积蓄呢? 美国律师和哲学家凯斯·桑斯坦(Cass Sunstein)认为,如果储蓄是员工必须积极选择不参加而非积极选择参加的默认选项,那么,让员工有机会存下部分工资的方案就能够得到更多的理解。(Sunstein 2005)桑斯坦这条政策建议是建立在心理研究的基础上,研究表明人在做选择时都有一种惰性。

有人认为,达尔文应该对政策制定产生一定的影响,因为用进化心理学来说明我们的心理结构是非常到位的。这些人倾向于认为我们在第五章调查过的启发式适应在这里是一个重要的工具。桑希尔和帕默在他们关于强奸的进化心理研究的书中反复建议,进化心理学的主要价值之一是能够使政策制定者更有效地正视强奸问题。(Thornhill and Palmer 2000)英国哲学家海伦娜·克罗宁(Helena Cronin)认为社会政策如果注意听取关于性别区别的进化心理研究将会受益匪浅:

> 可靠的社会政策要如何不建立在从进化角度对性别区别的了解上呢?所有的政策制定行为都应该包含对人类本质的理解,也就意味着对男性和女性本质的了解。要记得,如果政策制定者想要改变行为,就应该适当地改变环境,而什么是合适的对于男女来说是有很大区别的。达尔文主义理论在向我们表明这些区别方面是非常关键的。
>
> (Cronin 2004:61)

有些人不仅认为进化心理学是能够帮助我们理解我们的心理构成的工具,还认为进化心理学提醒我们这种构成必须被理解为人类本质的一个固定核心。这些人接着表明,进化心理学破坏了怀疑人类本质主张的左翼思想流。如果人类本质是固定的,结果就不会是政策总是对于行为的转变无能为力。但是,这些达尔文主义者认为,我们应该试图操纵环境状况使固定的人类本质能够产生我们想要的行为,而不是试图改变人类本质本身。用电脑术语来表达的话,就是我们能够控制人们接收到的输入数据,因此可以控制他们产生的输出数据,而不能控制将不同的输入与不同的反应进行匹配的程序。对于这个观点,海伦娜·克罗宁是一个坚定的拥护者:

人类本质肯定是固定的。这点对于人类物种历史上的每一个新生儿都是适用的、不变的、共有的。但是,由固定的人类本质产生的人类行为却总是易变的、不同的。说到底,就是固定的规则导致各种各样的结果。自然选择赋予我们固定的规则——组成我们的人类本质的规则,而且自然选择设计这些规则来产生易受环境影响的行为。因此,对"基因决定论"的回应非常简单。如果你想要改变行为,只要改变环境就行了。要想知道哪些改变是恰当的、有效的,你必须知道这些达尔文主义规则。你只需要了解人类本质,不需要去改变它。

(ibid.: 55)

5. 达尔文与性别平等

谁都不应该怀疑,对于使我们充满活力的事物的了解应该对我们执行的政策产生影响。我们还应该准备接受进化论思考是揭秘我们的心理构成的重要工具(加上直接的观察和实验)。然而,我们需要确保这个研究的进行有着惯常的科学谨慎。一个始于人们普遍相信但是完全有偏见的民间智慧——"每个人都知道"的关于人类一般思维和行为的东西——的推理形式非常具有诱惑力。有人在这个基础上补充了一个可行的关于为什么对于我们的祖先来说这样的思维和行为有利的进化故事,这种民间智慧与进化解释之间的匹配被用来支持以下观点:民间智慧描述了我们经过进化的本质的一个真正特征。达尔文在《由来》中讨论人类男女之间的区别时(关于这些段落的详细讨论,请参考 E·理查兹 1983)陷入了这样的陷阱。他先列出身体上的区别:"男人平均来说要比女人高、重、强壮,肩膀方正,有非常明显而突出的肌肉。"(Descent: 621)接着,他继续讨论性格上的差异:"男人比女人更勇敢、好斗、精力充沛,更有发明创造天赋。"(ibid.: 622)直到数页后,他才给出支持这些主

张的证据,但是,他的证据是不足信的。比如说,他指出:

> 我意识到一些作家怀疑【在男女的思维能力方面】是否存在遗传差别;但是,至少从一些展示其他第二性征的低等动物类推来看,差异是可能存在的。没人会争论公牛和母牛、未阉过的公猪和阉过的公猪、种马和母马以及动物园饲养员都知道的大型猿类的雄性和雌性在性格上是有区别的。
>
> (ibid.:629)

有人可能会提出反对意见。与其他动物的类比说明我们有理由认为人类的不同性别之间是有区别的,但是,这也难以证实达尔文关于这些区别的具体特征的主张。达尔文提出的其他证据有三个来源:"普遍承认的"性别区别,知识界的历史名人录,以及一个与这些基本上没有对照研究的观察结果相一致的可行的进化假说。于是,达尔文告诉我们(没有引用任何特定的证据):

> 男人与其他男人之间是竞争对手的关系;他在竞争中感到兴奋,这导致了野心的出现,野心会逐渐变成自私,自私和野心似乎是他的天生而不幸的与生俱来的权利。大家普遍承认女人的本能、快速感知、也许还有模仿的能力要比男人显著……
>
> (ibid.:629)

他告诉我们男人受到的高度尊重:

> 两性在思维能力方面的主要区别体现在男性能比女性到达更卓越的状态,不论他从事的是什么——是否需要深刻的思考、推理或想象还是只需要使用知觉和双手。如果要列出在诗歌、会话、雕刻、音乐(包括音乐创作和表演)、历史、科学和哲学

领域最杰出的男性和女性,双方各列出六个名字,这两个清单之间是没有可比性的。

(ibid.:629)

最后,达尔文表明这些假定的不平等(如果我们承认的话)可以通过假设是因为争夺女人使得男人具有越来越高的才能(这些才能中,达尔文认为耐心,或"坚定和无畏的不懈精神"是主要的构成部分)来解释。既然性选择在自然界中是普遍存在的,既然性选择能够在其他物种中产生重大的两性区别(例如雄孔雀有花哨的尾羽,而雌孔雀的尾羽则非常平常),那么,性选择解释男女在心理天赋差异的能力应该能在更大程度上说服我们相信这些差异是真实存在的:

无论是人类的半人祖先,还是野蛮人,一代一代都出现过男性争夺女性的拥有权的现象。但是,光有身体强度和尺寸对胜利是没有多少帮助的,除非加上勇敢、不懈以及坚定的干劲。

(ibid.:630)

达尔文在此给我们提供的是一个条理清晰的、引人联想的例子,但是,他确实没有证实性选择能够解释的性别区别的存在。另一个条理清晰且引人联想的例子可能会表明男人和女人具有同等的创造力,女人只是不被鼓励去表达这种创造力,或者即使具有创造力也被阻止不能出人头地。这就能够解释为什么难以拟出维多利亚时期在艺术和科学领域做出贡献的杰出女性的清单,这还可以解释为什么大家普遍接受维多利亚时期的女性在创造力上不如男性。如果男女之间在创造力水平上没有真正的差异,那么,这样看来,性选择也就没有什么好解释的了。

我并不是说达尔文认为人类存在两性性格区别的观点是错的;

我只是认为他提供的支持他观点的证据是没有说服力的。近年来，有些人尝试提供更多的证据来支持达尔文的观点。(e. g. Miller 2000)本节的目的只在于强调，接受一组建立在一个合理的进化故事和关于人类心理的可怜数据基础上的关于人类本质的主张是有危险的。

6. 今天的性别区别

有人可能认为前面一节的离题主要是跟历史兴趣有关。那么，要是达尔文仓促地下了关于性别区别和其进化解释的结论会怎样呢？今天的进化心理学家在告诉我们人类思维的运转状况时，他们严密地处理证据，谨慎地记录人类行为和人类心理的异同模式，提议进化假说来解释这些模式，并且小心检测这些假说所设的假设，这就是最好的进化心理研究所做的事情。但是，哲学家大卫·布勒提出了一些关于现代性别区别研究的疑问。(Buller 2005)

布勒详细考虑了被广泛接受的关于男女有着截然不同的择偶偏好的观点。根据大卫·巴斯假说的辩护，男人偏爱年轻的伴侣，而女人偏爱资源数量多的伴侣。(Buss 1994)巴斯认为，这些性别差别正是我们应该期望进化赋予我们的。他的理论论证先开始证明雄性和雌性繁殖实质的根本不对称，这种不对称导致了所有种类的物种在择偶偏好上的不对称。对于雌性来说，繁殖是一个需要巨大投资的过程——要比雄性大得多。雄性和雌性都必须吸引一个伴侣来发生性关系，但是，雌性产生一个卵子的生理成本要比雄性产生一个精子的成本高。一旦受精完成，雄性实际上可以自由地寻找更多的伴侣，拥有更多的后代。然而，对于雌性来说，她必须把资源用于怀孕期，也许还有哺乳期。既然雌性成功实现繁殖必须比雄性使用更多的资源，也就能推出如果她们择偶不佳，她们将会比雄性失去得更多。因此,雌性应该在选择伴侣方面更有识别能力;同时,雄性之间应该进行激烈的竞争来争取与雌性成为伴侣的机会。(Buss 1999:102-103)

巴斯不认为进化考虑预示着人类男性根本不在意他们长期伴侣的特性。男性跟女性一样,也会寻找健康的伴侣,因为一个健康的伴侣能够生育健康的后代,也有可能符合对亲代身份的要求。巴斯补允道,两性都倾向于选择聪明、善良、善解人意的伴侣。(ibid.:134)但是,在其他一些方面,两性的择偶偏好受到他们所接触到的不同适应问题的不同影响。男性寻找繁殖潜力强的伴侣,而女性寻找有能力的,愿意在生育之后提供照顾资源的伴侣。既然这些特性难以直接感知,男性和女性于是进化到根据可发觉的特征来寻找有吸引力的伴侣。男性尤其强调与年轻、健康以及由此导致的繁殖潜力相关的特征,更具体地说,他们寻找的是"嘴唇丰满,皮肤白皙而光滑,眼睛明亮清澈,头发有光泽,肌肉有弹性,身体脂肪分布均匀",以及一些行为标志,如"步伐轻快、有朝气,面部表情生动,精力充沛"。(ibid.:139)女性尤其强调与资源持有相关的特征,确切地说,她们寻求的是经济财富、社会地位以及与这些相关的能够更容易感知到的特征,如就业类型、穿着、教育背景和年龄。此外,她们还注重一些能让男人获取和保留资源的特征——如抱负和可靠性。最后,她们会受到愿意为后代投入资源的男人的吸引。因此,进化心理学预示、解释并证明了所有人已知而只有笨蛋才会否认的男女想要的东西之间的区别。

到目前为止,我对巴斯立场的展示方式是将一个相当抽象的进化论点和关于两性在择偶偏好上的区别的民间智慧进行匹配。男性真正偏爱年轻女性而女性偏爱资源丰富的男性的证据在哪里呢?布勒认为,证据可能不如有些人认为的那样有说服力。让我们从女性择偶开始。一些科学家——包括进化论者——认为女性偏爱地位高的男性是因为近来出现的社会经济不平等,而不是因为在遥远的过去自然选择造成的择偶偏好。他们表明在古代没有倾向于地位高的男性的进化偏好;相对地,两性都寻求财富和资源,而最近的经济环境意味着女性寻求财富和资源最有效的办法就是选择一个地位高的男性,而不是直接为自己寻求高地位。巴斯对此的回应是引用证据来表明,收入高的女性是所有的女性中对地位高的男性有强烈偏好的典型代表。(ibid.:124)然而,布勒怀疑女性是否普遍偏好地位高的男性。

布勒批评了20世纪90年代由汤森德和利维(Townsend and Levy)所做的研究,在这个研究中,112名女性被要求看两个男模的照片。一个模特在之前的研究中被(另一群女性)认为是相貌上好,另一个则是相貌平平。这两个模特会有三套装扮:一套是汉堡王制服,一套是朴素的灰白色衬衫,一套是"白色正式衬衫,配有设计师名字的佩斯里领带,左肩上搭着一件海军风夹克,左腕上带着一块劳力士腕表"。(ibid.:376)实验者选择这三套服装来分别作为低、中、高三中社会经济地位的标志。作为研究对象的女性观看每个模特穿不同服装的照片,然后回答她们是否愿意对这个人采取各种行为(比如说喝咖啡和聊天,约会和结婚)。实验者提供不同的值来反映她们的自愿程度。

就绝大部分而言,汤森德和利维采访的女性自愿与身穿高地位服装的模特实施各种行为的程度要比与身穿其他服装的同一个模特高。另外,当相貌平平的模特穿上代表高地位的服装时,研究对象愿意与他实施行为的值要高于身穿代表低地位服装的英俊模特。因此,似乎可以看出女性对于地位的关注要比相貌多。但是,这种解读也存在问题。布勒指出,英俊模特穿中地位服装时的值要要高于相貌平平的模特穿高地位的服装,至少这点表明相貌的分量要比地位重。更能说明问题的是,布勒指出参加研究的所有女性都来自锡拉库扎大学(Syracuse University)——一座美国著名的贵族私立大学。如果大多数被采访的锡拉库扎大学的学生都认为自己的社会经济地位是中高端,这个假设似乎是合理的,那么,她们可能只会挑选她们感觉社会经济地位与她们类似的伴侣。这就能解释为什么她们普遍偏好身穿中等或高等制服的模特。要么,就是学生们可能试图挑选她们认为教育背景与她们类似的伴侣。这种偏好也解释了为什么她们普遍不愿意考虑与身穿汉堡王制服的人结婚。换句话说,女性不是普遍偏好地位高而是偏好在很多方面与自己类似的男性的假设也可以解释汤森德和利维的数据。这个假设不仅仅是猜测。很多社会学研究表明,婚姻伴侣在很多不同方面都趋于类似,包括社会经济地位、种族地位和宗教。

那么,男性的择偶呢?巴斯指出,我们不能精确指出我们过去的环境提出的进化要求预言怎样的偏好,尽管他非常肯定进化要求预言了对年轻的偏好。也许,男性应该受到繁殖力处于峰值的女性——最有可能怀孕和成功分娩的女性——吸引。这些有可能是二十出头的女性。也许,男性应该受到繁殖值处于峰值的女性——在余生中有可能孕育最多后代的女性——吸引。这些有可能是十几岁的女性。进化考虑是否至少能预示所有的男性都应该偏爱大约在15~25岁之间的女性呢?还是年龄大的男性会偏爱25岁以上的女性呢?这些问题没有明显的答案。

巴斯的一个研究调查了超过10,000名男性和女性,他们来自六个大洲的33个国家。(Buss 1999)平均起来,这个群体中男性偏爱在27.49岁结婚。他们平均喜欢跟比自己小2.66岁的女性结婚。所以,这的确意味着,巴斯所调查的男性一般偏爱处于繁殖力峰值的女性(25岁左右)。此外,一方面,巴斯研究中的男性偏爱跟比自己小的女性结婚,而另一方面,来自所有国家的女性都倾向于偏爱比自己大几岁的男性(平均来说,大 3.42 岁)。因此,巴斯确实提供了证据来支持两性之间存在普遍的择偶偏好。即便如此,也不能草率断言男性一般偏爱处于繁殖力峰值的女性。巴斯调查的男性平均年龄小——大约在 23.5 岁左右。如果没有关于比他们年长很多的男性偏好的信息,就不能排除男性一般偏爱虽然比自己小几岁但与自己年龄接近的女性的假设。我们的数据源并没有表明人类男性普遍偏爱处于繁殖力峰值的女性,只表明了他们偏爱比自己年轻的女性。比如说,50 多岁再婚的男性一般偏爱比自己小 10 到 20 岁的女性。(Buss 1999:136)这些女性早就过了繁殖力峰值的年纪。布勒还颇顽皮地指出,并不是所有的男性都在他们的妻子过了繁殖高峰之后就离婚,这可能是因为这些男性虽然想要和 20 出头的女性在一起,却又因为某些原因觉得不能这样做。但是,布勒的说法还表明,这些年纪大了的男性都偏爱与自己同龄的女性。

现在,让我试着从这些研究中得出一些结论。择偶偏好存在两性差别这点似乎是可能的。此外,这些差异中有一些可能有进化论解释,但是,这并不意味着弄明白这些偏好是什么或它们的解释应该采取什么样的形式是一件容易的事。巴斯本人也意识到择偶偏好的复杂事实。男性并不都偏爱二十几岁的女性,并且女性是否将资源看得比相貌重也不清楚。我们需要避免被诱惑去使用一套人类可能在过去面对的问题来说明任何怀疑男性偏爱年轻女性或女性寻求资源的人都是逃避现实的反进化论者。毕竟,如果我们强调的是不同的进化问题,我们就能从进化角度使一套完全不同的择偶偏好变得可行。比如说,进化心理学家肯里克和基夫(Kenrick and Keefe)表明,对一个养育后代的稳定而有效的同盟的需求可能会使人偏好一个在很多方面都与自己类似的伴侣,包括类似的年龄:

与其他哺乳动物相比，人类男性在照顾后代上付出得更多。尽管对新奇而年轻的性伴侣的偏好会影响一个男性的择偶尝试，但是，引起与伴侣结合和合作的偏好会促使男性在养育上投入，并通过增加后代的存活率提升适合度。伴侣间长期的持续互动会因为彼此拥有类似的期望、价值观、活力和习惯变得更简单。偏好在年龄以及其他一切方面与自己类似的伴侣会使长期的伴侣之间的合作变得可行且具有适应性。

(Kenrick and Keefe 1992: 851)

要将一个"每个人都知道"的关于两性择偶偏好的描述与一个可能的人类物种过去的适应方案结合起来，并使用这两个观点作为不可攻破的证据来证明关于某个已被广泛接受为普遍人类本质组成部分的特征的深刻事实，这不是一件难事。但是，并不能保证自然选择是以我们最初认为最有可能的方式起作用的，并且完全有理由怀疑认为自然选择把我们塑造成符合任何可能的公众以为的人类本质形象的想法。这就是为什么我们应该在一口气全盘接受达尔文主义心理学在过去二十年提出的关于使男人和女人充满活力的事物以及关于政策制定者做好他们的工作所需要知道的事情的所有主张之前，需要格外小心谨慎。这也是为什么一个恰当的人类物种进化观点不一定能弱化人们的怀疑，即有关普遍人类本质的主张有时说明的更多的是某个特定时刻我们主要持有的自我形象，而不是不受时间影响而一直存在的人类物种的根本特征。

7. 达尔文和左派

著名的伦理哲学家彼得·辛格(Peter Singer)表明一个恰当的关于人类本质的达尔文主义观点使得一些左派思想的中心主旨站不住脚。(Singer 1999)辛格大体上认为，左派从传统上支持错误的观点,他们认为人类本质可以无限延展,并且如果我们教育人们让他们摈弃坏习惯,社会弊端就会消除。辛格不倡导抛弃左派目标(缩小收入、发言权的悬殊的目标,根据个人所需而不是个人才能分配资源的目标),但是,他认为"左翼"必须重新思考要怎样按照对人类本质的事实和特征的达尔文主义理解来实现自己的目标。因此,他倡导一个经过反思的"达尔文主义左派",这个左派不应该:

否认人类本质的存在,不应该坚持认为人类本质就一定是好的,或者人类本质是可以无限延展的;

期望通过政治革命、社会改革或改善教育来结束人类的所有冲突和争斗;

想当然地认为所有的不平等都是由于歧视、偏见、压迫或社会调整造成的。有些可能是,但并不是所有都是……

(ibid.: 60 – 61)

本章剩下的内容中,我的主要目标是调查一个人类本质的进化观会带来的真正政治后果。第一,重要的是要考虑否定人类本质的存在与主张人类心理的延展性之间的关系。许多社会学和心理学研究者都非常重视证明人类多样性。他们认为当我们反复查看进化所经历的时间和空间时,发现人类在心理上几乎没有多少共同之处;并且,他们认为,如果人类在心理特征上有很大的共同性,这种共同性通常应该归因于他们共同的社会或文化背景。重要的不是要不要将这套观点与否认人类本质的存在或认为人类本质确实存在但会发生变化且具有多样性的观点等同对待,重要的是要注意从这套观点不能推理出人类心理的变化是一件简单的事情。即使我们的心理概况是由社会决定的——比如说,年轻女孩都喜欢玩玩具,年轻男孩都喜欢玩枪,这是因为他们接触的外部刺激(来自父母、朋友或其他来源)不一样,也不能说明改变这些趋势(将其反转,或完全消除差异)是一件普普通通的事情。所以,即使人类心理是由社会决定的,并且因此是易变的,也不能说明它可以像一块金属在一个好的铁匠手中锻造一样进行延展。这还意味着"社会工程"改变人类行为的普遍失败并不能说明对于人类本质(辛格将人类本质与传统左派联系在一起)的怀疑是错误的。

达尔文本人在关于人类本质的延展性上出人意料地开放。如我们所见,他认为自然选择解释了两性在天赋水平上的悬殊,但是,他对于将女性的天赋水平提升到男性高度的前景抱着乐观的态度。达尔文相信一个人一生中所练习的才能趋向于传递给同性别的后代。男性在过去使用思维能力要比女性多,这种思维能力就传递给了男性后代。男性需要使用这些能力,因为女性在择偶时的识别能力使得智力成为吸引女性的一个前提条件。因此,可以推断出,促进女性的思维能力能够让她们与男性达到同等高度:

> 为了与男性达到同样的标准,女性应该在接近成年时接受精力和坚持精神上的训练,应该将她的理性和想象力锻炼到最高点,然后她可能把这些特征主要传递给她成年的女儿。
>
> (*Descent*: 631)

虽然如此,达尔文指出,这个世界将只会提高那些能够幸运地受到教育和训练的女性(或有幸成为一个受过良好教育的女性的后代)的智力。如果大多数女性都无法享受到教育,如果这个事实使她们与受过教育的女性相比在繁殖能力上没有什么区别,那么,从整体上来看,经过了数代,女性也不会出现逐步提高。最后,在论及这些女性时,达尔文最终因为一个社会学性质的考虑缓和了他的乐观主

义,因为这个考虑与他认为维多利亚时期的日常生活对男性提出的要求有关:

> 就像前面谈到过的身体力量一样,尽管男人现在不需要战斗来赢得妻子,这种形式的自然选择也消失了,但是,对于成年男子来说,他们一般都要经历艰难的奋斗来维持自我和家庭;这将使他们的思维能力保持在高标准或甚至有所提高,这样一来,就造成了现在两性间的不平等。
>
> (ibid.: 631)

或者,用直白的话讲,就是男人因为在日常生活中作为一家之主需要在更大程度上使用他们的大脑,因此比女人聪明。这是达尔文的观点——男女间智力天赋上的不平等可能通过使两性都能普遍接受要求严格的教育和鼓励女性在工作中做到负责的岗位而得到很大的缓和——的一个清楚的逻辑结论。这些针对不平等的补救措施与辛格的传统而非达尔文主义左派可能建议的措施是完全一致的,即使达尔文认为进化是造成这些不平等的原因。

一个现代达尔文主义者会对以上内容做出回应,认为相信人类本质的延展性的人不会真正得到达尔文观点的支持,因为达尔文在这点上的看法是完完全全错误的。再次强调,达尔文认为如果一种才能在一个人一生中被使用,那么,这个才能就有可能以成熟的形式出现在这个人的后代身上。达尔文对延展性的解释借助的是获得性性状的遗传,他认为应用了创造力的人要比没有应用的人有繁殖优势,而这种创造力会通过"应用遗传"机制传递给后代。如果女性也应用她们的创造力,那么,这项才能也会得到加强并传递给女性后代。现代达尔文主义者可能认为,问题在于我们不再相信获得性性状是遗传的。

现在,大家完全同意遗传不是按达尔文所说的方式来运转的(关于获得性性状是遗传的有没有任何意义这个问题将在之后提出来),这是不是意味着自然选择形成的性状是不具有延展性的呢?假设,首先,人类本质包括一系列通过基因遗传的适应,这是不是根据克罗宁所说的人类本质是"固定的"的事实得出的呢?从我们正在考虑的观点来看,一代一代下来,由于生物携带基因的差异导致个体出现适合度的有利差异,这种有利差异被不断累积和保留,在这个基础上,自然选择构建适应。当然,基因不能独自产生生物性状——基因的效果取决于基因所处的环境。(Lewontin 1985)因此,就像我们正在假设的,如果这些基因差异能够在适应形成期间相当持续地产生显性差异,那么,这一定是因为这些基因处在非常恒定的发育环境中。因此,改变发育环境能够改变基因拥有的效果,也就是说,改变环境能够导致人类适应的改变。

至此,这个论证确实有点仓促。诚然,适应的逻辑里没有任何东西告诉我们适应是不可延展的。虽然如此,一个人一生中或数代之间,发育环境会出现变化。一个提高适合度的性状的发育如果依靠的是非常精细而具体的环境条件,那么,它的出现几率有可能很小。发育的过程本身受到自然选择的影响,自然选择能够缓和环境的小变化对发育造成的影响,因此,即使在局部环境变化的情况下,也能增加个体发育过程中提高适合度的性状的出现概率。因此,通过基因继承的适应的发育就不太可能受环境小变化的影响。

然而,自然选择能做的是有限的,自然选择能够使一个适应的发育灵活应对这个适应形成时特有的环境小变化。但是,就像进化心理学家科斯米德斯和托比强调的:

> 发育过程经过自然选择能够保护自己不受进化适应的环

境中所特有的普通环境和基因变化的影响,但是,自然选择不能使发育过程免受新的或异常的进化操纵的影响。

(Tooby and Cosmides 1992：81)

发生在人类物种过去的自然选择没有让我们的适应的发育抵抗只在现代社会中出现的环境变化的影响的先见之明,自然选择也不需要使发育能够抵抗很少在过去出现的环境变化的影响。即使人类本质是一套基因遗传的心理适应,我们也仍然应该期望,在出现新的或少见的环境要求时,本质会发生改变,因为这两种环境要求都有可能使适应的发育脱离正常轨道。

据说参议员 J·威廉姆·富布赖特(J. William Fulbright)在1969年华府举行的"人与兽"会议(the Man and Beast conference)上发言：

> 如果我们假设人一般趋向于天生好斗……如果这是人类所固有的,且不能通过教育使人远离这个特征,这将使一个人对现在面临的问题采取截然不同的态度……如果我们天性里就有这种好争斗的趋势,那么,我肯定就不用自找麻烦去谈什么限制军备或跟俄国人谈判了。

(Quoted in Segerstrale 2000：92)

我们已经看到,没有一个好的论点能将作为一套基因遗传适应的人类本质概念论证为固定的人类本质概念。这是不是意味着,我们应该不再考虑富布赖特的担忧呢？原则上,适应凭借操纵发育环境来发生变化的事实并不意味着最能影响适应的操纵发育的具体形式是改变教育环境。对发育的理解不够到位,并且早期的发育干涉对后来的性状显现产生影响的方式可能是高度反直觉的。因此,如果好斗是一个基因遗传适应的话,那么,我们到目前为止所说的内容中没有能够证实通过不同的教育方式可以让人们远离这个适应。如果我们不仅打赌人类本质会发生改变,还打赌人类本质能够通过教育进行延展,那么,我们就超过了证据所能证明的范围。

我认为,这是有道理的。从心理适应问题上退回来,我们不太可能认为改变教育制度会对我们结构上或生理上的适应造成影响。也许我们可以教人们用不同的方式走路,这样他们的步法将有所提高,但是,用不同的方法教他们走路并不能改变他们眼睛的颜色(尽管现在的有色隐形眼镜能让我们轻易改变我们眼睛的表面颜色)。我们的一些思维倾向也可能不受我们受教育方法的改变的影响。只有在个案研究的基础上,我们才能确定教育干涉是否对具体的认知适应造成了影响。但是,辛格的传统左派应该从第七章所举的关于学习能力本身的适应优势的例子中获取希望。如果自然选择让人类物种变得善于接受学习能力,那么,相当多的心理特征将能确实反映最近几代以及环境变化教会我们的东西,反应的方式是不能够随着社会、物理和生物环境的变化来习得的。

到目前为止,我都在假设自然选择造成的任何适应都能通过基因的传递遗传。但是,只要亲代的生物出现影响它们的适合度的差异,只要子代在这些差异方面与亲代类似,就是自然选择在起作用。我们通常认为亲代生物之间的基因差别解释了为什么子代继承的是与亲代有区别的特征,但是,也并不一定就是如此。(Mameli 2004)举三个例子,人们拥有的财富数量不一样,他们将自己的财富留给他们的后代。受过良好教育的人通常为他们的孩子寻求良好的教育,结果就是他们的后代也受到良好的教育。人们的道德准则也不一样,他们通过直接教育影响后代的道德观,或是间接影响孩子的学习环境来影响他们的道德观。如果一个人的财富、教育或道德水平对他的生存或繁殖前景有系统的影响(比如,改善获得医疗的权利或减轻吸引伴侣的难度),那么,自然选择就能够作用于基因差异不能解释的适合度差异。另外,财富、教育和道德本质都是一个人一生中能够获取并传递给后代的特性。因此,认为现代生物学排除了获得性性状遗传的可能性的看法就有失偏颇了。

我们不应该摒除非基因遗传形式,包括社会和文化继承,对人类物种的进化具有重要性的想法。如果这些遗传形式很重要,那么,人类物种的适应就可能通过操纵社会结构使适应能够在几代间进行可靠发育而发生变化。也许,在这个背景下,最有趣的非基因遗传形式是建立在构建生态位的基础上。正如达尔文所意识到的,生物不仅仅会变得习惯于适合一个结构独立的环境,它们还会主动改变和维持它们的环境。这是达尔文在他最后出版的一本关于蚯蚓的著作中强调的主题之一。即使是蚯蚓也有能力改变它们的环境,改变达到一定的程度,以致蚯蚓反复翻到地面上的泥土堆能够掩埋或拱起大块的石头。生态位的建立能对遗传起到作用,因为亲代可能以确保维持子代发育环境的方法来行动。(Sterelny 2001a)成年海狸通过修筑堤坝来保持一个含水的环境,这样的环境为年幼海狸获得建筑堤坝的技巧提供了方便。生态位的建立过程从某种程度上解释了亲代和子代之间的相似性,是凭借亲代的集体行为而非由某个亲本传递给后代的东西(基因、财富或知识)来解释的。人类是建立生态位的大师。我们共同建立的环境要素有图书馆、学校和医院等,这些环境要素为后代的发育提供了便利,确保他们具有更新这些图书馆、学校和医院的技巧和能力。

我在本章开头指出,达尔文的理论有时候会与强硬右派联系在一起。卡尔·马克思也受到达尔文理论的吸引,他在1861年写信给费迪南德·拉萨尔(Ferdinand Lassalle)时写道,"达尔文的研究是最重要的,迎合了我的意图,因为它为历史阶级斗争提供了一个自然科学的基础"。(Marx and Engels 1936:126)在辛格一本短篇著作的开头,他引用了马克思《论费尔巴哈》(*Theses on Feuerbach*)中的一段文字作为他认为左派应该抛弃的观点示例,"……人类的本质不是每个个体所固有的抽象概念,实际上它是社会关系的总和"。(Singer 1999:5)

达尔文没有证明马克思是对的。另一方面,我也不清楚一个合格的达尔文主义者是否必须抛弃马克思关于人类本质的观点。我们不应该认为人类本质是每个个体所固有的抽象概念,至少如果这样的观点意味着人类本质是我们所有人共有的一种基因规定的本质时,我们不能这样认为。共同持有的基因在公共发育环境中发育并产生共同持有的心理特征,这些心理特征由社会相互作用构建并维持。社会和文化继承系统通过子代向亲代学习,以及整个亲代为后代保持结构健全的发育系统的集体行为来促成人类心理的可靠发育。一个合格的达尔文主义者也依然有很多理由认为"社会关系的总和"在人类本质的建构和重构中起重要作用。

小 结

达尔文将自己的理论应用到政治事务可能会使现代读者手忙脚乱。例如,尽管他担心我们照顾病者的趋势可能导致人类物种的退化,但是,他不倡导我们停止这种照顾,因为他认为停止这种行为会产生比物种退化更糟糕的后果。尽管他认为自然选择使男人比女人更有天赋,但是,他认为要求严格的教育体制能够将女性个体的天赋提升到男性的高度。现代达尔文主义者很少尝试将进化观点与政治问题联系起来,但是,当他们这样做的时候,采取的方法通常与达尔文迥异。有时,他们会表明合理的政治干预需要理解人类本质,并且进化心理学是提供这种了解的一门科学。原则上这是完全合情合理的,但是,我们必须保证进化心理学提出的关于人类本质的特性的具体观点经过仔细审查。更少见的情况是,现代达尔文主义者认为,许多左翼思想者坚决怀疑人类本质的固定性,但他们的立场又不堪一击,但是,这些左派在面对进化研究时不需要改变他们的立场有两个原因。第一,即使我们赞同人类本质包含一套基因遗传适应,这些适应仍然是会改变的。第二,认为基因是人类遗传的唯一动力是一个错误。社会和文化资源以各种不同的方式在遗传中起到作用,甚至会牵涉到人类本质。

拓展阅读

《由来》仍然是关于达尔文自己对政治问题的持续讨论的最佳参考,尤其是第五章(论自然选择对文明国家的影响),第七章(论种族)和第十九、二十章(论两性差异)。德斯蒙德和摩尔撰写的《由来》引言详细讨论了达尔文的种族观。

丹尼尔·凯夫利斯(Daniel Kevles)的书是开始研究优生学历史的最佳参考:

Kevles, D. (1995) *In the Name of Eugenics*, Cambridge, MA: Harvard University Press.

关于达尔文的观点与优生学之间的关系,请参考:

Paul, D. (2003) "Darwin, Social Darwinism, and Eugenics", in J. Hodge and G. Radick (eds) *The Cambridge Companion to Darwin*, Cambridge: Cambridge University Press.

伊夫林·理查兹(Evelleen Richards)撰写了一篇关于达尔文女

性观的令人印象深刻的历史研究文章:

Richards, E. (1983) "Darwin and the Descent of Women", in D. Oldroyd and I. Langham (eds) *The Wider Domain of Evolutionary Thought*, Dordrecht: Reidel.

各种政治陈词在 20 世纪 70 年代的社会生物学辩论中随处可见。关于这场辩论的生动历史描述,请参考:

Segerstrale, U. (2000) *Defenders of the Truth*, Oxford: Oxford University Press.

彼得·辛格在一本短而生动的著作中提出理由证明左派需要重新思考它的一些设想:

Singer, P. (1999) *A Darwinian Left: Politics, Evolution and Co-operation*, London: Weidenfeld and Nicolson.

大卫·布勒详细考虑了性别差别以及其他与政治相关的关于人类本质的各种主张:

Buller, D. (2005) *Adapting Minds: Evolutionary Psychology and the Persistent Quest for Human Nature*, Cambridge, MA: MIT Press.

将生态位的建立融入人类进化的实例在很多地方都出现过,包括:

Sterelny, K. (2003a) *Thought in a Hostile World: The Evolution of Human Cognition*, Oxford: Blackwell.

第九章 哲　　学

1. 人在自然中的位置

从最抽象的层面讲,达尔文的哲学天赋是在系谱方面的天赋。通过果断地表明人类物种是生命树的一部分,达尔文鼓励我们用研究其他物种的方法研究我们自己。我们应该把让哲学家备感兴趣的人类能力——称赞、指责、感动、合作、认识、计划和行动的能力——看做是历史进程的产物,这些能力的功能已经随着时间的推移发生了改变,但仍带有最初的功能留下的痕迹。这些能力塑造了我们的物理、生物和社会环境,反过来也被这些环境所塑造。在这些常规方面,达尔文的观点与

19世纪的其他伟大系谱学者的观点类似,如弗里德里克·尼采。

人类能力是历史进程的产物,但是,是什么样的进程呢?总体而言,达尔文将自然选择视为影响生物世界构成的最重要的作用力,但是,他并不认为人类能力应该只从自然选择的角度进行解释,并且,他所理解的自然选择与我们今天的理解也不尽相同。他对道德理性和情感的讨论将自然历史解释放在最显著的地方,但是,他在自然选择的基础上补充了不同的方法,如应用遗传、推理、经验和学习来解释这些能力的起源和持续改变。从这些方面来看,达尔文不是一个达尔文主义者。

在本书的最后一章,我将在总体上展开关于达尔文的哲学影响的思考。达尔文告诉我们,生命是一棵巨大的树,人类物种是树上的一根细枝。我们能从这个意象中得到一点安慰,强调我们实际上不只与猿类有亲属关系,归根结底我们与整个自然有亲属关系。但是,达尔文的观点在很多人的眼中也揭露了人类物种骄傲自大的倾向。我们与自然不是完全分离的,我们不是凌驾于自然之上,我们也不是进化最伟大的作品。我们和蠕虫、昆虫一样,都是生命"盘根错节的河岸",达尔文在《起源》的末尾对这点进行了反复思考:

> 注视着一个盘根错节的河岸是一件有趣的事,岸上覆盖着各种植物,鸟儿在灌木丛里歌唱,各种不同的昆虫轻快地到处爬动,蠕虫在潮湿的泥土里缓缓爬行;这些结构精巧的形态,各自与众不同又相互依赖,从而衍生出复杂关系的形态,全都是由在我们身边起作用的法则产生的。想到这些也是一件很有趣的事。

(*Origin*: 459)

这段话之后的内容就是《起源》的结尾，表示出对认为在达尔文的眼中智人没有任何特殊性的想法的怀疑：

> 因此，从自然的战争中，从饥荒和死亡中，我们所能构想出的最崇高的对象，也就是高等动物，很快就出现了。从这个角度来看，生命是壮丽的，拥有不同的能力，这些能力最初被注入多种或一种形态；在地球遵循不变的重力法则进行公转时，无数起源简单的最美丽而奇妙的形态就已经或正在进化。
>
> （ibid.：459–460）

"高等动物"即"我们能构想出的最崇高的对象"，尽管达尔文将人类物种视为自然的一部分，但他是否将我们看做是最高等的动物呢？

2. 骄傲自大

有时，达尔文被描述为暴露人类的普通地位的众多革命性思想家之一。哥白尼证明地球不是宇宙的中心，而只是围绕太阳旋转的多个行星之一。达尔文表明人类不是与自然分离或在自然之上的一个物种，而是像所有的物种一样，是生命树的众多分支中的一支。达尔文向我们表明，我们的自我形象定位需要有自知之明。人类物种是唯一的，但是，唯一性在自然界中无处不在。

想要尝试挽救人类在自然界中的特权地位，不需要否认我们与其他物种的亲属关系，可以通过表明在某种意义上，我们是进化的顶点，是经过几十亿年努力达到的顶峰。但是，这也是一个很多人认为被达尔文成功摧毁的观点。尤其是史蒂芬·古尔德试图破坏两个将人类描述成进化蛋糕上锦上添花的装饰品的观点。第一，他认为进化是一件具有高度偶然性的事情。(Gould 1991)我们在地球上看见的物种,包括人类,都绝不是进化过程的必然结果。古尔德认为,进化的结果极易受到细小变化和微小纷乱的影响,造成我们在"回放生命的录像带"时,每次都会发现截然不同的结果。第二,古尔德认为(还有其他许多现代生物学家也这样认为),进化不是总是前进的。(Gould 1996)当微软告诉我们Office"升级"了,他们可能是想表达,他们的产品发生了改变,并且是变好了。古尔德认为,至少在生物学中,将进化冠以这种不断前进式的解读是非常具有误导性的。古尔德相信人类是由进化产生的,但是,我们的存在只是一个没有任何上升趋势的过程产生的脆弱结果。

必然性和前进性的概念尽管与将人类视为进化必然的至高点的观点是一致的,但也有区别。如果生命有很多种不同的变好的方式,如果非常小的变化能够导致进化采取其中一种特定的上升道路,那么,生命的历史可能就是不断前进的、偶然的。相反,生命的历史就有可能是高度受限的,以致不论起始条件是什么,进化都可能到达同一个终点。即便如此,这个终点可能并不高于各种可能的起点。在后面这种情况下,我们看不到进步性,也看不到偶然性。这两个概念需要分开进行调查。

3. 偶然性

当古尔德说明进化是高度偶然的时候,他心里在想什么呢?他不是在提出一个关于生命在我们星球既定的一般特征下可能会怎样出现的主张,也不是在提出一个关于一个星球拥有促使生命出现的特征的可能性的主张。他不仅仅是在说明大型环境灾难(超新星、陨石坠落、磁极反转)能够造成大规模的灭绝,并为幸存者带来新的进化结果。古尔德的观点大致是,一旦进化进程开始,随着时间的推移,非常细小的变化会被迅速放大。如果生命的历史哪怕是发生细微的变化,今天世界上的物种构成都将会完全不同。

关于细小的、偶然的事件能够影响哪些物种的出现的主张是那些将物种视为个体(参考第四章第五节)的人能够轻易得出的结论。我们可以通过考虑一个关于另一种类型的个体——即个人——的类似偶然性主张来进行理解。如果我的父母没有遇见,或者遇见得早些或晚些,我就不可能存在,即使有一个(或可能是几个)与我非常类似的人可能会存在,这种想法是合情合理的。现在,考虑一下地理隔离形成新的物种的观点。举个例子,如果一个物种最初形成是因为一小群鸟与主要鸟群分离,又被吹离飞行航线落到一个岛上。一些将物种视为个体的观点版本可能会认为,如果另一群从这个主要鸟群分离出去的鸟也定居在这个岛上,因此而产生的物种与我们实际上看见的物种可能不尽相同。这是一个确保偶然性主张的下策,因为尽管它表明如果生命的录像带重放,我们将不太可能看到智人的出现,但是,重放录像带将总是会产生与我们非常类似的物种这个想法却是可能的。

如果古尔德的观点不仅认为人类物种是偶然的,还认为类人动物——与我们在很多内在和外在相似性的生物——也是偶然的,那么,这就是一个有趣的主张。(Sterelny 2001b)如我们所见,一个物种随着时间的推进获得的性状取决于这个物种中可用的变异和环境对物种的要求(以及其他)。从理论上讲,这两个因素都会受到细小变化的影响,因此,一个物种获得的适应也会受细小变化的影响。飞行模式的细小差异可能会决定哪群鸟会与主要鸟群分离;哪群鸟将最终被隔离在一个偏远小岛上将会影响新物种形成过程中可供自然选择起作用的变异的范围,因为分离出去的鸟群的基因构成与亲代相比可能是完全不常见的。或者考虑一下性选择的作用。如果你的后代的身体外貌与物种其他成员的择偶偏好一致的话,将会获得相当的进化优势——即如果你有性感的儿子或女儿,你的适合度就得到了提高,因为性感的外貌将使你的儿子和女儿更有可能繁殖。但是,如果这些择偶偏好(蓝色羽毛还是黄色羽毛?长尾巴还是高鸟冠?浅色皮肤还是深色皮肤?)最初的确定是偶然的,那么,这个物种的适应进化整体上也可能取决于较小的偶然事件。

这些是支持古尔德的偶然性主张的主要理论思考。有人可能提出更多的理论论点来进行反驳。即使一些性选择造成的性状遵循了偶然性的原则,也许其他许多不同的类人的性状——最明显的是计划和交流等构成人类智力基础的能力——还是能够在一系列不同的环境中提供生存和繁殖优势。这些性状是无论如何都有可能进化的。

理论思考对这个论点的两面都能产生影响。理想的情况是,我们应该通过对这个偶然性主张进行实证测试来解决理论纠纷。问题在于我们不能真正重新播放生命的录像带来看人类通常是否进化了。即便如此,生物学家西蒙·康韦·莫里斯(Simon Conway Morris)(具有讽刺意味的是,古尔德使用了他的研究来支持自己的偶然性主张)还是认为,我们对于进化的了解对古尔德是不利的。(Conway Morris 2003)康韦·莫里斯表明趋同进化是地球上的一个常规事件。如果面临类似的环境要求独立出现结构类似的性状,进化就被认为是趋同的。鸟和蝙蝠的翅膀就是进化趋同性的一个例子,因为鸟和蝙蝠的翅膀不是从一个有翼的共同祖先继承而来的,而是针对飞行对二者提出的要求相互独立获得的类似性状。趋同性与偶然性之间有什么联系呢?鸟类和蝙蝠是不同的——它们的历史不同,结构不同,生存环境也不一样。虽然如此,大致类似的环境让它们进化出大致相似的翅膀。这的确是反对进化史的细小差异会对进化结果产生重大影响的一个观察证据。如果细小差异具有古尔德所言的重要性,那么,像这样的趋同现象就应该非常稀少。

康韦·莫里斯提出的一系列趋同现象是有所暗示的,但是,哲学家金·斯特芮妮认为这不足以削弱古尔德的观点。(Sterelny 2001b)值得注意的一点是,康韦·莫里斯的论点受到范围限制。他的证据表明,也许我们能够重新播放地球上生命录像带的部分内容,而类人动物还是会出现。那并不意味着我们应该期望在任何有生命进化现象的星球上发现类人动物。记得蝙蝠和鸟类有共同的祖先,它们因此拥有很多共同的特性,这些特性包括产生某些特定种类的变异的趋势,而这些因为共同祖先而保持的趋势可能构成趋同性的部分解释。这就很难估计如果另一个陌生星球上出现生命的话会发生什么,因为那个星球上的生物跟我们不是同样的祖先,它们所遵循的进化道路也可能因此截然不同。第二,少数趋同现象的存在与古尔德的偶然性主张是不相冲突的。因为即使进化会受到细小变化的影响,我们还是应该期望会时不时见到趋同的例子。古尔德不能认同的是趋同现象经常发生。在这里,我们遇到了另一个问题。如果我们有计算趋同现象不会发生的频率的办法,我们才能表明趋同是一个准则。但是,我们如何合理地计算这个频率还是个未知数。以飞行对我们有益为由,人类不能长出翅膀是不是就是一个失败的趋同的例子呢? 也许不是,但是,除非我们能有某种原则性强的计算趋同与不趋同的比率的方法,就不能设法确定一个现象是不是偶然性的。

4. 进步性

达尔文在偶然性的问题上讨论得很少,但是,在进步性上却讨论得很多。他的讨论指向不同的方向,从某种程度上反映了这个话题的难度。(Shanahan 2004)认为进化展示了进步就是说在进化期间发生了一个变化,并且这个变化是往好的方向。随着时间的推移事情往好的方向发展纯粹只能是偶然,所以,认为进化是进步的还带有一层暗示,即更好的形态确实受到进化过程的偏爱。

在达尔文的笔记本中,他表示极度怀疑我们用来判断进步的标准:"认为一种动物比另外一种动物高级的说法是荒谬的。——我们将那些大脑结构/思维能力最发达的看做是最高等的。——而蜜蜂无疑是跟随本能的——"(*B Notebook*, quoted in Barrett et al. 1987:189)。

现在存在拥有大脑的生物,以前没有。但是,只是我们拥有大脑这个事实让我们把现在的情形看做比以前高等:"为什么作为大脑产物的思想要比作为物体特性的重力要巧妙呢? 这是因为我们的自大与自恋——"(*C Notebook*, quoted from ibid. 1987:291)

这样看来,进化史是一部变化的历史,并且变化本身是平坦的;是我们的自尊心导致我们向这部历史投射了一个向上的趋势。古尔德抓住这些以及其他一些言论来表明,达尔文反对将进化与进步性联系到一起,并且古尔德毫不怀疑这种反对的明智性:"如果我们想要理解历史的模式,进步这个有害的、有文化嵌入的、不可检测的、不可操作的、难以对付的概念就必须被取代。"(Gould 1988:319)

不管这个概念有没有害,达尔文都不是完全反对进步概念的,而且他起码部分克服了他早期对高低等标准的怀疑。他认为,进化记录确实显示出了进步,进步体现在两种不依赖于使用人类作为有价值的标准的意义上。(Shanahan 2004)第一,达尔文主张后来的生物在生存之争中要比它们所取代的先前的生物适合度高:

在世界历史上,每个连续时期的居住者都在生存竞争中胜过了他们的前任,并且达到比前任的本质等级高的程度;这可能解释了许多古生物学家感受到的模糊又定义不清晰的观点:即从整体上来看,结构进步了。

(*Origin*: 343)

第二,达尔文认为,后来的生物的组成部分要比先前的生物更加专门化。他运用一个生物内部越来越多的分工来衡量进步,这个度量方法是他通过生物学家亨利·米尔恩·爱德华兹和卡尔·厄恩斯特·冯·贝尔从亚当·斯密那儿借鉴来的。就像经济进步主要体现在劳动者职责的专门化,生物进化也主要体现在从几乎没有内部分化的单细胞生物——其组成部分发挥各种不同的作用,到拥有专门的组织和大量不同器官的生物(心脏是为了泵血,大脑是为了思考,四肢是为了移动)。达尔文认为进步确实发生了,并且被理解为复杂性的增加,然后,他将组成部分的专门化作为衡量复杂性的标准。

最后,达尔文认为,自然选择把作为竞争优势的进步概念与专门化的进步概念联系到一起。达尔文表明,一个生物的组成部分如果通过专门化来执行特定的职责,那么,它在总体上将倾向于比其组成部分执行不同职责的生物要有效率。因此,自然选择随着时间的推移偏爱复杂性的增加。对于达尔文来说,自然选择的确是进化中的一股进步性力量,他在下面这段话(这段话出现在《起源》的第二版中,在第一版出版后一个月即出版了第二版)中表达了这个意思,段中还提出了"高等"的定义:

最好的定义可能是,高等生命形态的器官更加明确地专门为不同的功能而设计;如果这样一个生理劳动的分工似乎对每个生物来说都是一个优势,那么,自然选择总是在一定范围内倾向于使后来的更加改良的形态比它们的早期原本高等,或比早期原本稍加改变了的后代高等。

(Darwin 1959: 547)

如果达尔文的进步观是对的,它还是远不足以支持将我们物种视为端坐进化树之顶的观点。达尔文将进步看做一种跨越时间的一般模式:自然选择倾向于偏爱复杂性的增加,所以,今天的物种总体上都比它们的祖先高等。这个观点最多可能让我们将自己排在作为我们祖先的单细胞生物的上面,但是,它无法说明,例如,今天的人类是不是比今天的白蚁高等。这就解释了为什么在《起源》的第三版中,达尔文仍然对从进步的水平方面来比较相当不同的物种的担忧,尽管他已经得出了他感到满意的"高等"和"低等"的定义:

尝试比较类型截然不同的成员的等级似乎是没有希望的;谁能确定乌贼是不是比蜜蜂高等,尽管伟大的冯·贝尔认为蜜蜂"实际上比鱼的结构高等,尽管它们类型不一样"?

(ibid. 1959: 550)

达尔文所认为的进步是由外部条件作用于盲目的变异产生的。只有在增加的复杂性成为生存竞争中的优势和更加复杂的变异偶然发生的时候,进步才可能发生。达尔文认为,一般情况下,这样的条件是可以被满足的,但是,也不能保证。因此,他指出,在某些情况下,复杂性的增加可能是不利的:

……我们会发现……自然选择很有可能让一个生物习惯于一个环境,在这个环境中,一些器官可能会变得多余,没有用处:在这样的情况下,就可能出现结构等级的后退。

(ibid. 1959:222)

生物本质本身不存在内在的改进驱动。实际上,改进是我们一般应该指望出现在进化中的趋势,但是,这种改进是从无到有,而不是由里及外的,而且当外部条件不利时,改进就可能停止。我猜想,这正是达尔文在《起源》第三版中疏远拉马克时所强调的,"拉马克相信所有的生物都存在一种内在的、必然的不断接近完美的趋势"。(ibid.:223)

达尔文将进步与生存之争中的竞争优势等同起来是否合理呢?当适合度高的形态取代适合度低的形态时,自然选择就发生了。实际上,具有竞争优势的生物将倾向于变得更好是自然选择理论的一部分。在某种程度上,这也是理查德·道金斯在写下以下这段文字时心中所想的:

……适应进化的进步不仅仅是偶然的,而是根本的、彻底的、必需的。如果达尔文的自然选择要按我们的要求履行或自己独立履行解释我们世界观的职责,那么,自然选择就应该从根本上必须是进步的。

(Dawkins 1997:1017)

那个职责就是解释通过逐步累积不断进步的更加适合的变种而出现的复杂适应。即便如此,这也是进步的最小意义,因为它所传达的可能没有我们认为的那么多。

如果更加适合的形态取代了适合度低的形态,我们可能会认为这将导致一个总体的平均适合度的必然增加。但是,事实不是如此，就像"从内部颠覆"的问题所说明的。看看我们在第六章中举的例子，一群利他的生物轮流巡视它们的领地，在发现捕食者时发出预警信号。现在，假设一个游手好闲者———个不参与轮流巡视的个体——因为突变出现在这个总体中。游手好闲者比巡视者的适合度高，因为它们不需要付出巡视以及巡视带来的危险的代价就能获得巡视者的预警信号带来的利益。因此，游手好闲者将会超过巡视者，直到从一个100%的巡视者群体变成一个100%游手好闲者的群体。当群体里全是巡视者时，群体中的个体将能够避开捕食者。而当群体完全由懒惰的游手好闲者组成时，情况就不是这样了。所以，这是一个由自然来选择适合度高的生物带来的变化，但是，很难将这个变化看做是进步，因为一个游手好闲者群体的平均适合度要比一个巡视者群体的平均适合度低。（Sober 1993）

道金斯没兴趣为适合度的增加是进步的标准做辩护。就他所认识到的，许多进化环境造成了"军备竞赛"，例如，捕食者和猎物的奔跑速度同时增加，造成两个物种的生存和繁殖都不会随着时间出现整体改进。按照道金斯的观点，增加的是适应程度：跑得快的也许繁殖率与之前跑得慢的一样，但是，它们的适应程度更高。我们要怎样说明一个生物比另一个生物适应得更好呢？一种方法是达尔文的方法：生物 a 如果有超过 b 的趋势，a 就比 b 适应得好。随着斑马的奔跑速度的增加，它们会随着时间的推移发生改进，这种看法是正确的，因为尽管一群跑得快的斑马的平均适合度可能与之前的一群跑得慢的斑马的平均适合度一样，但是，如果把它们放到一起，跑得快的斑马可能具有竞争优势。然而，这引出了第二个问题。竞争优势的概念是不可递的。也就是说，如果 a 超过 b，b 超过 c，并不能得出 a 超过 c。用金・斯特芮妮的话说就是，一些进化脚本就像是剪刀－布－石头的游戏：布赢石头，石头赢剪刀，但是，布却输给剪刀。（Sterelny 2001b）这就意味着，对一些物种来说，尽管今天的生物超过昨天的,昨天的超过前天的,今天的生物却会输给前天的。像这样的竞争模式是在连续的酵母变化中观察到的。(Paquin Adams 1983)自然选择使一个物种的成员比离它们最近的前任而不是所有的祖先都具有竞争优势成为可能。所以,再次强调,认为自然选择的趋势是带来进步的观点多少带有误导性。

最后,将高等的形式与具有竞争优势的形态等同起来只能让我们进行非常受限的比较,因为我们只能比较参与同一种类型的竞争的生物。也许,调查罗杰·费德勒(Roger Federer)的比赛是否是对约翰·麦肯罗(John McEnroe)的比赛的改进是有意义的。这也就是询问,全盛时期的麦肯罗和全盛时期的费德勒打一场虚拟的网球赛的话,谁会赢。当然,这个问题的答案是不可能找到的,但是,这个问题起码是可以理解的,不像是问大卫·贝克汉姆(David Beckham)的比赛是否是对麦肯罗比赛的改进。将贝克汉姆与麦肯罗进行比较有什么意义吗?难道我们要想象他们将网球和足球放在一起玩?类似地,尽管我们可能比较跑得快的斑马和跑得慢的斑马,可是比较斑马是否会超过橡树,乌贼是否会超过水藻就没有意义了:这些生物不处于同一个竞赛中。

达尔文将进化的标准视为竞争优势和道金斯将进化解读成适应程度的增加都只允许从局部断言一个物种的成员与离它们最近的祖先相比有所改进,而不允许我们将进化的整体趋势看做从低到高。虽然如此,从某种程度上认为事物在最近三十五亿年间的趋势是向上的这种想法也是很难抵抗的。退回到三十五亿年前,原核生物是地球上能找到的唯一的生物。它们是单细胞生物,没有细胞核。原核生物现在仍然存在,而且数量众多。但是,今天还有多细胞植物,社会性昆虫,能够制作工具的鸟类和能够进行交流的海豚。达尔文认为复杂性的增加是一种趋势,这种看法有任何正确的成分吗?

古尔德认为这个趋势是存在的,但是,原因只是因为生命的发端简单得不能再简单。(Gould 1996)如果他是对的,那么,生命将只会增加复杂性,不管复杂性是否是进化所积极偏爱的。斯特芮妮提出一个更加耐人寻味的进步的概念,这个概念建立在生物学家约翰·梅纳德·史密斯和艾欧斯·萨斯莫里(Eors Szathmary)的研究之上。(Sterelny 2001b)他们提议用一系列"重大转变"来描述进化史。(Maynard Smith and Szathmary 1995)他们对于生物复杂性是如何随着时间增加的看法像达尔文一样,也是建立在坚信劳动分工能够带来效率提高的基础上。确切地说,他们主张生命史上的标点是新的遗传系统——他们称之为新的"信息储存"方式——的发展,这些系统是引起可靠繁殖的专门化系统。他们认为,包含在细胞核染色体的基因中的DNA只能构建一个这样的信息储存系统,这个系统使可靠的繁殖成为可能,并由此减轻了随着时间的推移构建复杂适应的困难。

接下来,是经过编辑的对约翰·梅纳德·史密斯和艾欧斯·萨斯莫里认识到的一些重大转变的缩略表达。一个转变是从原核生物到真核生物。原核生物是单细胞生物,并且这些细胞是非常基本的。真核生物也是单细胞生物,但是,与原核细胞不同的是,它们有核,并且在核外面还有被称为线粒体的结构。一般普遍认为真核细胞的线粒体最初也是无拘无束的原核生物。第二个转变是从单细胞真核生物到多细胞植物和动物,这些动植物由许多个真核生物组成。梅纳德—史密斯和萨斯莫里还认为,有一个转变伴随着社会性生物出现而发生;具体来说,他们认为在不同类型的个体之间进行高度劳动分工的群体,如蚂蚁或白蚁群体,本身就可以被理解成生物。

在每个转变中我们都会发现,一些实体曾经有可能独立生存和繁殖但却联合在一起形成更大的有能力繁殖的集体。原核生物成为单细胞真核生物的组成部分(线粒体)时丧失了它们的繁殖结构，真核生物在变成多细胞动物或植物的专门化器官时丧失了它们的繁殖结构。当动物变成更大的群体中的专门化个体(比如说绝育的工蜂)时，也丧失了它们的繁殖结构。

可不可能存在一个形成越来越精细的集体的一般趋势，即其组成部分原先本身就是生物的新型生物呢？如果可能的话，怎样解释这种趋势呢？如果达尔文关于劳动分工的优势的观点是对的，那么，一个拥有执行专门职责的成员的集体有可能比一个拥有全才性成员的集体繁殖更多的后代。但是，要谨记从内部颠覆的问题。发生在一个成员相互竞争的集体内的自然选择通常会扰乱这个集体整体的构成。

考查一个动物个体的细胞集合，与动物体内的其他细胞相比，癌细胞的适合度是非常高的。但是，与体内的其他细胞相比，它们更加快速的传播会导致癌细胞寄居的动物的死亡。不同层面的自然选择相互配合：(Buss 1987)(比如说)作用于动物个体层面的自然选择偏向于压抑这些动物体内的细胞个体自行癌变的能力。这样看来，当作用于更高层面的繁殖集体的自然选择导致低级别的要素独立繁殖的能力降低和将这些要素应用于集体内的专门职责的能力增强时，"重大转变"就会发生，由此在防备内部颠覆的威胁的同时，确保(高级别的单元)享有劳动分工带来的优势。

为了证明一系列重大转变是一个可靠的进化趋势而不仅仅是一个纯粹的事实，我们不仅需要证明上面描述的这几种转变确实存在，还要证明高层面的自然选择一般趋向于支配主导低层面的自然选择。这不是一件容易的事，即使结果表明这样的趋势确实存在，也不意味着人类这个社会物种就是进化的至高点；而只能说明进化有产生更加综合性的集体的趋势。暂时先把这个问题放在一边，重大转变的研究带来了一个关于达尔文主义者应该对人类本质采取何种态度的有趣的角度。人类怎样构成社会群体似乎足够被视为一个重大转变;有人可能会认为,社会群体构成完整的政体又是另一个重大转变。梅纳德·史密斯和萨斯莫里认为,人类的语言是一种新的储存信息的方式,开启了新的进化可能性。不论我们怎样看待从信息储存的角度理解这种转变,当涉及人类社会化和知识交换时,从组成部分繁殖独立性减弱的角度来定义一个转变似乎是有效的。人类夫妻独立生育的可能性几乎为零。父母双方完全不寻求任何人的帮助——不论是医疗服务还是食物、居身之所、教育等的帮助——抚养一个婴儿成人的可能性也是很低的。人类的生存依赖于一系列社会资源。有时是直接的,当别人为我们提供食物或服务时;有时是间接的,当我们帮助自己使用从别人那里收集的知识时。劳动分工方式各种各样的复杂人类社会通过各种不同的文化和生物资源的相互作用来进行一代一代的更新;同时,人类个体不依靠社会帮助进行繁殖的能力是严重受限的。达尔文不但不鼓励从纯生物学角度看待人类的情况,反而鼓励我们从生物角度看待人类社会,从社会角度看待人类生物。

5. 达尔文式自然主义

至此,本书已经接近尾声了。我们能从达尔文成功而丰富的研究中为哲学研究提炼出怎样的教育意义呢?许多哲学家认为,如果他们的主题要取得进步的话,就必须更多地参与到自然科学中来。第一章开头我们就指出达尔文本人对他祖父的进化理论的失望,"推测的成分过多,而事实不足"(*Autobiography*:24),以及对赫伯特·斯宾赛推究哲理使用的"推论法"的失望(ibid.:64)——推论法对事实的重视不足,过于依赖逻辑的抽象工具。达尔文的作品——询问的都是关于道德、思维、知识和政治的最雄心勃勃的问题——表明，他并不反对与哲学接合，只反对一种哲学研究方法的特定的猜测形式。达尔文的理论野心因为他对众多科学学科的研究成果的密切关注而受到指引和修正，使得他询问关于世界的问题的研究方法成为许多现代达尔文主义哲学家的方法论模型。这些哲学家通常认为，20世纪中期哲学未能取得进步这个一般看法的原因是，那个时期的哲学家们痴迷于空谈各种概念——真理、信仰、情感、是非——的意思，牺牲了积极的实证调查。这些达尔文主义狂热者倡导一种我们称之为"达尔文式自然主义"的观点："自然主义"是因为他们认为哲学需要参与自然科学或甚至成为自然科学的一部分；"达尔文主义"是因为他们认为达尔文研究过的科学领域与哲学焦点的相关性最大。

自然主义是提倡哲学家以某种形式遵从我们最好的科学理论的一个立场。因此，自然主义呈现的力度不一样。最脆弱的自然主义只表明，不管我们持有怎样的哲学观点，它们都不能与我们最杰出的科学相冲突。这是一个非常软弱的自然主义，因为它只告诉哲学家们不要踩科学家们的脚趾，而没有主张科学在哲学研究中发挥任何建设性作用。哲学家亚历山大·罗森伯格给出了一个更加强硬的自然主义描述：

> 在哲学家中，自然主义观点就是，当代科学理论是哲学问题解决方案的来源。自然主义者将自然选择理论视为解决哲学问题的主要资源，尤其是由人类事务引起的哲学问题。
>
> （Rosenberg 2003: 310）

在本书对达尔文的建设性运用中，我们已经见过很多例子：运用自然选择来使天生知识受到经验论者的尊重就是其中一个例子。最大程度上，我们可以想象出一种极端自然主义，认为科学是我们到目前为止划为哲学问题的唯一答案库。极端自然主义认为,抽象的哲学思考是在浪费时间:关于知识本质或值得过的生活的本质问题应该直接通过实际的实证调查来回答,而不是通过在浴室里边刮胡须边回答。达尔文本人给我留下的印象就是一个强硬的自然主义者,但不是一个极端自然主义者:他认为自然历史思考能够提高关于道德等哲学研究的水平,但是,我没发现有证据表明他认为传统哲学可能应该全部抛弃。我们不应该也不能够完全抛弃一种更加抽象意义上的哲学思考的原因是,用科学研究成果来解决哲学问题的结果不是显而易见的。这点我们在本书中多次感受到。比如伦理:进化理论有没有告诉我们不存在伦理事实,或者它有没有告诉我们伦理事实是存在的,并且是完全"自然的"?这里的困难是,要回答这样的问题,我们需要弄清楚我们认为事实是何物,价值观是何物等等。就是在弄清楚这些事情的基础上,许多哲学才得以完成——哲学可能有时从自然科学中获得信息,但是,不可能直接从科学研究成果中获得答案。

至此,我们是从整体上考虑了自然主义,但是,为什么认为我们应该是达尔文式自然主义者呢?维特根斯坦(Wittgenstein)的一个著名评论经常被引用来鄙视自然主义,但是,这种做法不是很恰当。维特根斯坦认为"与其他自然科学假说一样,达尔文的理论与哲学也没有多大关系"。(Wittgenstein 1961: 4. 1122)任何认为所有的自然科学对哲学做出的贡献都大致相同的人都会同意这个主张的字面意思,即使不同意它所带的情绪。认为科学对哲学很重要,也认为达尔文主义科学对哲学无比重要的原因是什么呢?

哲学家菲利普·凯切尔有效地提醒了达尔文主义狂热者,"安格鲁裔美国哲学家们探索出了一系列学科,运用来自哲学、生物学、政治科学、经济学和艺术的观点再现认识论和形而上学的传统问题"。(Kitcher 1992：55)我们不需要争论达尔文对哲学的贡献是杰出的来证明达尔文的研究是重要的。本书中已经有足够的证据证明达尔文观点的丰富性。总的来说,达尔文主义思想从两方面帮助我们寻找哲学问题的答案。(Flanagan 2003)一方面,进化科学能够为思考提供工具储备或为类比提供灵感,将科学理论视为相互竞争关系的进化认识论只是有机生物学的一个类比延伸。另一方面,进化科学能够直接告诉我们关于人类物种进化和各种人类实践进化的知识,包括与我们的道德行为,我们的政治行为,或者是知识的获取和应用相关的实践。

在通过评估达尔文对哲学所做的贡献来确实弄清什么是"达尔文主义"、"进化理论"或"自然选择理论"时,我们需要小心谨慎。回想关于启发式适应的价值的争论(参见第五章),启发式适应建议我们通过思考过去的环境要求来揭示思维的机构。逻辑看起来似乎很清楚,如果启发式适应能够产生关于人类思维的可能构造的有用假说,那么,对自然选择的抽象理解就必须有来自人类学、认知心理学、生理学、地质学和其他许多学科的丰富的数据补充。这些学科一起告诉我们应该识别怎样的适应问题,可能产生怎样的解决方案来回应这些问题。如果对适应的思考产生了关于情感本质等哲学问题的重要答案,那么,为什么声称这是达尔文式自然主义的成功,而不是自然主义整体上的成功? 毕竟,许多学科都在很大程度上参与进来了。在某种意义上,贴上什么标签不重要,只要我们谨记,认为存在一门神奇的科学——"进化生物学"——能够为我们研究哲学提供特殊帮助的想法是有误导性的;相对地,有效的进化生物学实践要求许多不同的科学分支来共同解释我们感兴趣的问题。

当菲利普·凯切尔支持"……将达尔文带到哲学队伍,不是作为一个全靠自己获得胜利的明星球员,而是一个做出更多成就的贡献者"(Kitcher 2003: 400)的时候,他抓住了上面的信息。凯切尔是对的,他警惕着对进化带来的哲学希望的偏执和狂热,这样的偏执将其他哲学相关的学习领域排除在外。但是,达尔文本人——一个伟大的全才——的观察和阅读涉猎了胚胎学、地质学、经济学、伦理学、植物学、动物行为和其他许多领域,他就是这种更加折中的哲学自然主义概念的标志。今天,科学家们基本上都聚焦于极其狭窄的研究领域,哲学承担的是将他们的研究成果合成的角色。达尔文的研究提醒我们,集合不同的自然和人类科学对于提供一个连贯的关于自然以及人类在自然中的位置的描述是非常重要的。

小 结

达尔文的研究对于主流哲学来说很重要,因为达尔文证明了让哲学家感兴趣的人类能力——认识、思考、赞美、责备的能力——都有自己的历史,我们可能用研究其他物种的能力的方法来探究人类能力的历史。这并不意味着抛弃抽象的哲学推理,但是,它确实指明了将哲学与自然科学更紧密地融合的途径。达尔文的研究还具有更广泛的哲学意义上的重要性,它改变了我们对自己的看法。达尔文支持一种进步的进化观,但是,达尔文的研究并没有表明我们人类物种是自然界的最佳杰作,也没有表明像人类一样的物种是我们应该期望从进化过程中得到的结果。也许最重要的是,我们应该抵制认为人类本质的达尔文主义观主要是人类本质的生物观的想法。达尔文自身的研究和跟随达尔文脚步的现代尝试使得社会变化成为进化过程的一部分,而且使得社会结构成为生物结构的一部分。

拓展阅读

凯切尔切合实际地概述了达尔文对哲学方法做出的贡献:

Kitcher, P. (2003) "Giving Darwin his Due", in J. Hodge and G. Radick (eds) *The Cambridge Companion to Darwin*, Cambridge: Cambridge University Press.

对于古尔德和康韦·莫里斯之间关于偶然性的争论的有帮助的总结,请参考:

Sterelny, K. (2005) "Another View of Life", *Studies in History and Philosophy of Biological and Biomedical Sciences*, 36: 585 – 93.

达尔文关于进步性的观点以及后来古尔德与达尔文之间的辩论,请参考:

Shanahan, T. (2004) *The Evolution of Darwinism: Selection, Adaptation, and Progress in Evolutionary Biology*, Cambridge: Cambridge University Press.

其他关于进步性和进化的有益作品包括:

Gould, S. J. (1996) *Life's Grandeur: The Spread of Excellence from Plato to Darwin*, London: Penguin. (Published in the US under the title Full House.)

Sterelny, K. (2001b) *Dawkins vs. Gould: Survival of the Fittest*, Icon: Cambridge.

关于重大转变理论的介绍,请参考:

Maynard Smith, J. and Szathmary, E. (2000) *The Origins of Life: From the Birth of Life to the Origins of Language*, Oxford: Oxford University Press.

术 语 表

适应：
通常指任何适合于环境的生物性状（比如说眼睛或翅膀），但是，也指这样的性状产生的过程。关于是否从自然选择的角度来定义适应，当代生物学家的意见不一致。达尔文有时使用术语"共同适应"作为其同义词。

启发式适应：
使用一个物种在过去遇到的进化问题来预测自然选择现在赋予这个物种成员的可能性状。有时也被称为"适应性思考"。

情绪反应程序：
情感被一些现代心理学家理解为"情绪反应程序"，它们被描述成由特定种类的刺激触发的多套反应（包括表达反应）。

利他主义：
一个具有高度争议性的术语。当一个行为导致制造这个行为的生物的适合度比作为行为受益者的生物的适合度低时，这个行为就是生物利他行为。在生物学领域之外，"利他主义"通常被应用在心理学领域，描述的是在某种意义上无私的动机。

设计论：
一个尝试将上帝存在的证明建立在自然界中优良设计的基础

上的论点。

人工选择：
动物饲养员改良家养物种的过程。

混合遗传：
如果亲代的性状混合在一起呈现在它们的后代身上,这种遗传就被称为"混合遗传"形式。相对地,基因遗传被认为是粒子的,因为在这个过程中,离散的粒子被从亲代传递给后代。

灾变论：
一个地质学观点,从现代人未经历过的大型灾难的角度解释地质现象。它被用来与查尔斯·莱尔(以及其他人)的均变论做比较。莱尔认为,地质学解释只应该求助于现代人熟悉的原因。

认识论：
对知识的哲学研究。

适合度：
一个达尔文没有使用过但对现代进化生物学很重要的概念。它有很多种解读,但是,最简单的解读是指一个生物生存和繁殖的能力。

芽球：
达尔文认为芽球是负责遗传的颗粒。

群选择：
一个发生在群体层面的自然选择过程。达尔文通常从"群落"

而不是群体的层面来描写自然选择。关于如何理解群选择是什么以及它是不是一个重要的进化过程,现代生物学家的意见有分歧。

高级分类:
生物分类的单元,高于物种级别。高级分类的例子包括界、门、纲。

个体:
拥有时间上的开始和结束以及空间界限的实体。一些生物学家和哲学家认为物种是个体,因为当它们最初形成时,它们就已经开始了,当它们消失时,它们就结束了,它们的物理界线与物种内的生物所占的区域重合。这个观点被用来同物种作为种类的观点做比较。

最佳解释推理:
科学哲学概论的一个标语,表达的看法是,我们应该相信能够最好地解释一组现象的理论。达尔文通常认为,他的进化观点的解释力(与特创论者的观点相比)意味着他的理论更有可能是正确的。

获得性性状遗传:
一个生物一生中获得的性状出现在后代身上的过程(这个过程现在已经不足信了)。标准的例子是铁匠的例子,铁匠的胳膊经过练习变得更加强壮,他的儿子也因此生来就有强壮的胳膊。达尔文相信获得性性状的遗传。

智慧设计理论:
设计论的现代版本,在美国的非科学家中间流行。这个理论认为,有机生命都携带着智慧设计的痕迹,尽管它拒绝评论设计者的特征,包括设计者的神性。

交互因子:
在现代对进化理论的陈述中,任何在自然选择过程中通过与环境互动产生区别性复制因子的实体所扮演的角色。

类别:
相似物体的集合。一些哲学家认为物种是类别——即相似生物的集合,而达尔文的一些评论表明他是赞同这个观点的。这样的物种概念通常被用来与物种作为个体的观点做比较。

拉马克主义:
与达尔文之前的生物学家拉马克相关的进化观点。拉马克主义通常与达尔文主义对比,拉马克本人经常因为他相信获得性性状遗传而被取笑,但是,达尔文也相信这样的遗传模式。拉马克的观点和达尔文的观点有很多不同之处:拉马克认为生物个体有适应环境的内在趋势,尽管他相信物种的无限可变性,他却不赞同达尔文的生命树概念。

似然性:
用于统计学和哲学证据推理的一个概念。一个假说 H 根据某个证据 E 的似然性就是指在假定 H 的情况下,E 发生的可能性。假设我们观察到托尼·布莱尔有新陈代谢,这不能说明他可能是一个火星人。虽然如此,托尼·布莱尔是一个火星人的假说能使托尼·布莱尔的新陈代谢成为可能。因此,假说托尼·布莱尔是一个火星人使观察数据托尼的新陈代谢具有高度似然性。

文化基因：

在文化进化理论中，文化基因就是与基因类似的单元。大多数模因论者将概念看做文化基因；其他的候选文化基因包括技术、曲调，对一些理论家来说，工具也是文化基因。文化基因像基因一样，是一种复制因子。

元伦理

对道德话语和道德主题的研究。元伦理提出的问题包括：是否存在道德事实，道德判断是情感的表达还是关于世界状态的主张等等。元伦理与规范伦理不同，规范伦理研究的是"情况应该是怎样"。规范伦理提出的问题可能包括："我们是否应该允许堕胎？"或"在做今天的计划时，后代的利益应该占多少权重？"

形而上学：

在现代哲学中，形而上学指的是对宇宙基本性质的研究。形而上学可能提出的问题包括："什么是因果关系？"或"过去、现在和未来之间的区别是什么？"在达尔文的时代，形而上学专门研究与思维相关的话题。

现代综合法：

20世纪30年代、40年代构建的进化生物学形式，结合了关于自然选择重要性的达尔文式信仰和基因遗传理论。今天的进化生物学与现代综合法形式的进化生物学非常类似。

模块性：

思维是模块化就是说思维是由几个专门化的信息处理工具或"模块"组成的。在进化心理学中，圣·巴巴拉学派认为思维是"大规模模块化的"，分成成千上万个模块，来处理不同的环境问题。关于模块的精确描述是有争议的,但是,圣·巴巴拉学派还主张模块是天生的。模块性的概念也出现在发育生物学中,但它的意思完全不同。发育模块是生理单元,这些单元的发育受到的控制(大体上)是相互独立的。

自然主义:
哲学中,自然主义观认为关于思维或知识等的哲学研究应该受到自然科学尤其是心理和生物科学研究的影响。自然主义有很多种形式,有些形式认为,所有能够解释的现象都应该用科学的表达方式去解释。

自然类别:
化学元素是自然类别的标准例子。自然类别是物质的基本类型,科学尝试将自然类别进行识别和描述。通常认为,自然类别的存在不受科学调查者和他们的兴趣的影响。尽管哲学家通常将生物物种放入自然类别的标准清单,却遭到了那些认为物种是个体的生物学家的反对。

自然选择:
达尔文提出的解释生物对环境的适应的原则。达尔文还用自然选择来解释新物种的形成。现代生物学家倾向于认为,当出现"可遗传的生物适合度变异"时,自然选择就会发生;大致的意思就是,当亲代生物在生存和繁殖能力上出现差异并且子代类似于亲代时,自然选择就会发生。达尔文理解自然选择的方式是一种更加直接的为解释适应量身定制的方式。

自然神学:
自然史上的一次运动,在 17 和 18 世纪的英国非常具有影响力。自然神学寻求在对生物本质的观察数据的基础上确定上帝的特征。

生态位的建立:
在这个过程中,生物不仅消极地适应一个稳定的环境,也会积极地维持和改变这个环境。

规范伦理:
参见元伦理。

泛生论:
达尔文的遗传理论。达尔文认为精子和卵细胞各自携带称之为芽球的颗粒,这些颗粒最初由身体的各个器官产生,然后被转移到性细胞。胚胎中的芽球要么沉睡,要么发育产生类似于产生芽球的亲代器官的器官。

粒子遗传:
参见混合遗传。

更新世:
从一千八百万年前到一万年前的这个时期,在此期间,人类物种通常被认为依靠打猎和采集生活。这个时期对于圣·巴巴拉学派的进化心理学家而言很重要,因为他们认为人类特有的认知适应就是在这个时期形成的。

总体思考:
根据厄恩斯特·迈尔所言,总体思考是达尔文继自然选择和生命树假说之后的第三个伟大概念创新。总体思考与许多主题有关,这些主题的设立都是为了与类型学思考进行对比。概括来说,类型学思考认为,生物变异的基础是少数稳定的形态;总体思考者否认这点。

性状分歧原则:

对于达尔文而言,这是解释物种形成的一个重要原则。达尔文认为,一个统一的物种可以被分成两个或两个以上不同的物种,因为一个各种专门化形态的集合要比一个统一的全才群体更有优势去获取单一的客观环境提供的各种不同的机会。

复制因子:

在现代对进化理论的阐述中,复制因子是能够进行自我复制的单元,由此确保子代类似于亲代。基因通常被用来当做标准的复制因子,但是,有人认为还存在其他的复制因子,如文化基因。

逆向工程:

一个尝试弄清造成某些生物行为或特征的环境问题的调查过程。

性选择:

在这个过程中,寻找伴侣的竞争导致行为、结构或心理上的改变。达尔文认为,性选择在整个动物界来说非常重要。他认为性选择能够解释雄性鸟类的花哨羽毛,他还认为性选择可以解释人类种族和人类性别之间的差异。

特创论:

在达尔文的年代,特创论认为每个物种都是受超自然影响而独立产生的。

物种形成：
新物种形成的过程。

生存之争：
达尔文对自然选择的阐述中的一个关键元素。生存之争是物种数量的增加超过能够得到的食物供给的后果，这反过来导致了那些最能适应局部环境的生物的优先生存。达尔文有时使用另一个短语"生存竞争"。他明言，他想要"竞争"一词用形而上学的方法来解读，但是，一些现代综合生物学家，尤其是 R. A. 费舍，否认存在对自然选择来说不可或缺的竞争形式。

内部颠覆：
关于群选择的效力问题，即使一个群体因为拥有大量的利他生物而比另一个群体的适合度高，但是，任何群体内部的利己生物都有可能比利他主义者的适合度高，于是，就有可能超过利他主义者。这样一来，群选择作为解释利他主义进化的一种机制因为来自利他群体内部的利己成员引起的从内部颠覆的危险而有所弱化。

分类学：
一般来说，分类学是将任何种类的物品分类的研究和实践。图书馆图书的分类系统致力于怎样最好地将书籍安排在不同的学科标题下。生物分类系统是将生物分配到各种不同类别的研究和实践，包括物种、科和门。

目的论：
一个哲学术语，指对目的、目标和以目标为导向的系统的研究。

尝试理解从何种程度上眼睛被说成是"为了"视物就是目的论的范畴。

生物演变论：
在达尔文时期，这个观点认为，物种不是固定的，而且可能随着时间的推移发生变化，或是一个物种可能分裂成两个或两个以上新的不同的物种。

生命树：
达尔文认为生命可以被看做一棵巨大的树，这棵树描述了物种之间的系谱关系。当现代生物学家表明生命是进化的时，他们是在表明物种之间相互联系的方式使它们形成了一个世系的树状结构。

类型学思考：
参考总体思考。

均变论：
参考灾变论。

应用遗传：
一个生物个体一生中以某种方式习惯性使用的器官在遗传到后代身上时得到加强体现的过程，应用遗传是英国公认的对这个过程的称呼，也是达尔文和他大多数同时代的人都接受的称呼。达尔文还认为，一个习惯性执行的行为将会作为自动本能遗传给后代。参见获得性性状遗传。

功利主义：
一个伦理观点，认为正确的行为是能够为人类的福利创造最好的整体结果的行为。功利主义经典的表达是,正确的行为是为最大数量的人创造最大的幸福的行为。

变种:
一个物种可能由很多个不同的变种组成,变种通常在外表或行为上有区别。不同的变种能够相互成功交配,而不同的物种则不能。

真正的原因:
达尔文同时代的人认为,只有某些解释性原因是具有科学合理性的,其他的都是完全猜测性的,不能被信任。困难在于提出可行的方法论原则来说明哪些原因是真实的,哪些是猜测性的。约翰·赫歇尔挑选真正原因的方法在很大程度上影响了达尔文。

参考文献

Allen, C., Bekoff, M. and Lauder, G (1998) *Nature's Purposes: Analyses of Function and Design in Biology*, Cambridge, MA: MIT Press.

Amundson, R. (2005) *The Changing Role of the Embryo in Evolutionary Thought*, Cambridge: Cambridge University Press.

Ariew, A. (1999) "Innateness in Canalization", in V. Hardcastle (ed.) *Where Biology Meets Psychology*, Cambridge, MA: MIT Press.

Aunger, R. (2000) "Introduction", in R. Aunger (ed.) *Darwinizing Culture*, Oxford: Oxford University Press.

Bacon, F. (2000) *The Advancement of Learning*, Oxford: Clarendon Press; originally published 1605.

Markow, J., Cosmides, L. and Tooby, J. (1992) *The Adapted Mind: Evolutionary Psychology and the Generation of Culture*, Oxford: Oxford University Press.

Barrett, P., Gautrey, P., Herbert, S., Kohn, D. and Smith, S. (1987) *Charles Darwin's Notebooks, 1836 – 1844*, Cambridge: Cambridge University Press.

Behe, M. (1996) *Darwin's Black Box: The Biochemical Challenge to Evolution*, New York: Simon and Schuster.

Binmore, K. (2005) *Natural Justice*, Oxford: Oxford University Press.

Bowler, P. (1984) *Evolution: The History of an Idea*, Los Angeles: University of California Press.

Bowler, P. (1990) *Charles Darwin*, Cambridge: Cambridge University Press.

Boyd, R. (1991) "Realism, Anti-foundationalism, and the Enthusiasm of Natural Kinds", *Philosophical Studies* 61: 127-148.

Boyd, R. and Richerson, P. (2000) "Memes: Universal Acid or a Better Mousetrap?", in R. Aunger (ed.) *Darwinizing Culture*, Oxford: Oxford University Press.

Brooke, J. (2003) "Darwin and Victorian Christianity", in J. Hodge and G. Radick (eds) *The Cambridge Companion to Darwin*, Cambridge: Cambridge University Press.

Browne, J. (2003a) *Charles Darwin: Voyaging*, London: Pimlico.

Browne, J. (2003b) *Charles Darwin: The Power of Place*, London: Pimlico.

Buller, D. (2005) *Adapting Minds: Evolutionary Psychology and the Persistent Quest for Human Nature*, Cambridge, MA: MIT Press.

Buss, D. (1989) "Sex Differences in Human Male Preferences: Evolutionary Hypotheses Tested in 37 Cultures", *Behavioral and Brain Sciences*, 12: 1-14.

Buss, D. (1994) *The Evolution of Design: Strategies of Human Mating*, New York: Basic Books.

Buss, D. (1999) *Evolutionary Psychology: The New Science of the Mind*, London: Allyn and Bacon.

Buss, L. (1987) *The Evolutionary of Individuality*, Princeton, NJ: Princeton University Press.

Campbell, D. T. (1974) "Evolutionary Epistemology", in P. Schilpp (ed.) *The Psychology of Karl Popper*, Lasalle, IL: Open Court.

Charnov, E. and Bull, J. (1977) "When is Sex Environmentally Determined?", *Nature*, 266: 828–830.

Chevalier – Skolnikoff, S. (1973) "Facial Expression of Emotion in Nonhuman Primates", in P. Ekman (ed.) *Darwin and Facial Expression: A Century of Research in Review*, New York: Academic Press.

Conway Morris, S. (2003) *Life's Solution: Inevitable Humans in a Lonely Universe*, Cambridge: Cambridge University Press.

Cosmides, L. and Tooby, J. (1997a) "The Modular Nature of Human Intelligence", in A. B. Scheibel and J. W. Schopf (eds) *The Origin and Evolution of Intelligence*, Sudbury, MA: Jones and Bartlett.

Cosmides, L. and Tooby, J. (1997b) "Letter to the Editor of The New York Review of Books On Stephen Jay Gould's 'Darwinian Fundamentalism'" (June 12, 1997) and "Evolution: The Pleasures of Pluralism" (June 26, 1997)' Online. Available: http: http://cogweb.ucla.edu/Debate/CEP_Gould.html (accessed 26th November 2005).

Cosmides, L., Tooby, J. and Barkow, J. (1992) "Introduction", in J. Barkow, L. Cosmides and J. Tooby (eds) *The Adapted Mind: Evolutionary Psychology and the Generation of Culture*, Oxford: Oxford University Press.

Coyne, J. (2000) "The Fairy Tales of Evolutionary Psychology: Of Vice and Men", *The New Republic*, 3 April: 27–34.

Coyne, J. and Orr, H. A. (2004) *Speciation*, Sunderland, MA: Sinauer Associates.

Cronin, H. (2004) "Getting Human Nature Right", in J. Brockman (ed.) *Science at the Edge*, London: Weidenfeld and Nicholson.

Daeschler, E., Shubin, N. and Jenkins, F. (2006) "A Devonian Tetrapod – like Fish and the Evolution of the Tetrapod Body Plan", *Nature*, 440: 757 – 763.

Darwin, C. (1903) *More Letter of Charles Darwin*, Volume II, F. Darwin and A. Seward (eds) London: John Murray.

Darwin, C. (1905) *The Life and Letters of Charles Darwin*, Volume II, F. Darwin (ed.) New York: D. Appleton and Co; first published by John Murray (1887).

Darwin, C. (1913) *Journal of Researches*, eleventh edition; first published by John Murray (1839).

Darwin, C. (1959) *The Origin of Species by Charles Darwin: A Variorum Text*, M. Peckham (ed.) Philadelphia: University of Pennsylvania Press.

Darwin, C. (1989) *The Voyage of the Beagle*, J. Browne and M. Neve (eds) London: Penguin Classics.

Darwin, C. (1998) *The Expression of the Emotions in Man and Animals*, London: HarperCollins, first published in 1889, third edition.

Darwin, C. (2002) *Autobiographies*, M. Neve and S. Messenger (eds) London: Penguin Classics.

Darwin, C. (2004) *The Descent of Man*, London: Penguin Classics, first published 1877, second edition.

Dawkins, R. (1976) *The Selfish Gene*, Oxford: Oxford University Press.

Dawkins, R. (1986) *The Blind Watchmaker*, London: Penguin.

Dawkins, R. (1997) "Human Chauvinism", *Evolution*, 51: 1015 –

1020.

Dembski, W. (1998) *The Design Inference: Eliminating Chance Through Small Probabilities*, Cambridge: Cambridge University Press.

Dembski, W. (2001) "Intelligent Design as a Theory of Information", in R. Pennock (ed.), *Intelligent Design Creationism and its Critics*, Cambridge, MA: MIT Press.

Dembski, W. (2004) "The Logical Underpinnings of Intelligent Design", in W. Dembski and M. Ruse (eds) *Debating Design: From Darwin to DNA*, Cambridge: Cambridge University Press.

Dennett, D. C. (1995) *Darwin's Dangerous Idea: Evolution and the Meanings of Life*, New York: Norton.

Dennett, D. C. (2006) *Breaking the Spell: Religion as a Natural Phenomenon*, London: Allen Lane.

Depew, D. and Weber, B. (1996) *Darwinism Evolving: Systems Dynamics and the Genealogy of Natural Selection*, Cambridge, MA: MIT Press.

Desmond, A. and Moore, J. (1992) *Darwin*, London: Penguin.

Diamond, J. (1996) *Guns, Germs and Steel*, New York: Norton.

Dobzhansky, T. (1951) *Genetics and the Origin of Species*, third edition, New York: Columbia University Press.

Dupré, J. (2002) *Humans and Other Animals*, Oxford: Oxford University Press.

Ekman, P. (1973) "Cross – Cultural Studies of Facial Expression", in P. Ekman (ed.) *Darwin and Facial Expression: A Century of Research in Review*, New York: Academic Press.

Endersby, J. (2003) "Darwin on Generation, Pangenesis and Sexual Selection", in J. Hodge and G. Radick (eds) *The Cambridge*

Companion to Darwin, Cambridge: Cambridge University Press.

Ereshefsky, M. and Matthen, M. (2005) "Taxonomy, Polymorphism and History: An Introduction to Population Structure Theory", *Philosophy of Science*, 72: 1 – 21.

Flanagan, O. (2003) "Ethical Expressions: Why Moralists Scowl, Frown and Smile", in J. Hodge and G. Radick (eds) *The Cambridge Companion to Darwin*, Cambridge: Cambridge University Press.

Gayon, J. (1998) *Darwinism's Struggle for Survival*, Cambridge: Cambridge University Press.

Geertz, C. (1973) *The Interpretation of Cultures: Selected Essays*, New York: Basic Books.

Ghiselin, M. (1969) *The Triumph of the Darwinian Method*, Berkeley, CA: University of California Press.

Ghiselin, M. (1973) "Darwin and Evolutionary Psychology", *Science*, 179: 964 – 968.

Ghiselin, M. (1974) "A Radical Solution to the Species Proble", *Systematic Zoology*, 23: 536 – 544.

Ghiselin, M. (1994) "Darwin's Language may Seem Teleological, but his Thinking is Another Matter", *Biology and Philosophy*, 9: 489 – 492.

Godfrey – Smith, P. (1996) *Complexity and the Function of Mind in Nature*, Cambridge: Cambridge University Press.

Godfrey – Smith, P. (2000) "The Replicator in Retrospect", *Biology and Philosophy*, 15: 403 – 423.

Gould, S. J. (1988) "On Replacing the Idea of Progress with an Operational Notion of Directionality", in M. Nitecki (ed.) *Evolutionary Progress*, Chicago: Chicago University Press.

Gould, S. J. (1991) *Wonderful Life: The Burgess Shale and the Nature of History*, London: Penguin.

Gould, S. J. (1996) *Life's Grandeur: The Spread of Excellence from Plato to Darwin*, London: Penguin; published in the United States under the title Full House.

Gould, S. J. and Lewontin, R. (1979) "The Spandrels of San Marco and the Panglossian Paradigm: A Critique of the Adaptationist Programme", *Proceedings of the Royal Society*, B205: 581 – 598.

Gray, R., Heaney, M. and Fairhall, S. (2003) "Evolutionary Psychology and the Challenge of Adaptive Explanation", in K. Sterelny and J. Fitness (eds) *From Mating to Mentality: Evaluating Evolutionary Psychology*, London: Psychology Press.

Griffiths, P. (1997) *What Emotions Really Are: The Problem of Psychological Categories*, Chicago: University of Chicago Press.

Griffiths, P. (1999) "Squaring the Circle: Natural Kinds with Historical Essences", in R. Wilson (ed.) *Species: New Interdisciplinary Essays*, Cambridge, MA: MIT Press.

Griffiths, P. (2002) "What is Innateness?", *Monist*, 85: 70 – 85.

Griffiths, P. and Gray, R. (1994) "Developmental Systems and Evolutionary Explanation", *Journal of Philosophy*, 91: 277 – 304.

Hacking, I. (1983) *Representing and Intervening*, Cambridge: Cambridge University Press.

Herschel, J. (1996) *A Preliminary Discourse on the Study of Natural Philosophy*, London: Routledge/Thoemmes Press; reprint of the 1830 edition.

Hesse, M. (1966) *Models and Analogies in Science*, Notre Dame, IN: University of Notre Dame Press.

Hodge, J. and Radick, G. (eds) (2003) *The Cambridge Companion* to *Darwin*, Cambridge: Cambridge University Press.

Hodge, M. J. S. (1977) "The Structure and Strategy of Darwin's 'Long Argument'", *British Journal for the History of Science*, 10: 237–246.

Hodge, M. J. S. (2000) "Knowing about Evolution: Darwin and his Theory of Natural Selection", in R. Creath and J. Maienshein (eds) *Biology and Epistemology*, Cambridge: Cambridge University Press.

Hodge, M. J. S. (2003) "The Notebook Programmes and Projects of Darwin's London Years", in J. Hodge and G. Radick (eds) *The Cambridge Companion to Darwin*, Cambridge: Cambridge University Press.

Hull, D. (1978) "A Matter of Individuality", *Philosophy of Science*, 45: 335–360.

Hull, D. (1988) *Science as a Process*, Chicago: University of Chicago Press.

Hull, D. (1998) "On Human Nature", in D. Hull and M. Ruse (eds) *The Philosophy of Biology*, Oxford: Oxford University Press; originally published in A. Fine and P. Machamer (eds) PSA Volume Two (1986): 3–13.

Hull, D. (2001) "A Mechanism and its Metaphysics: An Evolutionary Account of the Social and Conceptual Development of Science", in D. Hull, *Science and Selection*, Cambridge: Cambridge University Press.

James, W. (1880) "Great Men, Great Thoughts, and the Environment", *Atlantic Monthly*, 66: 441–459.

Johnson, T., Scholz, C., Talbot, M., Kelts, K., Ricketts, R., Ngobi, G., Beuning, K., Ssemmanda, I. and McGill,

J. (1996) "Late Pleistocene Desiccation of Lake Victoria and Rapid Evolution of Cichlid Fishes", *Science*, 273: 1091 - 1093.

Kenrick, D. and Keefe, R. (1992) "Age Preferences in Mates Reflect Sex Differences in Reproductive Strategies", *Behavioral and Brain Sciences*, 15: 75 - 91.

Kevles, D. (1995) *In the Name of Eugenics*, Cambridge, MA: Harvard University Press.

Kingsolver, J. and Koehl, M. (1985) "Aerodynamics, Thermoregulation, and the Evolution of Insect Wings: Differential Scaling and Evolutionary Change", *Evolution*, 39: 488 - 504.

Kitcher, P. (1992) "The Naturalists Return", *Philosophical Review*, 101: 53 - 114.

Kitcher, P. (1994) "Four Ways of 'Biologicizing' Ethics", in E. Sober (ed.) *Conceptual Issues in Evolutionary Biology*, second edition, Cambridge, MA: MIT Press.

Kitcher, P. (2003) "Giving Darwin his Due", in J. Hodge and G. Radick (eds) *The Cambridge Companion to Darwin*, Cambridge: Cambridge University Press.

Krebs, J. and Davies, N. (1997) "Introduction to Part Two", in J. Krebs and N. Davies (eds) *Behavioural Ecology: An Evolutionary Approach*, fourth edition, Oxford: Blackwell Science.

Kuper, A. (2000) "If Memes are the Answer, What is the Question?", in R. Aunger (ed.) *Darwinizing Culture*, Oxford: Oxford University Press.

Laland, K. and Brown, G. (2002) *Sense and Nonsense: Evolutionary Perspectives on Human Behaviour*, Oxford: Oxford University Press.

Laudan, L. (1981) "William Whewell on the Consilience of Inductions", in L. Laudan, *Science and Hypothesis: Historical Essays on Scientific Methodology*, Reidel: Dordrecht.

Lewens, T. (2004) *Organisms and Artifacts: Design in Nature and Elsewhere*, Cambridge, MA: MIT Press.

Lewens, T. (2005) "The Problems of Biological Design", in A. O' Hear (ed.) *Philosophy, Biology and Life*, Cambridge: Cambridge University Press.

Lewontin, R. C. (1978) "Adaptation", *Scientific American*, 239(3): 212 – 230.

Lewontin, R. C. (1985) "The Analysis of Variance and the Analysis of Causes", in R. Levins and R. Lewontin (eds) The Dialectical Biologist, Cambridge, MA: Harvard University Press; originally published in *American Journal of Human Genetics*, 26 (1974): 400 – 411.

Lipton, P. (2004) *Inference to the Best Explanation*, second edition. London: Routledge.

Lutz, C. (1988) *Unnatural Emotions: Everyday Sentiments on a Micronesian Atoll and their Challenge to Western Theory*, Chicago: University of Chicago Press.

Maguire, E., Gadian, D., Johnsrude, I., Good, C., Ashburner, J., Frackowiak, R. and Frith, C. (2000) "Navigation – related Structural Change in the Hippocampi of Taxi Drivers", *PNAS*, 97: 4398 – 4403.

Mallon, R. and Stich, S. (2000) "The Odd Couple: The Compatibility of Social Construction and Evolutionary Psychology", *Philosophy of Science*, 67: 133 – 154.

Mameli, M. (2004) "Nongenetic Selection and Nongenetic Inheritance", *British Journal for the Philosophy of Science*, 55: 35 –

71.

Mameli, M. and Bateson, P. (2006) "Innateness and the Sciences", *Biology and Philosophy*, 21: 155 – 188.

Marx, K. and Engels, F. (1936) *Karl Marx and Friedrich Engels. Correspondence*, 1846 – 1895: *A Selection with Commentary and Notes*, trans. D. Torr, London: M. Lawrence.

Maynard Smith, J. and Parker, G. A. (1976) "The Logic of Asymmetric Contests", *Animal Behaviour*, 24: 159 – 175.

Maynard Smith, J. and Szathmary, E. (1995) *The Major Transitions in Evolution*, Oxford: W. H. Freeman/Spektrum.

Maynard Smith, J. and Szathmary, E. (2000) *The Origins of Life: From the Birth of Life to the Origins of Language*, Oxford: Oxford University Press.

Mayr, E. (1976) "Typological Versus Population Thinking", in E. Mayr, *Evolution and the Diversity of Life*, Cambridge, MA: Harvard University Press.

Mellor, D. H. (1976) "Probable Explanation", *Australasian Journal of Philosophy*, 54: 231 – 241.

Miller, G. (2000) *The Mating Mind: How Sexual Choice Shaped the Evolution of Human Nature*, London: Heineman.

Mivart, St G. (1871) *The Genesis of Species*, second edition, London: Macmillan.

Moore, G. E. (1903) *Principia Ethica*, Cambridge: Cambridge University Press.

Neander, K. (1995) "Pruning the Tree of Life", *British Journal for the Philosophy of Science*, 46: 59 – 80.

Nietzsche, F. (1974) *The Gay Science*, trans. Walter Kaufmann, New York: Random House; first published 1881.

Okasha, S. (2001) "Why Won't the Group Selection Controversy Go Away?", *British Journal for the Philosophy of Science*, 52: 25 - 50.

Paquin, C. and Adams, J. (1983) "Relative Fitness Can Decrease in Evolving Asexual Populations of S. cerevisiae", *Nature*, 306: 368 - 371.

Paul, D. (2003) "Darwin, Social Darwinism, and Eugenics", in J. Hodge and G. Radick (eds) *The Cambridge Companion to Darwin*, Cambridge: Cambridge University Press.

Paul, D. and Spencer, H. (2001) "Did Eugenics Rest on an Elementary Mistake?", in R. Singh, C. Krimbas, D. Paul and J. Beatty (eds) *Thinking About Evolution*, Cambridge: Cambridge University Press.

Pinker, S. (1997) *How the Mind Works*, New York: Norton.

Popper, K. (1935) *Logik der Forschung*, Vienna: Springer, translated as The Logic of Scientific Discovery, London: Hutchinson, 1959.

Popper, K. (1962) "Conjectures and Refutations", in K. Popper, *Conjectures and Refutations*, Routledge: London.

Provine, W. (1971) *The Origins of Theoretical Population Genetics*, Chicago: Chicago University Press.

Railton, P. (1986) "Moral Realism", *Philosophical Review*, 95: 163 - 207.

Rehbock, P. (1983) *The Philosophical Naturalists: Themes in Early Nineteenth - Century British Biology*, Madison: University of Wisconsin Press.

Richards, E. (1983) "Darwin and the Descent of Women", in D. Oldroyd and I. Langham (eds) *The Wider Domain of Evolutionary Thought*, Dordrecht: Reidel.

Richards, R. (1983) "Why Darwin Delayed", *Journal of the History of the Behavioral Sciences*, 19: 45 - 53.

Richards, R. (1987) *Darwin and the Emergence of Evolutionary Theories of Mind and Behavior*, Chicago: University of Chicago Press.

Richerson, P. and Boyd, R. (2005) *Not by Genes Alone: How Culture Transformed Human Evolution*, Chicago: University of Chicago Press.

Ridley, M. (1996) *Evolution second edition*,, Oxford: Blackwell Science.

Rosenberg, A. (2003) "Darwinism in Moral Philosophy and Social Theory", in J. Hodge and G. Radick (eds) *The Cambridge Companion to Darwin*, Cambridge: Cambridge University Press.

Ruse, M. (1975) "Darwin's Debt to Philosophy: An Examination of the Influence of the Philosophical Ideas of John F. W. Herschel and William Whewell on the Development of Charles Darwin's Theory of Evolution", *Studies in History and Philosophy of Science*, 6: 159 - 181.

Ruse, M. (2000a) "Darwin and the Philosophers: Epistemological Factors in the Development and Reception of the Theory of the Origin of Species", in R. Creath and J. Maienshein (eds) *Biology and Epistemology*, Cambridge: Cambridge University Press.

Ruse, M. (2000b) *Can a Darwinian be a Christian? The Relationship between Science and Religion*, Cambridge: Cambridge University Press.

Ruse, M. and Wilson, E. O. (1993) "Moral Philosophy as Applied Science" reprinted in Sober, E. (ed.) *Conceptual Issues in Evolutionary Biology*, second edition, Cambridge, MA: MIT Press; first published in *Philosophy* 61 (1986): 173 - 192.

Russell, J. (1991) "Culture and the Categorization of Emotions", *Psychological Bulletin*, 110: 426 - 450.

Segerstr? le, U. (2000) *Defenders of the Truth*, Oxford: Oxford University Press.

Shanahan, T. (2004) *The Evolution of Darwinism: Selection, Adaptation, and Progress in Evolutionary Biology*, Cambridge: Cambridge University Press.

Skyrms, B. (1996) *Evolution of the Social Contract*, Cambridge: Cambridge University Press.

Shuster, S. and Wade, M. (1991) "Equal Mating Success among Male Reproductive Strategies in a Marine Isopod", *Nature*, 350: 608 - 610.

Singer, P. (1999) *A Darwinian Left: Politics, Evolution and Cooperation*, London: Weidenfeld and Nicolson.

Sloan, P. (2003) "The Making of a Philosophical Naturalist", in J. Hodge and G. Radick (eds) *The Cambridge Companion to Darwin*, Cambridge: Cambridge University Press.

Sober, E. (1980) "Evolution, Population Thinking, and Essentialism", *Philosophy of Science*, 47: 350 - 383.

Sober, E. (1984) *The Nature of Selection: Evolutionary Theory in Philosophical Focus*, Cambridge, MA: MIT Press.

Sober, E. (1993) *Philosophy of Biology*, Boulder, CO: Westview.

Sober, E. (1994a) "Prospects for an Evolutionary Ethics", in E. Sober, *From a Biological Point of View*, Cambridge: Cambridge University Press.

Sober, E. (1994b) "Did Evolution make us Psychological Egoists?", in E. Sober, *From a Biological Point of View*, Cambridge: Cambridge University Press.

Sober, E. (1994c) "The Adaptive Advantage of Learning and A Priori Prejudice", in E. Sober, *From a Biological Point of View*, Cambridge: Cambridge University Press.

Sober, E. (2004) "The Design Argument", in W. Demski and M. Ruse (eds) *Debating Design: From Darwin to DNA*, Cambridge: Cambridge University Press.

Sober, E. and Wilson, D. S. (1998) *Unto Others: The Evolution and Psychology of Unselfish Behavior*, Cambridge, MA: Harvard University Press.

Spencer, H. (1855) *Principles of Psychology*, London: Longman, Brown, Green and Longmans.

Sperber, D. (2000) "An Objection to the Memetic Approach to Culture", in R. Aunger (ed.) *Darwinizing Culture*, Oxford: Oxford University Press.

Sterelny, K. (2001a) "Niche Construction, Developmental Systems and the Extended Replicator", in R. Gray, P. Griffiths and S. Oyama (eds) *Cycles of Contingency*, Cambridge, MA: MIT Press.

Sterelny, K. (2001b) *Dawkins vs. Gould: Survival of the Fittest*, Cambridge: Icon.

Sterelny, K. (2003a) *Thought in a Hostile World: The Evolution of Human Cognition*, Oxford: Blackwell.

Sterelny, K. (2003b) "Darwinian Concepts in the Philosophy of Mind", in J. Hodge and G. Radick (eds) *The Cambridge Companion to Darwin*, Cambridge: Cambridge University Press.

Sterelny, K. (2005) "Another View of Life", *Studies in History and Philosophy of Biological and Biomedical Sciences*, 36: 585 – 93.

Sterelny, K. and Griffiths, P. (1999) *Sex and Death: An Introduction to the Philosophy of Biology*, Chicago: University of Chicago

Press.

Sterelny, K., Smith, K. and Dickison, M. (1996) "The Extended Replicator", *Biology and Philosophy*, 11: 377 - 403.

Sulloway, F. (1982) "Charles Darwin's Finches: The Evolution of a Legend", *Journal of the History of Biology*, 15: 1 - 53.

Sunstein, C. (2005) *The Laws of Fear*, Cambridge: Cambridge University Press.

Thornhill, R. and Palmer, C. (2000) *A Natural History of Rape: Biological Bases of Sexual Coercion*, Cambridge, MA: MIT Press.

Tooby, J. and Cosmides, L. (1990) "On the Universality of Human Nature and the Uniqueness of the Individual: The Role of Genetics and Adaptation", *Journal of Personality*, 58: 17 - 67.

Tooby, J. and Cosmides, L. (1992) "The Psychological Foundations of Culture", in J. Barkow, L. Cosmides and J. Tooby (eds) *The Adapted Mind: Evolutionary Psychology and the Generation of Culture*, Oxford: Oxford University Press.

Townsend, J. and Levy, G. (1990) "Effects of Potential Partners" Costume and Physical Attractiveness on Sexuality and Partner Selection', *Journal of Psychology*, 124: 371 - 89.

Warner, D. and Shine, R. (2005) "The Adaptive Significance of Temperature - Dependent Sex Determination: Experimental Tests with a Short - lived Lizard", *Evolution*, 59: 2209 - 21.

Waters, K. (2003) "The Arguments in the Origin of Species", in J. Hodge and G. Radick (eds) *The Cambridge Companion to Darwin*, Cambridge: Cambridge University Press.

Whewell, W. (1833) *Astronomy and General Physics Considered with Reference to Natural Theology*, London: William Pickering.

Whewell, W. (1996) *The Philosophy of the Inductive Sciences: Volume*

II, London: Routledge/Thoemmes Press; reprint of the 1840 edition.

Williams, G. C. (1966) *Adaptation and Natural Selection*, Princeton: Princeton University Press.

Williams, G. C. (1996) *Plan and Purpose in Nature*, London: Weidenfeld and Nicholson.

Wilson, D. S. (1994) "Adaptive Genetic Variation and Evolutionary Psychology", *Ethology and Sociobiology*, 15: 219 - 235.

Wilson, D. S. (2002) *Darwin's Cathedral: Evolution, Religion and the Nature of Society*, Chicago: University of Chicago Press.

Wilson, E. O. (1975) *Sociobiology: The New Synthesis*, Cambridge, MA: Harvard University Press.

Wittgenstein, L. (1961) *Tractatus Logico - Philosophicus*, London: Routledge.

Young, M. and Edis, T. (eds) (2004) *Why Intelligent Design Fails: A Scientific Critique of the New Creationism*, New Brunswick: Rutgers University Press.